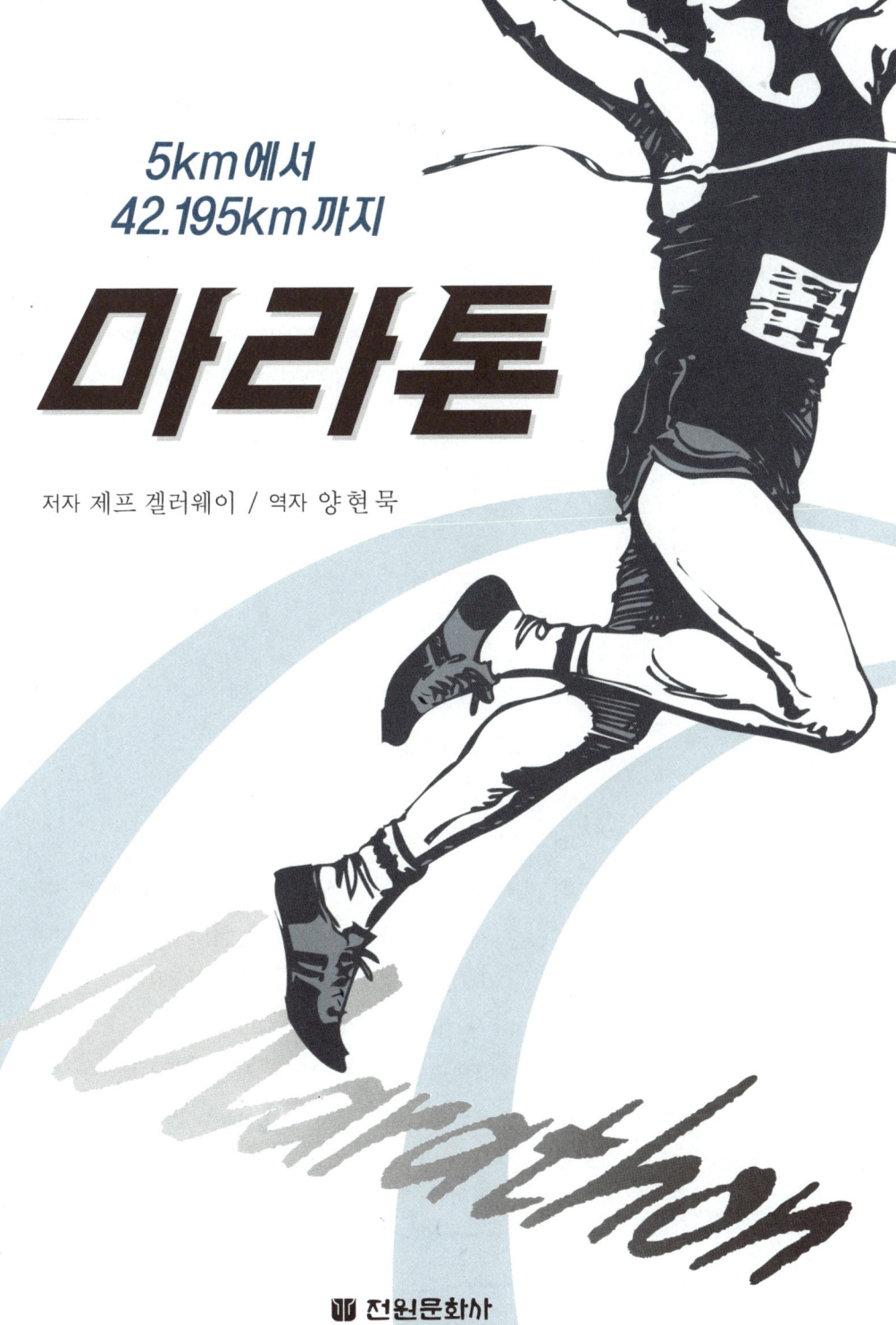

5km에서
42.195km까지

마라톤

저자 제프 겔러웨이 / 역자 양현묵

전원문화사

GALLOWAY'S BOOK ON RUNNING

Copyright (c) 1984 by Jeff Galloway
All rights reserved.

Original edition copyright (c) 1984 by Shelter Publications, Inc.
Bolinas, California, U.S.A.

Korean Translation Copyright (c) 1999 by Jeon Won Publishing Co.

This edition published by arrangement with Shelter Publications, Inc.
through Imprima Korea Agency

이 책의 한국어판 저작권은 Imprima Korea Agency를 통해
Shelter Publications, Inc.와의 독점계약으로 전원문화사에 있습니다.
저작권법에 의해 한국 내에서 보호를 받는 저작물이므로
무단 전재와 무단 복제를 금합니다.

2024년 5월 10일 4쇄 발행

지은이 ✽ 제프 갤러웨이
옮긴이 ✽ 양현목
펴낸이 ✽ 남병덕
펴낸곳 ✽ 전원문화사

07689 서울시 강서구 화곡로 43가길 30. 2층
　　　T.02)6735-2100. F.6735-2103

E-mail ✽ jwonbook@naver.com

등록 ✽ 1999년 11월 16일 제 1999-053호

Copyright ⓒ 1999, by Jeon-won Publishing Co
*이 책의 내용은 저작권법에 따라 보호받고 있습니다.
*잘못 만들어진 책은 바꾸어 드립니다.

INTRODUCTION 머리말

1973년 아름다운 9월 어느 날 아침 오레곤 폭포 위로 새벽이 열릴 때 나는 낡은 볼보 세단 속에서 이른 아침 안개를 뚫고 동쪽을 향해 달리고 있었다. 내 믿음직한 차는 4단 기어가 들어가 있었지만 내 마음은 중립에 있었다. 회고의 시간이었다. 지난 7년간 내가 무엇을 했던가?

나는 열심히 뛰었고, 학위를 받기 위해 학교에 다니며 역사와 사회학 공부를 했고, 해마다 여름이면 달리기 순회여행을 했다. 그 여름날들에는 많은 아름다운 추억들이 있다. 풍부하고 다양한 경험들, 즉 많은 친구들도 사귀었고, 경주에서 다른 경쟁자들과 기쁨과 고통을 함께 나누었으며, 외국여행도 했고, 미국의 모든 주를 가 보았다.

어느 해 여름에는 미국 국가대표 육상팀의 일원으로 러시아에도 가 보았다. 민스크의 트랙에서 5만 명의 관중들은 오로지 자기네 나라 선수들만 응원하였다. 승리한 미국인들은 돌덩이 같은 침묵만 마주칠 뿐이었다. 다카르에서는 적당히 쉴 만한 곳도 없어 우리는 초가집에서 머물렀다. 아프리카 서부 해안에 있는 이 도시는 기온이 너무 높아 뛰는 동안 관계자들이 물에 적신 스폰지 하나씩을 나누어 주었다. 모로코에서는 중간에 진흙 구덩이를 지나서 갈림길이 있는 말 트랙(Horse Track)에서 크로스컨트리 경주를 하기도 했다.

또 다른 여름에는 유레일 패스를 사서 유럽의 한 끝에서 다른 끝까지 돌아다니기도 했다. 한번은 룩셈부르크에서의 오후 경기에 참가하고, 다음날 이탈리아의 토리노에서 있을 경기를 위해 밤기차를 탄 적도 있었다. 젊음의 패기란!

1972년에는 미국 올림픽 대표팀에 들어가고자 하는 내 일생의 꿈을 이루었다. 또한 10마일(약 16km) 경주에서 미국 신기록을 세웠다. 이러한 것들을 이루게 돼 기뻤다. 하지만 그때는 그때고, 지금은 오클라호마를 지나가며 미래에 대해 생각하기 시작해야겠다는 마음이 들었다. 나는 대학원을 마치고 교사 자격증을 받았다. 하지만 노스 캐롤라이나의 랠리에서 4학년 아이들을 일 년 가르쳐 보니, 여행과 달리기의 그 흥분을 잊을 수가 없었다. 또한 언제까지 헌 차를 타고 전국을 누비고 다닐 수도 없는 노릇이었다.

내슈빌에 도착할 무렵 나는 내가 할 일이 무엇인지를 찾았다. 눈을 길 위에 고정한 채 한 손에는 커피를 들고, 나는 최고의 상품들이 가득한, 발에 알맞은 신발 고르기 훈련이 잘된 점원들을 둔 달리기 가게를 꿈꾸었다. 그 다음으로는 사람들이 휴가를 보내며 세계 최고의 코치들과 함께 뛸 수 있는 산 속의 여름 캠프도 생각했다. 나는 여전히 선생일 수 있다고 생각했다. 여러 줄의 책상 앞에 앉아 있는 그런 선생 말고.

그 아이디어는 시기 적절하였고, 새로운 것이 달리기와 함께 일어날 것 같은 느낌이

3

들었다. 길 위로 새로운 얼굴들이 나타나기 시작했다. 심각하고 때론 편협한 경쟁적 러너들이. 물론 여전히 거기 있었지만, 모든 나이의, 모든 모양의, 모든 능력의 새 얼굴들이 길, 보도, 공원 어디에도 있는 것처럼 보였다. 규칙적인 지구력 달리기의 생명은 개인적으로 중독일 뿐 아니라 사회적으로도 퍼지는 것이다.

러너들 사이에 정보교환도 늘어나는 추세였다. 사람들은 노트를 비교하고, 요령들을 서로 교환하였다. 러너들이 내게 질문을 하기 시작했고, 그들의 문제에 대해 창조적인 해결책을 마련하는 데서 나는 보람을 느꼈다. 내가 달리기 순회여행에서 배운 것들이 일상의 달리기를 하는 러너들에게 도움이 되는 것처럼 보였다.

집으로 돌아온 후, 탈라하시(Tallahasse)에서 가장 월세가 싼 가게를 하나 발견했다. 월 125달러. 그곳은 몫과는 거리가 먼 곳이었다. 주택지역으로, 옆에 미장원이 하나 있고, 보행 인구라곤 없는. 내 일생 모은 4,000달러와 할머니에게서 빌린 2,000달러를 들고 소매점을 운영하는 데 필요한 기본을 배웠다. 처음에는 신용이 없어서, 우리에게 물건을 대려는 용품회사나 옷 제조업자가 거의 없었다. 우리에게 계좌를 열어준 신발 공급업자로는 목 높은 컨버스(Converse) 신발을 재고처분하는 웨어하우스 한 곳과 나이키라는 전혀 알려져 있지 않은 새 상표의 회사 한 곳뿐이었다. 아무도 거기에 가게가 있는지 몰랐고, 또 걸어다니는 사람도 없었으므로, 나는 광고지를 인쇄해서 가까운 대학 캠퍼스들을 뛰어다니며 학생들에게 나누어 주었다. 우리는 그 힘든 시절을 용케 넘겼고, 일 년 반 후에는 애틀랜타로 이사했다.

1976년에는 달리기 붐에 힘입어 가게가 성장하기 시작했고, 1978년 무렵에는 이제 확실히 자리잡게 되었다. 지금은 미 전역에 35개의 피디피데스 가게가 있고, 휴가철 건강 캠프는 쉬지 않고 돌아간다. 나는 달리기에서 경력을 쌓게 되었다. 꿈이 실현된 것이다.

사업에는 보상이 따른다. 그러나 나를 가장 만족스럽게 하는 것은 가르치는 것이다. 나는 이제 다시 길에서 뛰고(한 ⅓ 정도의 시간에), 클리닉과 세미나를 개최하고, 초보자들과 베테랑들과 크고 작은 모임에서 사람들과 얘기를 나눈다.

이 책은 수백 번의 그런 경험들을 한데 모은 것이다. 나는 일상의 러너들에게서 그들의 문제들에 대해, 또 부상과 피로를 최소화하며 건강을 증진할 수 있는 스트레스와 휴식의 패턴을 배웠다.

달리기에는 경주에 나가서 경쟁하는 것 이상의 것들이 있다. 경쟁을 하면 러너들이 빨리 뛰는 데 도움이 되지만, 같은 원칙―즉, 거리 프로그램, 달리기 일지, 좋은 자세, 언덕 훈련, 준비운동, 근육 강화 훈련―이 모든 수준의 다른 목표를 가진 러너들에게 공통으로 적용된다. 여러분은 아마 금방 달리기를 시작했을지도 모르겠다. 그렇다면 이 책은 여러분이 편안하게 확신을 가지고 시작할 수 있게 도와줄 것이다. 여러분이

머리말

한동안 뛰었던 사람이라면 달리기를 어떻게 더 재미있게 할지, 경주에는 어떻게 더 잘 준비할지, 스트레스와 관련된 부상은 어떻게 피할 수 있을지 등을 배우게 될 것이다. 베테랑 선수들은 경주 전략과 앞으로의 성적 향상을 위한 새로운 아이디어들을 얻을 수 있을 것이다. 여러분의 현재 수준과 목표가 무엇이든 현명하게 달리고, 건강하고, 튼튼하며, 몸무게를 줄이고, 좋은 자세로, 부상 없이 재미있게 달리기 원할 것이다.

이 책에는 많은 정보들이 들어 있다. 그러나 한마디로 요약하면 "당신도 할 수 있다!(You can do it!)"이다. 지구상에 사는 우리는 넉넉한 양의 희망과 능력과 가능성으로 차 있다. 많은 사람들은 그들의 삶에서 장애물을 넘어서는 법, 능률 향상으로 인한 엄청난 만족과 들뜸을 즐기는 법 등을 알지 못한 채 삶을 마감한다. 결심과 인내와 끈기로 여러분은 자신을 러너로 만들 수 있으며, 그 과정에서 더 건강하고 생산적인 삶을 이룰 수 있을 것이다.

제프 갤러웨이

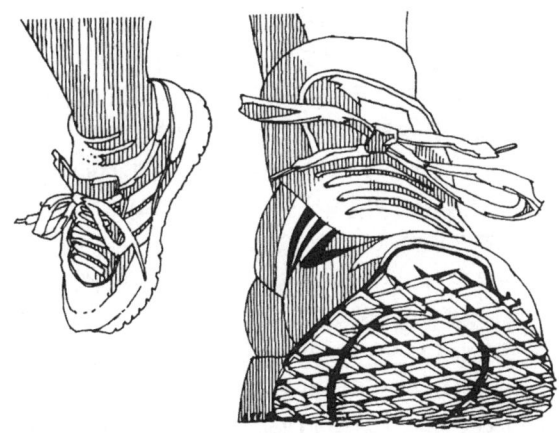

책을 옮기면서

체력은 국력이라는 말은 내 경험과 그 동안의 관찰로 미루어 볼 때 분명한 사실이다. 필요충분 조건은 아닐지라도 적어도 충분 조건은 된다. 달리기가 우리 몸무게 컨트롤에, 심장을 튼튼히 하는 데 더없이 좋다는 것을 모르는 사람은 아마도 없을 것이다. 다만 바쁘다, 몸이 안 좋다는 등, 이런저런 이유로 시작을 못할 뿐이다. 나는 이 책이 그 여러 가지 이유들 중 많은 부분을 해결해 줄 수 있으리라는 믿음에 번역을 시작했다.

미국과 한국은 여러 가지로 환경이 다르다. 미국에서는 조깅이 자연스러운 생활의 일부가 되는 데 아무런 문제도 부담도 없다. 많은 사람들이 하고 있고, 또 여건도 좋다. 하지만 우리 나라의 생활과 주위 여건은 미국에 비해 운동을 하기가 쉽지는 않다. 그렇다고 안 할 것인가? 학교 가고, 회사 가고, 밥 먹고, 술 마시는 것들이 시간이 남아서 하는 것이 아니듯이, 운동도 남을 위해 하는 것도, 시간이 날 때 하는 것도 아니다. 각자의 여건에 맞추어 하루의 일정 시간을 운동을 위해 떼어놓아야 한다.

올해 나는 생애 처음 마라톤을 뛰었다. 그것도 세 번이나, 1월에 샌디에이고, 3월에 로스앤젤레스, 그리고 10월에 시카고 마라톤에서이다. 시카고에서는 세계 신기록도 나왔지만 3시간 46분의 내 최고 기록도 나왔다. 뛰고 난 후 지쳐 쓰러지지도 않았고, 우려하던 부상도 없었다. 다음 목표는 보스톤 마라톤을 뛸 수 있는 자격을 얻는 것이다. 이 책을 읽기 전까지는 가능하다고 생각도 못 했던 일이다. 종종 인생을 마라톤에 비교한다. 인생도 마라톤과 같이 목표를 세우고, 계획하고, 연습하여 성취하면 우리 삶은 훨씬 풍요로워질 수 있을 것이다. 세계 신기록이나 우승만이 목표일 수는 없다. 각자 능력대로 이루면 그것이 승리인 것이다. 마라톤에서는 완주자 누구에게나 메달을 수여한다. 수여하며 하는 말은 "축하합니다."이다. 무엇에 대한 축하인가? 그 노력과 자신과의 싸움에서 이긴 데 대한, 최선을 다한데 대한 축하인 것이다. 더 젊어서 시작했더라면 하는 아쉬움도 없지는 않으나, 이제라도 할 수 있다는 데 큰 자부심을 가지고, 앞으로도 할 수 있는 한 계속 할 예정이다.

나는 달리기를 하면서 부상을(주로 무릎에) 자주 당했다. 그래서 그 원인을 찾기 위해 미국에서 베스트 셀러인 이 책을 읽었다. 그 뒤에도 여러 권의 달리기 관련 책들과 잡지들을 읽었으나 이만한 책은 발견할 수 없었다. 그 좋은 내용을 주위 사람들에게 읽어 보게 하려고 서울의 대형 서점들을 모두 뒤져 보았으나 어디에서도 한국말로 된 어떤 종류의 달리기 책도 발견할 수 없었다. 이 책의 번역본은커녕 달리기와 관련된 책은 한 권도 한글로 만들어진 것이 없음을 나중에야 알았다. 그것이 내가 이 책의 번역 작업을 시작하게 된 동기이다. 우리는 마라톤에서 다 알다시피 올림픽 금메달을 두

책을 옮기면서

개나 낸 나라이다. 그런 나라에 달리기 책이 하나도 없다면 믿겠는가? 왜 미국에는 수많은 종류의 달리기에 관한 책, 잡지들이 번성하고, 그에 관련된 사업들이 번창하는데, 우리에게는 우리말로 된 책 하나 없는지 궁금하지 않을 수 없다. 그렇게 좋은 선수들을 많이 배출하는 나라에 제대로 된 책 한 권 없다는 것은 불가사의한 일이 아닐 수 없다. 몇몇 훌륭한 감독들의 손에 전적으로 의존해 그런 성과를 이룬다는 것은 정말 기적이라고밖에 말할 수 없을 것이다. 상업성이 없는 일이라고 외면만 하려는가? 달리기가 선수들만의 전유물은 아닐 것이다. 선수들은 선수들대로, 일반인들은 또 그들대로 목표가 있을 것이다. 나는 언젠가 내 손으로 우리말로 된 달리기 책을 만들고, 또 달리기 대회도 만들고자 하는 소망을 가지고 있다. 이제 그 계획의 첫발을 내딛은 셈이다.

이 책은 처음 달리기를 시작하는 사람에서부터 수준급의 선수들, 그리고 코치들에 이르기까지 남녀가 따로 없이 누구나 참고로 할 여러 좋은 정보들을 담고 있다. 달리기와는 상관이 없는 사람들에게조차도 교양서적으로서의 가치는 충분히 있다고 생각한다. 또한 글쓴이가 달리기 선수 출신이고, 코치 경험도 많아서 자신의 경험을 포함한 다양한 주위의 실제 성공과 실패의 예를 많이 들었기 때문에 읽기에 흥미진진하고, 이해에 많은 도움이 된다. 또한 중요한 포인트들은(부상 방지를 위한 휴식, 준비운동, 물 마시는 것, 신발의 중요성 등) 반복해서 강조하고, 여러 가지 그림을 곁들임으로써 쉽게 잊혀지지 않게 했다.

이책은 원래 미국인 독자들을 위해 씌어진 책이기 때문에 더러 우리의 실정에 맞지 않다고 생각되는 부분들도 있겠으나 가급적 원문에 충실하여 번역하도록 노력하였다. 그것이 번역서의 한계이기도 하겠으나, 그런 부분을 통해 독자들이 다른 나라―주로 미국 이야기겠지만―사람들의 생활과 사고의 단편들을 접할 수 있고, 또 우리가 앞으로 나아가야 할 방향도 가늠할 수 있으리라는 기대도 해 본다. 이해를 돕기 위해 가급적 쉬운 단어를 사용했고 풀어쓰려고 노력하였으나, 어느 부분은 상당히 전문적인 데까지 들어간 곳도 있다.

훌륭한 책을 재주 없는 사람이 옮겨 오히려 빛을 가린 감도 없지 않다. 이제 우리 주위에도 점점 더 많은 사람들이 뛰고 있다. 이 책이 더 많은 사람들이 길로 나와 부상 없이 즐겁게 달리는 법을 배워, 건강한 삶을 이루는 데 한몫했으면 하는 바람이다. 아울러 이 책이 만들어지기까지 수고를 아끼지 않으신 여러분께 감사를 드린다. 특히 이 어려운 때에 선뜻 출판을 결정하신 전원문화사 사장님 이하 관계자들과 최병엽님께 감사드린다. 또 내 친구 KBS의 오진규와 대림대학의 홍창선에게도 그들의 노력에 감사한다.

1999년 11월 양현묵

차례 CONTENTS

시작 STARTING

올바른 시작은 중요하다. 여러분이 처음부터 새로 시작하건, 그만두었다 다시 시작하건 여기 새로운 달리기 프로그램의 유형이 있다. 러너의 발전 과정 다섯 단계 중 각 단계마다의 육체적, 정신적 차이를 설명했고, 또 새로운 시작을 위한 간단한 프로그램이 소개되어 있다.

1. 달리기의 혁명 ················14
   뉴질랜드에서의 러닝 · 17
   미국에서의 조깅 · 18
   건강을 위한 에어로빅 · 19
   러너들에 의한 마지막 몰아붙이기 · 20

2. 러너의 5단계 ················22
   초보자(The Beginner) · 24
   조거(The Jogger) · 25
   경쟁자(The Competiter) · 26
   선수(The Athlete) · 28
   러너(The Runner) · 30

3. 시작 ················32
   30분만 · 32
   부드러운 중독 · 32
   맥박을 관찰하라 · 33
   최대의 맥박수를 계산하는
   두 가지 방법 · 33
   시작의 5단계 · 34
   걸음으로 시작한다 · 34
   바삐 걷는다 · 35
   조깅도 몇 개 끼워넣는다 · 35
   하고 싶으면 러닝을 늘린다 · 35
   한 단계 올린다 · 35

훈련 TRAINING

훈련은 견실한 달리기 프로그램의 심장이다. 달리기를 할 때 우리 몸이 어떻게 일하는지, '부상 없는' 달리기는 어떻게 하는지, 왜 달리기 프로그램을 미리 계획해야 하는지, 달리기 일지의 값어치와 훈련 피라미드의 개념 등이 설명되어 있다.

4. 생리현상 ················38
   몸과 마음의 조화 · 38
   유산소/무산소 운동 · 42
   '벽'(한계상황)에서의
   생리현상 관찰 · 43
   혈액의 화학적 성질 · 45
   빠른 반응 근육/느린 반응 근육 · 48

5. 계획 ················50
   빨리 달리기 위한 천천히 달리기 · 52
   훈련 피라미드 · 53
   기초 훈련 · 55
   언덕 훈련 · 57
   스피드 훈련 · 58
   피라미드 훈련을 끝낸 후 · 59

6. 달리기 일지 ················60
   목표를 위한 계획 · 61
   아침 맥박과 몸무게를 관찰한다 · 64

7. 일일 및 주간 거리 프로그램 · 67
   스트레스와 휴식 · 70
   일일 거리 프로그램 · 71
   주간 거리 프로그램 · 74
   추운 날씨 · 76
   더운 날씨 · 77

경주 CING

경주는 여러분이 목표한 것을 이루어 준다. 구간 훈련과 '파틀렉'을 포함한 스피드 훈련, 페이스를 어떻게 판단할지, 10K 경주와 마라톤 뛰기 등이 설명되어 있다. 마라톤을 뛰는(그리고 끝마치는) 특별한 훈련 프로그램과 수준급 주간 언덕 훈련, 경쟁자들을 위한 경주 요령 등도 담고 있다.

8. 스피드 80
   파틀렉(Fartlek) · 84
   구간 훈련 · 86
   스피드 훈련 · 88
   스피드 훈련의 대체 훈련들 · 89
   스피드 훈련의 부상 중 가장
   흔한 원인들 · 91

9. 페이스 93
   경주 페이스 · 94

10. 경주 98
    최고조 · 100
    시합 중 페이스 조절 · 103
    탈수와 열 식힘 · 104
    카운트다운 · 107
    10K 훈련 프로그램 · 110

11. 마라톤 뛰기 118
    '벽'에 대한 새로운 조명 · 120
    장거리 달리기 · 121
    마라톤에서 성적 올리기 · 123
    경주 중 · 123
    마라톤 후의 회복 · 124
    마라톤 훈련 프로그램 · 125
    마라톤 훈련표 · 126

12. 수준급 선수 135
    수준급 선수들을 위한 훈련 · 135
    고급 훈련 프로그램 · 137
    고급 파틀렉 훈련 원칙 · 139
    고급 구간 훈련 · 139
    맨발로 뛰기 · 139
    수준급 선수들을 위한
    경기 전략 · 142
    기다리다 차고 나가기 · 143
    분발(더 역효과가 나는 전략) · 144
    좋은 것을 너무 많이 · 146

조율 NING

조율은 견실한 달리기의 보조 훈련들, 즉 자세 훈련, 스트레칭과 근육 강화 운동, 달리기 보조 운동과 훈련, 빨리 달리기 위한 의지력 등으로 이루어져 있다. 출산 전후의 달리기에 중점을 둔 여성들의 달리기에 관한 장도 있다.

13. 자세 150
    자세의 요점 · 153
    꼿꼿한 자세 · 154
    팔 움직이는 요령 · 155
    자세의 세 가지 요령 : CHP · 157
    주간 자세 운동 · 160
    자세 가속 훈련 · 160
    언덕에서의 달리기 자세 · 161
    문제 해결 · 163

14. 스트레칭과 근육 강화 운동 · · 165
    러너들은 어떻게 스트레칭을
    해야 하나? · 167
    러너들의 스트레칭 세 가지 · 169
    근육 강화 운동 · 173

15. 달리기 보조 운동과 훈련 ···· 178
    재빨리 무릎 올리기 · 180
    차고 나가기 · 180
    언덕 튀어오르기 · 181
    겅중겅중 뛰기 · 186
    꼿꼿이 서서 뛰기 · 183

16. 의지력 ················184
- 몸과 마음 · 186
- 문제 해결 · 187
- 힘을 분석하고 필요한 때
- 도움을 받는다 · 188
- 긍정적 러닝의 힘 · 188
- 긴장을 푼다 · 189

17. 여성들의 달리기 ··········190
- 여성의 구조적 차이 · 190
- 여성의 운동에서 주의해야 할 네 가지 · 193
- 월경불순 · 194
- 여성 이미지 · 195
- 가슴 받쳐 주기 · 195
- 여성기 · 195
- 임신 중 달리기 · 196
- 손님(아기)과 함께 달리기 · 197
- 출산 후의 몸매 되찾기 · 201

부상 INJURIES

빨리 회복되도록 치료해서 곧 길로 다시 나설 수 있도록 하기 위한 내용들을 담고 있다. 부상을 당하면, 의사를 만나기 전에 바로 취해야 할 올바른 조치, 달릴 수 없을 때 몸의 컨디션을 잃지 않을 대체 운동 등을 다루었다. 쉬어야 할 기간, 다시 훈련을 재개하는 방법, 그리고 네 가지 러너들의 주요한 부상들—무릎, 아킬레스건, 뒤꿈치와 정강이—에 대해 자세히 다루었다.

18. 부상으로 인한 걷기 ········207
- 언제가 부상이냐? · 207
- 의사를 만나기 전에 · 208
- 대체 운동 · 210
- 아무런 운동도 할 수 없다면 · 212
- 다시 길 위로 · 213
- 훈련 재개 · 214
- 무엇이 잘못되었나? · 214

19. 부상 분석과 치료 ··········216
- 진단과 치료 · 218
- 무릎 부상 · 218
- 아킬레스건 부상 · 223
- 발바닥 근육과 뒤꿈치 문제들 · 226
- 정강이 문제 · 229
- 다섯 가지 정강이 문제 · 231
- 다른 운동과 근육의 균형 발달 · 234

음식 FOOD

음식은 러너들의 연료이다. 러너들은 의자 생활을 하는 사람들보다 더 많은 에너지를 필요로 하고 또 태우므로, 좋은 영양과 알맞은 음식이 지구력 달리기에서는 중요한 요소이다. 최고의 성적을 위한 식사의 원칙, 경주를 위한 음식과 물 마시는 요령, 살 빼는데 달리기가 왜 그렇게 좋은 운동인지 등이 설명되어 있다.

20. 영양 ················236
- 단백질 · 238
- 지방 · 240
- 탄수화물 · 240
- 수분과 염분 · 241
- 비타민과 미네랄 · 242

차례

21. 연료 ·················· 244
- 탄수화물 비축 · 244
- 수분 · 245
- 경기 전 24시간 그리고 카운트다운 · 246

22. 지방 태우기 ············ 249
- 기준점 · 249
- 지방 감소(꼭 몸무게가 아닐 수도 있다) · 250
- 40분 목표 · 251
- 커피 · 253
- 들고 뛰기 · 253

신발

말할 것도 없이 신발은 달리기에서 가장 중요한 용품이다. 올바른 신발을 고르기 위해서는 여러분의 발이 '뻣뻣한 발'인지 '까딱발'인지 '똑바른 발'인지 '커브진 발'인지를 알아야 한다. 신발을 사기 위한 체크리스트, 특정 부상에 알맞은 신발에 대한 설명, 여러 가지 신발 끈 매는 법들이 설명되어 있다

23. 신발의 비밀 ············· 256
- 바우맨 집에서 아침 식사 · 257
- 뻣뻣한 발 · 260
- 까딱발 · 261

24. 신발 고르기 ············· 267
- 신발 고르기 체크리스트 · 268
- 신발 선택에 영향을 주는 부상 · 269
- 그 외의 신발 이야기 · 269

시작부터 끝까지 FINISH

이 부분은 어린아이들과 나이든 사람들의 달리기에 관한 것이다. 어린아이들은 뛰는 게 좋은가? 5세부터 18세까지의 달리기 프로그램과 40 이후에는? 40 이후의 집중력 향상이 달리기에 어떻게 영향을 미치는지와 이틀에 한번 달리기의 효과 등을 다루었다.

25. 아이들도 뛰어야 하나? ····· 272
- 이점 · 272
- 권하는 프로그램 · 273

26. 40 이후의 달리기 ········· 275
- 중년의 회춘 · 276
- 하루 건너 한번 뛰기 · 277
- 60 이후의 달리기 · 278

부록 APPENDIX

- 경주 기록 예상 · 282
- 경주 성적 예상표 · 283
- 경주 페이스 표 · 285
- 글쓴이에 대하여 · 286

·시작

1. 달리기의 혁명
THE RUNNING REVOLUTION

달리기에 있어 새로운 것이란 아무 것도 없다. 고대 그리스에서는 적어도 첫 올림픽의 해인 B.C. 776년에 달리기 시합이 있었다. B.C. 490년에는 저 유명한 러너 피디피데스(Phidippides)가 아테네의 갑작스런 침략에 이웃 스파르타의 도움을 청하기 위해 480km를 4일에 걸쳐 뛰었다. 산업화 이전의 영국에서는 그들의 영주들에게 위험을 경고하기 위해 말이 끄는 마차에 앞서 하인(Footman)을 먼저 보냈다. 오늘날까지도 멕시코 북서부의 타

1. 달리기의 혁명

라후마라 인디언들은 내내 공을 차며 하루에 200~300km를 커버하는 달리기 경주를 한다. 스포츠로서의 달리기는 여러 세기 동안 존재해 왔다. 자아와 의지력 테스트로부터, 고등학교 육상시합, 올림픽 게임에 이르기까지. 하지만 최근에 와서야 여러 계층의 사람들이 거리로 쏟아져 나오기 시작했다.

달리는 이유는 여러 가지다. 체중을 줄이려고, 건강하려고, 기분 좋으려고, 스트레스를 줄이려고, 경쟁하려고, 다른 사람들과 경험을 나누려고. 그것은 또 기술의 발전과도 연관이 있는 듯하다. 전에는 손으로 하던 대부분의 일을 이제는 기계가 한다. 먼 옛날 우리 조상들은 육체적으로 활동적인 삶을 살았다. 나무뿌리, 곡식을 수집하러, 또는 게임을 하기 위해 먼 거리를 다녔다. 우리 할아버지, 증조 할아버지 대에는 들에 씨를 뿌리고, 매일 일용품을 손으로 깎아 만들었으나, 이제 우리는 대부분 의자에 앉아 일하는 경제권에 속해 있다.

육체적으로 활동적이던 우리의 선조 때에는 자연스러운 것이었던 건강함, 날씬함을 되찾으려는 사람들이 증가하는 추세이다. 새로운 정신운동이 일어나는 것 같다. 아마도 사회가 고도로 산업화, 기술화되니 오랫동안 신체적인 자연스러움을 무시해 온 사람들이 몸과 마음과 정신의 조화를 다시 확립하는 길을 찾기 시작한 것이다.

미국에서 달리기 붐이 일기 전부터 나는 달렸다. 그러던 것이 1960년대 후반이 되자 한때는 내가 혼자 뛰었던 그 길에서 다른 러너들을 드문드문 만나기 시작했다. 1970년대 초에는 더 많아지더니, 이제는 수백만 명이 정기적으로 뛴다. 그것이 자연스럽게 일어난 현상 같아 보이지만, 뒤돌아보면 이제 우리 동네에서건, 시내에서건, 어디서나 볼 수 있는 달리기를 혁명으로 이끄는 데 도움을 준 몇몇 중요한 사람들을 꼽지 않을 수 없다. 세 사람의 선생님들—아서 리디아드(Arthur Lydiard), 빌 바워맨(Bill Bowerman)과 케네스 쿠퍼 박사(Dr. Kenneth Cooper), 그리고 세 러너들—앰비 버풋(Amby Burfoot), 프랭크 쇼터(Frank Shorter)와 빌 로저스(Bill Rogers)가 그들이다. 다른 사람들도 물론 많이 있지만, 이들 여섯 사람은 기폭제가 되었고, 그 시대의 정신을 반영, 확대한 사람들이다. 건강 달리기가 태어나는 데 결정적인 새로운 전망에 대한 올바른 영감을 가지고, 그들은 적당한 때에 적당한 곳에 있었다.

1. 달리기의 혁명

■ 뉴질랜드에서의 러닝

1940년대 한때 럭비 선수였으나, 그 무렵에는 뉴질랜드의 한 구두공장 생산라인에서 일하던 과체중의 아서 리디아드는 자기 인생에 어떤 변화를 주어야겠다고 결심하게 되었다. 주말의 럭비만으로는 그의 허리 둘레에 붙은 스페어 타이어의 바람을 뺄 수 없었으므로, 그는 살을 빼기 위해 달리기를 하기로 하였다. 하지만 그 시절 그 지역의 러너들을 보고는 기가 꺾였다. 그들은 탈진할 때까지 트랙을 뛰고 또 뛰었다. "고통 없이는 수확도 없다." 그 시절의 철학이었다.

아서는 몸매를 가꾸고 싶었다. 하지만 그런 방법 말고, 그 대신에 그는 활짝 트인 뉴질랜드의 길로 나섰고, 천천히 멀리 달리기 프로그램을 시작하였다. 여러 달에 걸쳐 그의 체중은 줄어들었다. 여러 해에 걸쳐 그는 달리기에 중독되었고, 마음속에 오래 숨어 있던 경쟁심리를 발견해 냈다. 그는 마라톤을 해 보면 어떨까 생각하게 되었고, 곧 '조깅하던 리디아드'는 '마라토너 리디아드'로 변신하게 되었다. 마침내 그는 1951년 영연방 경기에서 뉴질랜드를 대표하게 된다.

그 지역 젊은이들 몇몇이 리디아드와 함께 달리기 시작했고, 결국 그들의 코치를 맡아 달라는 부탁을 받는다. 리디아드는 이를 받아들이고, 자기 학생들을 위해 천천히 멀리 뛰기에 중점을 둔 자기 고유의 달리기 훈련 프로그램을 개발하였다. 1960년 로마 올림픽에서 피터 스넬(Peter Snell), 머레이 할버그(Murray Halberg)와 배리 매기(Barry Magee) 등 그 이웃의 세 젊은이들이 장거리 경주 메달들을 차지했다. 리디아드는 갈채받는 공인이자 국가 영웅으로 발돋움했다.

리디아드가 조깅을 발명했다고도 할 수 있다. 올림픽 후 그는 30대, 40대 또는 그 이후의 화이트칼라 남녀들을 대상으로 연설해 달라는 초청을 자주 받았다. 그와 이야기해 본 사람들은 전에 과체중이 나가던 럭비선수와 마찬가지로 자신들도 가볍게 뛰어 신체조건을 향상시킬 수 있으리라 느끼게 되었다. 달리기는 몸무게를 줄일 수 있을 뿐 아니라 재미도 있을 수 있다. 리디아드는 달리기의 일반적인 이미지를 강도 높고, 지루하고, 고통스러운 것으로부터 활기찬 뉴질랜드 라이프 스타일의 사교적이고, 개방된 일부분으로 바꾸어 놓았다. 올림픽 메달의 신뢰성이 리디아드로 하여금 수백만의 사람들에게 다가설 수 있는 발판을 마련해 주었다. 1960년대 초에 그는 그들을 의자에서 길로 끌어내었고, 전위적인 달리기 운동이 시작되었다.

■ 미국에서의 조깅

빌 바워맨은 미국에서 가장 성공적인 육상코치 중의 한 사람이지만, 미국에 조깅 바람을 소개한 그의 역할이 훨씬 더 중요성을 띤다. 1962년 겨울 오레곤 대학 4마일(약 6.4km) 릴레이팀이 세계기록을 깨고 얼마 되지 않아, 그전 세계기록 보유자였던 뉴질랜드 팀과의 친선경기 초청을 받았다. 바워맨과 그의 팀이 아서 리디아드의 초청 손님이 된 것이다. 빌 델렝거(Bill Dellenger)의 책 《달리기 경험(The Running Experience)》에서 바워맨은 "그곳에 도착한 첫 일요일에 리디아드는 내게 동네 조깅클럽 사람들과 함께 뛰지 않겠느냐?"고 물었다. "보통 나는 50m 걷고, 50m 조깅하고, 그렇게 한 400m 정도 뛰고는 꽤 많이 운동했다고 생각하곤 했다. 공원에 나가 보니 남자, 여자, 어린애를 망라해서 모든 연령의, 다양한 체격 조건을 가진 사람들 한 200여 명이 모여 있었다. 나는 아침을 잔뜩 먹은 상태였고, 리디아드는 저 멀리 언덕을 가리키며 쌍 소나무 언덕까지 뛰어갔다 오는 것이라고 말했다. 2.5km쯤 되어 보였다. 우리는 출발했다. 나는 한 800m까지는 괜찮게 뛰었는데 거기서부터 언덕을 오르기 시작했다. 세상에! 나를 살려준 것은 내가 죽을 수 있다는 희망 하나뿐이었다. 나는 그룹의 맨 뒤로 처졌고, 한 70세쯤 되어 보이는 노인 한 분이 나를 따라 뒤로 처지더니 '힘든 모양이군.' 하는 것이었다. 나는 아무 말도 안 했다. 왜냐하면 입도 뗄 수 없이 힘들었으니까. 그래서 우리는 중간에서 돌아 내려와, 언덕을 돌아 전체 거리를 다 뛴 사람들과 비슷한 시간에 처음 시작한 장소로 되돌아왔다."

그때 50세였던 바워맨은 뉴질랜드에서 6주간 있으면서 매일 뛰었다. 몸무게가 한 5kg쯤 빠졌고, 허리가 10cm나 줄었다. 오레곤으로 돌아올 때가 되어서는 천천히 편안하게 조깅하는 법을 배웠다. 집에 도착하자 마자 그는 「유진 레지스터가드(Eugene Register-Guard)」의 체육 담당기자 제리 우르햄머(Jerry Uhrhammer)에게서 전화를 받았다. 우르햄머는 팀 성적이 어땠는지에 관심이 있었으나 바워맨은 새로 배워 온 조깅에 훨씬 더 들떠 있었다. 나중에 심장수술을 받고 나서 조거(Jogger)가 된 우르햄머는 바워맨의 새로운 사실에 기초한 몇몇 기사들을 발표했다. 바워맨은 일요일 아침 달리기의 무대를 만들었고, 우르햄머는 그것을 광고했다.

일요일 아침 달리기에 대한 관심이 늘어났고, 바워맨은 유진의 이웃들을 위한 조깅 교실과 상담소 설치를 부탁받았다. 그는 그의 유명한 오레곤 장거리 선수들 몇을 강사로 그 일을 시작했다. 얼마 지나지 않아 이 새로운 현상에 대한 정보 요구가 답지하였고, 1966년 그는 유진의 심장병 의사 왈도 해리스 박사(Dr.

Waldo Harris)와 함께 「조깅」이라는 20쪽짜리 팜플렛을 발간했다. 그 다음해에는 「조깅」의 증보판을 냈고, 결국 백만 부 이상이 팔렸다. 조깅 운동의 씨앗이 미국의 토양에 단단히 심어진 것이다.

■ 건강을 위한 에어로빅

1960년까지 미국인들은 다른 어떤 질병보다 심장질환으로 더 많이 사망했으나, 한 세대가 지난 후 현격히 '좋은 인생'으로 발돋움했다.

사람들은 1940년대 중반까지는 비교적 열심히 일했다. 재정적인 빈곤은 고기의 소비를 줄이고 야채 소비를 늘렸다. 하지만 전쟁 후의 번영은 더 많은 레저시간, 사무직업, 그리고 고기, 크림, 버터 등을 더 살 수 있는 경제적 풍요를 가져다주었다. 이로 인해 심장질환 발생률이 급격히 증가했다.

비행사들이 심장 이상으로 죽기 시작하고, 때로는 수백만 달러가 나가는 비행기와 함께 떨어지는 일이 발생하자 공군 당국은 걱정하기 시작했다. 공군 관리들은 공군의 젊은 군의관 케네스 쿠퍼가 운동이 심장병의 위험요소에 영향을 줄 수 있는지에 대한 연구를 제의하자 많은 관심을 표명했다.

빌 바워맨이 뉴질랜드에서 돌아왔을 무렵 쿠퍼는 보스턴에서 의사 레지던트 과정을 밟고 있었다. 고등학교, 대학교 시절 육상선수였던 쿠퍼는(그는 1,600m를 4분 18초에 뛰었었다) 고혈압이 있었고, 의과대학과 인턴을 거치며 체중이 20kg이나 늘었다. 하루는 '전체 건강을 위한 에어로빅 프로그램'을 회고하며, 수상스키를 타러 가기로 했다. 어렸을 때의 경험 많은 스키어로서 그는 스키를 신고 운전자에게 속도를 올려 시간당 거의 50km로 달리라고 했다. 옛날같이 즐거운 시간을 보낼 생각을 하면서.

"하지만 나는 깜짝 놀랐다."

"3, 4분 만에 나는 완전히 탈진했고, 갑자기 메스꺼움과 어지러움을 느꼈다. 나는 보트 운전자에게 그만하고 가능하면 빨리 육지로 데려가 달라고 부탁했다. 그 후 30분 동안 나는 구역질하며 해변에 누워 있었고, 내 머리는 빙빙 돌고 아무것도 논리적으로 생각할 수 없었다."

쿠퍼의 이 경험은 빌 바워맨이 어느 일요일 뉴질랜드에서 달릴 때와 똑같은 효과를 가져왔다. 그는 운동과 다이어트 프로그램을 시작했고, 그의 체중은 95kg에서 77kg으로, 몸의 지방은 30%에서 14%로 줄었다. 그의 운동과 비행기 사고의 심장병 요인에 관한 열정은 그의 실험 프로그램 제안을 공군 당국에 확신시킬 수 있었다. 그의 연구 결과는 기념비적인 그의 저서 《에어로빅》으로 출간되었다.

쿠퍼의 책은 '좋은 생활은 가난한 식습관에서 비롯된다. 운동은 많은 위험요소를 극복하게 해 준다는 등의 사실에 대한 훌륭한 설명으로 되어 있다. 미국인들은 이 아이디어를 받아들였다. 좋은 집, 좋은 가정, 많은 수입은 그것들을 즐길 건강이 없으면 무슨 소용이란 말인가?

쿠퍼의 목표는 정기적인 운동이 가져올 이점을 보여 줌으로써 대부분 미국인들의 신체적 무기력과 운동부족을 바꾸어 놓는 것이었다. 가장 중요한 것은 운동을 '어떻게' 하는가를 보여 주었다. 그의 점수제는 망가진 몸매의 초보자들에게조차도 운동을 할 수 있는 가이드가 되었다. 오늘날 수백만의 건강한 미국인들은 《에어로빅》에 그들의 건강을 고마워해야 한다.

■ 러너들에 의한 마지막 몰아붙이기

올림픽 메달들이 뉴질랜드에서 리디아드의 건강등불의 연료가 되었듯이, 미국인들의 올림픽에서의 성공은 많은 미국인들에게 그들도 장거리 러너로서의 가능성을 열어 주었다. 1908년 이래 1964년의 도쿄 올림픽 전에는 미국인 장거리 선수로는 단 한 사람만이 금메달을 받았다. 호레이스 어셴펠터(Horace Ashenfelter)라는 사람으로 1952년의 야외 장애물 경주에서였다.

이 모든 것이 도쿄 올림픽에서 완전 무명이었던 빌리 밀스(Billy Mills)가 오스트레일리아의 스타 론 클락(Ron Clarke)과 튀니지아인 모하메드 감무디(Mohamed Gammoudi)를 제치고 10,000m에서 우승하며 바뀌었다. 4일 후 미국인 밥 슐(Bob Schul)은 5,000m에서 금메달을 획득했고, 1초 후에는 빌 델렝거라는 오레곤 주 스프링필드의 30세 고등학교 육상코치가 3위로 들어왔다.

몇 년 동안의 무관심을 거치고 나서, 미국 주요 장거리 경주의 신청자 수가 증가하기 시작하였다. 1964년 미국에서 가장 오래된 보스턴 마라톤에서는 처음으로 상위 300명의 신청자만을 끊었다. 1967년에는 479명, 1970년에는 1,150명이 되었다. 샌프란시스코의 '베이에서 브레이커스까지(Bay to Breakers)' 경기도 비슷한 증가세를 보였다. 1963년의 15명에서 다음해 124명, 1969년 1,241명, 1984년 75,000명으로!

해마다 더 많은 경주자들이 참가했지만, 미국은 여전히 국내 가장 중요한 마라톤인 보스턴에서는 1957년 코네티컷 주 그로턴(Groton)의 학교 교사 존 켈리(John J, Kelley)가 대회 기록을 깨며 우승한 이후로 우승자를 내지 못했다. 켈리의 우승 후 그로턴 출신으로 켈리의 코치를 받은 또 다른 뉴잉글랜드 사람이 1968년 우승할 때까지 이 대회는 핀란드와 일본인들 판이었다. 내 대학 시절 룸

1. 달리기의 혁명

메이트였던 앰비 버풋의 그 역사적인 우승은 수천의 레크리에이션 러너들을 고무시켜 이 신흥 스포츠로 끌어냈다.

그 후 1970년대 초 예일대 법대 출신인 프랭크 쇼터는 국내 정상급 장거리 주자로 발돋움했고, 오레곤의 전 육상스타 케니 무어(Kenny Moore)는 육상에서 마라톤으로 바꿔 1970년 후쿠오카 마라톤에서 2등을 차지했다. 1971년 쇼터와 무어는 둘 다 팬암게임 마라톤 출전권을 따냈고 쇼터가 우승했다. 케니 무어는 작가였고, 「스포츠 일러스트레이티드(Sports Illustrated)」에서 일했다. 그는 세계 정상급 러너들에 대한 고무적인 글들을 써서 수백만 독자들에게 어필했다.

미국 건강 혁명의 힘은 1972년 뮌헨 올림픽에서 ABC 스포츠가 마라톤을 특집으로 다루면서 증폭되었다. 쇼터가 그때까지의 가장 훌륭했던 선수들을 2분 이상 제치고 우승하자 미국인들은 정말로 성공적인 장거리 선수가 될 수 있다는 확신을 가지게 되었다.

몇 년 후인 1975년 빌 로저스가 보스턴 마라톤에서 우승하여 모든 사람들을 놀라게 함으로써 다시 한 번 입증하였다. 그는 1978, 1979, 1980년에도 같은 대회에서 우승했다. 로저스의 어린애와 같은 열정과 열린 마음은 그 시절의 건방진 다른 선수들과 대조적이었다. 그는 시합 후 그와 얘기하고 싶어 늘어선 수많은 팬들이 만나기 쉬웠고, 사인을 거절하는 법이 거의 없었다.

리디아드, 바워맨, 쿠퍼와 같은 규칙적인 운동의 이점에 대한 관심을 일깨워 준 선생들과 마찬가지로 버풋, 쇼터, 로저스(이들 모두는 베이비 붐 세대이다)는 미국의 늘어나는 러너들에게 중요한 때에 감동을 주었다. 미국인들은 신체 활동이 그들의 장래 건강의 비결인 것을 알았고, 또 많은 사람들은 달리기가 그 공통 분모인 것을 알고 있다.

· 시작

2. 러너의 5단계

달리기 여정

초보자　　　　　　　조거　　　　　　　경쟁자

2. 러너의 5단계

선수   러너

나는 13세 때부터 뛰기 시작했고 곧바로 초보자의 열정—즉, 힘든 운동에 대한 매우 특별한 스릴과 내 몸이 무한한 능력을 가지고 있다는 느낌—에 중독되었다. 물론 나는 매일의 조깅과 그 첫 번째 달리기의 스릴을 극대화하려고 노력했고, 그렇게 일 주일을 달리고 나서는 거의 움직일 수도 없이 아팠다.

하지만 통증이 가시고 나자 거기 다시 서서 달리기 시작했다. 나는 달리기에 푹 빠졌다. 다른 재주나 기술과 마찬가지로 러닝에도 여러 단계의 참여, 경쟁 그리고 즐김이 있다. 나는 이제 25년 이상을 뛰었고, 수많은 사람들이 러닝을 자기 생활의 일부로 정착시키는 데 도움을 주면서, 모든 러너들에게서 대개 비슷한 발전 과정을 보아 왔다.

그 발전 과정은 배우고, 그것에 익숙해지고

그리고 자신을 아는 일이다. 한 단계는 논리적으로 그 다음 단계에 이르게 한다. 모두가 같은 염원을 가지고 있는 것은 아니다. 즉, 모든 러너가 올림픽 금메달을 바라보는 것은 아니다. 하지만 대부분 베테랑 러너들의 공통된 경험을 이해함으로써—여기 기록된 5단계를 모두 하지 않더라도—함정을 극소화하고, 여러분의 달리기의 미래에 이득을 극대화할 수 있다.

초보자(The Beginner)

■ 제1단계 – 옛 습관을 깨 버리다

　무엇이든 시작은 불안하다. 전혀 새로운 것을 시작하려는 모서리에 앉아, 조금은 심란하기도 하고, 비판적일 수도 있고, 길을 잘못 들어 돌아가야 하거나, 막다른 골목에 있을 수도 있다. 더 건강하고 날씬해지고 싶지만 그때까지 운동 없이 지낸 생활에 얼마나 안주하고 있었는지도 모른다. 매번 뛰러 나갈 때면 어떻게든 우리 일상생활과 연계된 새로운 자신을 발견한다.

　항상 나갈까 말까 갈등이 생긴다. 옛날 생활방식이 저기서 손짓한다. '시작'의 그 갈망이 소진되고 나면 매일 일상의 달리기에 자신을 끌어내기가 쉽지 않다. 처음에는 여러 가지 장애물에 맞닥뜨리게 된다. 날이 추워지든지, 비나 눈이 오든지, 시작으로 인한 통증이 있든지, 이 모든 것이 쉽게 그만두게 만든다. 전에는 이런 것들하고 아무 상관이 없었는데…. 그만두고 싶은 유혹이 강하다.

　운동을 덜하는 친구들에 의해 달리기가 위협받을 수도 있다. 결국에는 초보자인 여러분은 안 뛰는 친구들과 문제를 해결하게 된다. 그러나 그 과정은 양쪽 모두에게 불안하고 불편하다. 만일 여러분이 흔들리면 여러 가지로 편안했던 옛 시절이 여러분을 불러들이기 위해 기다리고 있을 것이다. 만일 재수가 좋아 여러분과 비슷한 운동목표를 가진 새 친구를 사귀게 되면 러닝에 재미를 붙일 때까지 '건강' 세계에 안식처를 찾게 될 것이다.

　사교적 강요가 있으면 운동습관을 정착시키는 데 훨씬 쉽다. 좋은 방법 중 하나는 정기적으로 모이는 그룹 모임을 찾는 것이다. 아니면 옛날 같이 놀던 친구들을 모아 모임을 만드는 것이다. 경주나 재미로 하는 달리기는 사람을 만나는 좋은 기회다.

　때에 따라 생각만큼 진도가 안 나갈 수도 있다. 그러나 씨를 심으면 그 씨가 자라기를 바랄 뿐 아니라, 그 다음 주에는 나무가 되어 있기를 바란다. 우리는 결과를 원한다. 처음 시작하면서 정신적, 육체적 이득을 보고 싶어한다. 하지만 너무 몰아붙이면 기진맥진해지게 되고 좌절감에 그만두게 된다.

운동의 씨앗은—여러분이 뭉개 버리지만 않는다면—궂은 날, 갠 날들을 거쳐 살아날 것이다. 말라죽은 것 같았던 것이 살아나서 활기를 띠고, 여러분을 길로 더 멀리 몰고 갈 것이다. 그만두었더라도 실망하지 마라. 내일은 또 새 날이다. 많은 초보자들이 습관을 들이기 전에 열댓 번씩 그만두었다가 다시 시작하곤 한다. 자신을 너무 몰아붙이지 않는 초보자들이 더 쉽게 적응하는 것 같다. 여러분이 하루에 30~40분씩 이틀에 한 번 걷기/조깅을 하기만 해도 긴장이 풀리는 느낌, 기분 좋은 느낌을 가지게 될 것이다. 이제 운동은 여러분에게 특별한 시간으로 다가온다.

진전이 있음에 따라 자신의 내부에서 계속하려는 힘과 안정감을 느끼게 된다. 처음에는 나가 뛸 때 간혹 그런 특별한 세상을 체험한다. 하지만 점차 그것이 변한다. 긍정적이고 긴장이 풀리는 느낌에 익숙하게 된다. 우리 몸이 스스로를 깨끗이 정화하고, 근육을 튼튼하게 만들고, 혈액과 산소의 순환을 더 힘차게 한다. 어느 날 중독되어 있는 자신을 발견하게 되고, 초보자는 조거로 바뀌게 된다.

조거(The Jogger)

■ 제2단계 – 새로운 세계로의 진입

조거는 달릴 때 안정감을 느낀다. 매일매일 뛴다는 것이 쉽지는 않겠지만, 초보자들과는 달리 이들은 달리기에 중독되어 있다. 이들은 높은 경지—경쟁적 러너들이나 마라토너 같은—에 위축되어 있을 것이다. 그러나 운동의 이점을 알기 시작했고, 옛날 운동 없던 시절의 세계와 중요한 단절을 이루었다. 조거들의 달리기는 스스로를 만족시킨다. 늘 달리기 끝에는 노력의 보상이 있다. 달리기를 거르면 죄의식을 느끼게 된다. 이것은 초보자들에게서는 보기 힘든 경험이다. 초보들은 가끔 달릴 때 지루함을 느낀다고 불평하지만 조거들은 이 문제가 줄어들고 거리가 점점 늘어감에 따라 없어진다.

조거들은 계획이나 목표를 거의 세우지 않는다. 대부분 건강 때문에 뛰고, 거기서 무엇을 찾으려 들지 않는다. 할 수 있을 때 거기 나가서 할 수 있는 만큼 뛴다. 계획을 세워야겠다고 생각하는 사람들은 종종 계획을 세울 만큼 충분히 알지 못한다고 생각한다. 이들은 더 경험 많은 친구들에게서 조금 얻어 듣기도 하고, 달리기 잡지에서 아이디어를 얻기도 한다. 불행히도 이들은 때때로 좌절이나 부상으로 끝을 본다. 왜냐하면 그런 계획들은 조거 자신의 개인 능력이나 목표에 맞춰진 것이 아니라 다른 사람의 것이기 때문이다.

아마 처음에는 그룹이나 적어도 동기나 방향을 잡아줄 다른 사람이 필요할 것이다. 조거들은 보통 조금은 독립적이다. 그들은 함께 뛸 사람이 있는 것을 혼자 뛰는 것보다 더 좋아 할 것이다. 하지만 그룹을 선택하는 데 주의를 기울여야 한다. 대부분 초보들은 그룹에서 튀려고 하지 않으나 조거들은 그룹 내에서 자신의 부각을 즐긴다.

초보로서 더러 재미로 하는 시합이나 경주에 나가 봤을 것이다. 그러나 조거는 동네 10K들을 달력에 표시한다. 이것들은 매일매일 뛰게 하는 동기의 징검다리 역할을 한다. 조거의 스케줄에는 가끔 큰 대회도 포함될 것이다. 경쟁적으로 등수나 시간 단축을 위해 뛰지는 않지만 경쟁에 대한 센스는 개발될 것이다. 위험하지도 않으면서 성공적인 일련의 달리기 경험을 꿰게 되면 더 활동적인 라이프 스타일로 바뀌게 될 것이다.

부상, 오랫동안의 안 좋은 날씨, 파트너의 중단 등등 달리기를 멈추게 하고, 그래서 처음의 초보 단계부터 다시 시작하게 하는 요인들은 항상 있다. 그 해의 주요 경기들이 모두 끝나고 나면 계속 뛰어야 하는 동기를 잃어버릴 수도 있다. 조거는 더러 완전히 달리기를 그만두는 경우도 있으나, 대개는 한동안 쉰 다음 다시 시작한다.

역주 이 책에서 10K는 10km짜리 경주를 의미한다. 거리를 의미하는 10km와는 구분되어야 한다.

경쟁자(The Competitor)

■ 제3단계 - 경쟁이 달리기의 주요 원동력일 때

우리에게는 누구나 더러 감추어지기도 하지만, 경쟁심리가 있다. 계속해서 달리면 대부분에게 이 심리가 표면에 나타난다. 잘 컨트롤만 되면 경쟁심은 아주 좋은 동기가 되어 훈련을 잘하도록 자극하여, 안 그랬을 때보다 훨씬 더 잘할 수 있다. 하지만 다른 많은 달리기의 이점에도 불구하고, 많은 러너들에게 있어 경쟁이 그들의 목표가 되어 버린다.

2. 러너의 5단계

경주의 목표에 맞추어 달리기 계획을 세우기 시작하면 경쟁자라 할 수 있다. 처음에는 순수하게 시작한다. 처음 몇 경주 후에는 훈련을 제대로 받고 나면 얼마나 빨리 달릴 수 있을까 하는 생각이 들기 시작할 것이다. 자신도 미처 모르는 사이에 달리기의 재미를 대가로 치르면서 더 빨리 달리려는 강박관념에 빠지게 된다.

모든 조거가 이 단계로 들어가는 것은 아니다. 매우 적은 사람들이 '러너'의 단계로까지 가지만, 많은 사람들은 그냥 조거로 남는다. 그러나 자신이 경쟁에 사로잡히면 여기 몇 가지 예상되는 것들이 있다.

처음에 경쟁심은 자극적이고 보상도 있다. 늘어난 훈련량에 따라 더 빨리 뛰게 된다. 훈련, 준비운동, 영양 등등에 관한 모든 것을 읽고, 각각에 어느 정도 전문가가 된다. 항상 시도해 볼 만한 새로운 훈련기술들이 있고, 그것들을 모두 섭렵한다(나중에 그들 중 많은 것들이 서로 모순된 것들이라는 사실을 알게 될 것이다).

하지만 경쟁심이 자랄수록 안정감을 잃는다. 달리기 그 자체에 가치를 두지 못하고, 경주에서 기록을 단축하는 데 그것이 어떻게 쓰여지느냐에만 관심을 둔다. 연습을 한번만 빠져도 경주를 망칠 것 같다. 옆구리에 지방이 불어나는 게 보이는 것 같은 느낌이 들고, 힘들게 싸우던 분·초를 떠올리게 된다. 친구에게서 기록을 단축하기 전에 했던 훈련에 대해 들으면, 훈련하다 죽더라도 한번 시도해 보고 싶어진다.

때론 혼자 달리지만, 대부분 보다 나은 러너들의 작은 그룹을 찾아가 함께 훈련하고, 매번의 훈련을 경주로 만들어 버리는 자신을 발견하게 된다. '이기기' 위한 페이스로 자신을 몰아붙인다. 마찬가지로 매번 경기는 새로운 자신의 기록을 경신하기 위한 도전의 장이 된다. 쉬운 코스에 경쟁자의 실력이 그리 높지 않은 그런 경주들을 찾으려는 경향을 보이기 시작한다.

한번 경쟁심을 보이기 시작하면 자신의 한계를 보는 시각을 잃어버리게 된다. 연습거리를 조금 늘려서 기록이 조금 나아졌다면, 거리를 더 늘려서 더 나아지려고 할 것이다. 휴식에 대해 여러 번 읽었지만, 나는 특별한 경우라고 생각하게 된다. 다른 사람들만큼 회복하는 데 시간이 많이 필요치 않을 것이라고. 여러 주 동안 대부분의 시간에 피곤함을 느끼고, 밤에 잠도 설치게 된다. 신경이 예민해지고, 가족과 친구들을 피곤하게 만든다. 마침내는 자신을 너무 다그쳐서 부상, 병, 피로 등등으로 발전, 달리기를 못 하게 되거나 하고 싶지 않게 된다.

이 시점이 되면 자신의 몸에 배신감을 느낄 수도 있다. 여기서 무척 특출나게 되려고 노력하지만 몸이 말을 듣지 않는다. 지난 몇 달 혹은 몇 년간의 향상은 눈에 안 들어오고, 능률은 사라지고, 목표가 멀어져 가는 것만 보인다. 자기 몸이 장난한다고 생각하고(혹은 부상으로 인한 휴식이 나약함의 표시라고 생각하고) 너무 일찍 다시 훈련에 돌입한다. 문제를 안고 다시 뛰기 시작하면 문제를 더 어렵게 만들고, 새로운 부상으로 이어진다. 자신을 위해서 그렇게 몰아붙였던 그 경주를 못 뛰게 된다.

여전히 그 좌절이 지나면(그리고 몸무게가 다시 늘어나면) 아마 다시 뛸 것이다. 그전의 일에서 교훈을 배웠기 바란다. 다시 자신의 방법으로 사다리를 오를 것이다. 경쟁을 균형 있게 조화시킬 때 비로소 '선수'나 '러너'의 단계까지도 오를 수 있다.

경주에서 배울 만한 매우 긍정적인 교훈이 몇 가지 있다. 다행히도 모든 경쟁자들이 그것들을 배우는 데 그렇게 극심한 대가를 치러야 하는 것은 아니다. 경주에서 자신의 기록경신을 위해 피곤과 불편 속으로 몰아가는 것은 그 자체로도 보상을 받지만, 그 외에도 인생의 다른 분야에서는 어떻게 할지 아이디어를 얻는다. 우리가 사용해 본 적이 없는 강인함이 우리 속에 숨어 있다. 경주를 통한 우리 한계에의 도전은 이런 것이 표면으로 부상하는 데 도움을 준다. 경쟁은 우리 내면의 자원과 우리를 서로 연결시켜 주는 개척자 역할을 한다. 동시에 좌절과 고통의 경험은 우리의 한계를 인식하는 데 도움이 된다. 투쟁하며 우리는 우리 속의 인간에 대해 좀더 알게 된다. 실패를 통해 배우고, 더 높은 곳을 향해 나아가게 된다.

선수(The Athlete)

■ **제4단계 - 자기가 될 수 있는 최고가 되는 것**

강박관념에 사로잡혀 횟수와 트로피를 모으는 것보다 선수로서 자기의 잠재력을 이루려는 과정을 통해서 더 큰 의미를 찾는다. 마침내 경쟁에서 자신을 컨트롤할 수 있게 되고, 경쟁만이 달리기에 동기를 주던 데서 벗어나게 된다. 선수가 된다는 것은 나이, 성적 또는 뛰는 장소 등에 구애받지 않는 마음의 상태이다.

경쟁자에게는 승패가 성적에 달려 있다. 시간, 평평한 코스, 이상적인 컨디션이 모두 중요하다. 그러나 선수에게 있어 승리는 노력의 질에 달려 있다. 어느 날 자기 잠재능력 가깝게 뛰었다면 그것이 곧 승리이다. 경쟁을 받아들여 자기 것으로 만들고, 자신의 한계와 능력을 앎으로써 그것을 초월하게 된다. 무엇이 중요하고, 그것을 이루려면 무엇을 해야 하는지를 이해하게 된다. 경쟁하며, 시합에서 숨쉬며, 그것을 증발시키고, 필요한 것은 흡수하고, 그 나머지는 뱉어 버린다. 러닝은 자신만의 예술이 된다.

경쟁자들은 자기네가 이길 수 있는 경주를 찾는다. 그러나 선수는 경쟁을 찾지만 더 좋은 등수나 더 나은 성적(평평한, 빠른 코스 등등)을 추구하지는 않는다. 그들은 안팎으로 가능한 최선을 다해 뛰는 도전적 경쟁을 통해 발전한다. 그리고 그들은 길게 보면 당연히 더 빠른 시간으로 보상받는다. 더구나 선수들은 미디어에서 떠드는 큰 시합이 아닌 조그마한 경주를 선택하는데, 그것은 구름 같은 사람들 속에서 자아를 잃고 싶지 않기 때문이다.

선수들에게는 완만한 성장이 한 경주에서의 빠른 기록보다 더 중요하다. 이제 자신이 무엇을 할 수 있는지 내부적인 개념이 세워졌다. 성장이 더디거나, 멈추어질 때는 조정한다. 매번 뛸 때마다 자신의 내부 훈련 컴퓨터는 좋은 데이터를 받게 되고 새로운 도전에 그것을 활용한다. 이제는 좋지 않은 성적은 무시하게 되며 기가 죽거나 하지도 않는다.

한때 경쟁자로서 모든 것을 읽고 그 대부분을 시험해 보았지만, 선수로서 이제는 현실적 가치가 있는 것만을 골라 읽는다. 문제가 있으면 신뢰할 만한 작가가 쓴 관련 부분의 서적을 찾게 된다. 마치 사탕통에 들어 있는 사탕을 이것저것 맛보듯 모든 사람의 조언에 더 이상 귀기울이지 않게 된다.

계획은 중요한 것이다. 융통성은 있을 테지만 목표와 경주 계획을 6~9개월 앞서 세운다. 선수는 끊임없는 자기평가를 할 수 있다. 그리고 목표를 매주 수정한다. 늘 계획을 적어야만 하는 것은 아니다. 어떤 달리기 선수는 자기 몸하고 너무 조화가 잘 되어 있어서 마음의 노트에다 적을 수도 있다. 계획을 노트에 적건, 마음에 '프로그램' 하건, 자신은 어디로 가는지 잘 알고 있다. 타고 갈 정확한 자동차는 몰라도 목표에 도달할 것은 알고 있다.

다른 사람들처럼, 선수도 완전히 초지일관하는 것은 아니다. 때로는 뒤로 처져 경쟁자가 되기도 한다. 계속되는 성공 후에 목표에 미달하는 성적으로 실망하기도 할 것이다. 평가하고, 분석하고, 재조정하기보다는 안 좋은 날, 슬럼프, 낭패감에 젖을 수도 있다.

어떤 수준에서건 훌륭한 선수는 '성공'은 자신의 눈의 잣대로 재는 것이라는 사실을 인식한다. 모든 경험에는 성공이 있을 수 있다. 각 경험의 긍정적인 면만 보면 연속적인 성공을 같이 엮을 수 있고, 결국 발전으로 나타난다.

어떤 선수들은 일정 수준의 성공 또는 만족에 도달하고는 경쟁을 그만둔다. 아주 적지만 어떤 이들은 달리기를 완전히 그만두기도 한다. 많은 이들이 연습량을 줄이고, 또 다른 사람들은 꽤 높은 수준을 유지하기도 한다. 많은 사람들은 계속

성장해서, 마지막 가장 보상받는 단계인 '러너'로 옮겨간다.

러너(The Runner)

■ 제5단계 – 모든 단계의 최고

　달리기 여정의 마지막 단계는 앞서의 모든 단계의 최고 요소들을 섞어 놓은 것이다. 러너는 운동, 경쟁, 훈련과 사교생활에 균형을 유지하고 자기 인생에서 달리기와 그 나머지를 잘 조화시킨다. 때때로 무슨 분야에서든지 성숙한 사람들이 가지고 있는 문제처럼, 러너들도 그 이전 단계로 되돌아갈 때도 있지만, 그것은 전체적으로 볼 때 일과성일 뿐이다. 러너는 행복한 사람들이다.

　러너로서 인생의 주요 초점은 달리기가 아니다. 가족, 친구, 일 등일 수도 있고, 때로는 많은 것들이 한데 섞인 것일 수도 있다. 러닝은 이제 매일 먹고, 자고, 이야기하는 것처럼 자연스러운 일상의 한 부분일 뿐이다. 언제일지 몰라도 그 매일의 달리기에 다시 들어갈 것을 알고 있다. 한번쯤 빠져도 그것 때문에 고민하지는 않을 것이다. 그러나 실제로 일년을 놓고 보면 빠지는 날이 그리 많지는 않을 것이다.

　만일 과학자들이 '뛰는 것이 해롭다'고 발표한다면, 그것을 관심을 가지고 읽어 보고는 일상의 달리기를 위해 문을 열고 나갈 것이다. 러너는 연습의 긍정적인 효과에 대해 알고 있다. 그러나 그것 자체가 러너를 길 위로 끌어내는 것은 아니다. 경험으로부터 많은 만족을 얻게 되어 러닝은 여러분의 활동적인 라이프 스타일의 필요하고 안정적인 한 부분으로 자리잡게 될 것이다.

　러너로써 다른 사람들과 함께 달리는 교제를 즐길 것이나, 대부분은 혼자 될 것이다. 전 단계들에서 했던 것보다 혼자 달림으로써 얻는 평화와 내부 심리 반응을 즐기게 된다.

　자신의 몸을 가꾸어 좋은 자세를 만들 수 있다는 데서 커다란 만족을 얻을 것이다. 그리고 알맞은 힘, 지구력, 자세, 능력 향상 훈련 등이 잘 조화될 것이다. 경주는 깊이 숨어 있는 힘을 끌어내는 기회가 될 것이다. 이런 것들을 배우고 나면 기쁨은 경주에 있는 것이 아니고, 달리기 그 자체에 있게 된다.

　경쟁자들과 마찬가지로 더러 경주 계획을 세우지만, 그렇게 경직된 강도로는 안 하게 된다. 경주는 신성한 것이 아니다. 스트레스나 문제가 발생하면, 항상 또 다른 경주가 있게 마련이다. 때에 따라 러너는 부상을 입는다. 이것은 초기 단계들에서의 훈련이나 경주에서 입은 부상에 그 원인을 둔다. 이제―경험을 통해서―보통 통증과 문제를 구분할 줄 알고, 부상의 첫 번째 신호에 뒤로 물러설 줄 알게 된다. 부상의 조기치료를 위해 훈련, 경주, 시간목표를 희생할 수 있게 되고, 가능한 한 빨리 부상에서 100% 돌아온다.

러너로서 각 단계의 즐거움을 경험하고, 제일 좋은 것들을 지킬 것이다. 초보자의 발견에 대한 흥분에 다시 사로잡히고, 조거의 운동과 열정의 조화를 찬양하며, 경쟁자의 야망을 나누며, 선수의 탐구를 내면화시킬 것이다. 위의 모든 단계를 결합하고 균형을 유지함으로써, 각각의 독창적이고 긍정적인 면을 찬양하고 그것들이 여러분의 달리기 인생을 더욱 풍요롭게 만들 것이다.

· 시작

3. 시작
GETTING STARTED

　우리 모두는 달리기를 시작한 첫째 주의 그 통증과 고통에 대한 공포스러운 이야기들을 들어왔다. 사실 이것이 많은 사람들이 시작하자마자 포기하고, 또는 지루하다고 하고, 자기네가 얼마나 달리기를 싫어하는지를 이야기하는 이유일 것이다. 그들은 그 고통스러운 단계를 벗어나 본 적이 없는 것이다.
　새로운 시작은 그것이 무엇이건 용기와 강인함을 수반한다. 아는 것에서 모르는 것으로 뛰어넘으려면 믿음이 필요하다. 뉴턴의 법칙이 여기에도 적용된다. 휴식하고 있는 몸(정지하고 있는 물체)은 계속 휴식(정지)하려는 경향이 있다.
　한번 그 타성을 극복하고, 고통의 단계를 지나고 나면 역의 법칙이 성립된다. 움직이는 몸(물체)은 계속 움직이려고 한다. 천천히 시작하고 여러 조그마한 단계로 나누어 강도를 조금씩 높이고, 전 기간 알맞은 휴식을 취하면, 통증이나 부상의 위험을 극소화하며 점차적으로 컨디션을 개선시킬 수 있다.

■ 30분만

　운동효과의 분기점은 일 주일에 30분짜리 지구력 달리기 세 번이다. 자신과 시간 약속을 하라. 이 신성한 30분은 여러분만을 위한 것이다. 처음에는 이 시간을 나머지 세상과 떼어놓기가 무척 힘들어 보이지만 여러분이 진정 원한다면 할 수 있다. 일단 습관적으로 이 시간을 떼어놓으면, 건강을 얻고 몸무게를 줄이는 것은 거의 확실하다. 어떤 면에서 노력은 계획을 세우는 것만큼 중요하지 않다. 정기적으로 거기에 나갈 수만 있다면 결과는 실제로 보장할 수 있다.

■ 부드러운 중독

　일 주일에 며칠씩, 하루에 30~40분씩 정기적으로 약 6개월간 운동을 하면, 러너(또는 걷는 사람)는 달리기 뒤에 오는 편안한 느낌에 중독된 것같이 보인다. 이것은 아마도 머리 가운데 부분에서 나와서 미묘한 진정효과를 주는 베타 엔돌핀 호르몬 때문이 아닌가 추측한다. 몸과 마음은 이 운동 후 효과를 기다리기 시작하고, 운동을 안 하는 날에는 아쉬워한다. 운동으로 생기는 부작용은 조금씩 다르다. 성미가 까다로워진다든지, 피로, 민감성, 우울 등등이다. 6개월간 자신의 프로그램을 계속 유지할 수만 있다면 이 자연적인 보상은 계속될 것이다. 그렇게 오래 걸리지 않을지도 모른다. 그렇지 않다 하더라도 반년은 우리 나머지 인생의 건강 증진과 몸매 유지에 그리 큰 투자는 아닐 것이다.

■ 맥박을 관찰하라

심장을 튼튼하게 하는 비결은 맥박수를 높게—그러나 너무 높지는 않게—유지하는 것이다. 에어로빅 연구소의 케네스 쿠퍼 박사와 그 외 다른 연구들에 의하면 최대 맥박수의 70~80% 수준이 분기점이라는 것이다. 처음부터 그렇게 필요한 것은 아니고, 달리기 프로그램을 정착시킨 후 일 주일에 세 번, 30분씩 이 맥박수를 유지하면 폐와 심장이 튼튼해지고 피와 산소의 순환이 개선되고, 근육이 강화된다.

노트 고혈압이 있거나, 과체중, 심장 문제, 가족의 심장병 전력 등의 문제가 있는 사람들은 격렬한 유산소 운동을 하기 전에 의사와 상담을 해야 한다.

■ 최대 맥박수를 계산하는 두 가지 방법

① 최대 산소 흡입 테스트를 받는다. 이것은 트레드밀에서 하며 매우 격렬한 것이다. 하지만 자신의 최대치를 가장 정확하게 측정할 수 있는 방법이다.

② 220에서 나이를 뺀다.
   예 220
   　－35 (나이)
   　─────
   　185 (최대 맥박수)
   자신의 최대 맥박수의 70~80%를 목표로 삼는다.
   즉, 185 × 70% = 129.5(분기점 맥박수)

대부분의 달리기는 최대 맥박수의 70%나 그보다 조금 높을 것이다. 스피드 훈련 때는 80% 심지어 90%까지도 올라간다. 하지만 그렇게 높은 수준에서 너무 오래 운동하면 과중한 스트레스가 된다. 가벼운 훈련일이나 장거리 뛰는 날에 80%나 그 이상 뛰었다면 너무 빨리 뛴 것이다.

걸으면서 손가락으로 손목의 동맥을 찾아서 맥박을 관찰한다(엄지는 그 자체에 맥박이 있으므로 사용하지 마라).

🏃🏃🏃🏃 ·시작

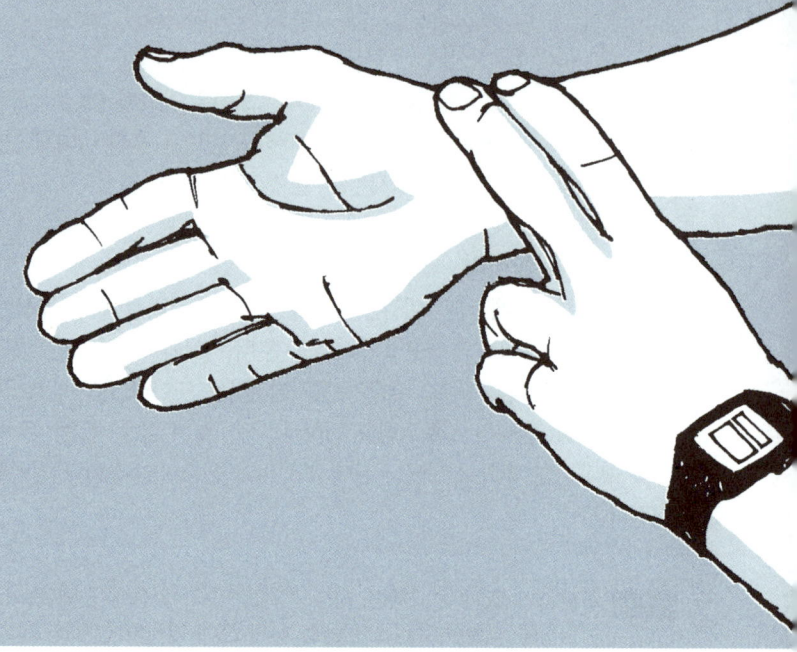

　15초 동안 맥박을 재고 4를 곱해 맥박수를 얻는다. 일반적으로는 뛸 때 이미 목표점에 도달해 있다. 하지만 달리기를 금방 시작했다면 그렇게 해서 여러분의 맥박을 바로 체크할 수 있다. 한동안 지나고 나면 언제 충분히 운동했는지 알게 되고 맥박이 80%를 넘어서면 불편을 느끼게 된다. 머지않아 불편해지기 전에 걸어서 이것을 컨트롤하는 법을 배우게 된다.

　노트 이 맥박값은 주로 초보자를 위한 것이다. 규칙적으로 달리기를 하는 사람들이 이 수치를 기준으로 삼는 것은 권하지 않는다. 첫째, 운동할 때 정확한 맥박수를 측정하기가 쉽지 않다. 하나만 잘못 세어도 정확성을 잃는다. 둘째, 맥박수를 재기 위해 멈추면 맥박이 급격히 떨어진다. 몇몇 연구에 의하면 실제로 달리기를 한 모든 사람의 맥박은 목표 부근에서 뛰고 있었다.

시작의 5단계

■ 걸음으로 시작한다
　누구나 시작부터 편안한 느낌이 들고 성공적이어야 할 필요가 있다. 30분간 걸음으로써 시작하라. 쉬워질 때까지 계속하라.

3. 시작

■ 바삐 걷는다
보통 걸음이 쉬워지면 30분간 부지런히 걸으면서 매 5~8분마다 맥박을 잰다. 목표보다 낮으면 속력을 조금 낸다. 많은 사람들이 그들의 목표 맥박을 유지할 수 있으면 바삐 걷는 것 이상을 원하거나, 그렇게 할 필요가 없을 것이다.

■ 조깅도 몇 회 끼워넣는다
빨리 걷기에 편안해지고 페이스를 올리고 싶으면 30분 걷기 속에 100m쯤의 조깅을 3~4회 끼워넣어 보라. 천천히 걸어서 몸을 풀고, 빠른 걸음으로 걷고 나서 준비가 되었다고 느낄 때 짧은 조깅들을 한다.

■ 하고 싶으면 러닝을 늘린다
강해지는 것 같으면 러닝 구간을 늘린다. 항상 불편한 것은 피하도록 한다. 결국은 30분을 천천히 뛰는 것으로 채우게 될 것이다. 또는 필요에 따라 걷기도 하면서. 뛰는 것은 맥박수를 분기점 이상으로 올리고, 걷는 것은 불편함을 방지하기 위해서이다.

■ 한 단계 올린다
일 주일에 3일씩 40분까지 시간을 늘린다. 그 중 하나는 60분까지 한다. 그러면 정신적인 면뿐만 아니라 심장혈관계도 강화된다.

보상의 효과를 과소평가하지 마라. 뛰고 싶지 않을 때 어떤 특정한 성취의 조그마한 규칙적인 보상들이 가끔 흥미에 불을 붙이기도 한다. 자신에게 뭔가를 약속하라(외식, 새 신발 한 켤레, 좋은 책 한 권 등). 위의 5단계를 하나씩 끝낼 때마다, 또는 처음으로 한 시간 운동하게 되었을 때 등등. 우울해지면 즐거운 경험을 찾아라. 또는 기분이 나아지게 만들 사람을 만나라. 매번 뛸 때마다 좋은 것을 찾아라.

몸매가 좋아지면 자신과 인생에 대해 다르게 생각하게 된다. 의자 생활 스타일을 떨쳐 버리는 것은 늘 어렵다. 일단 그렇게 해도 적응하기까지 무척 힘들다. 하지만 이 기간을 이겨내면 곧 중독되어 저절로 굴러간다. 그러니 믿음을 가져라! 더 좋은 날들이 눈앞에 있다. 끈기를 가지고 즐겨라.

다른 사람의 시작을 돕는 방법

설교하지 말아라. 최근 여러분의 건강과 라이프 스타일에 굉장한 변화가 있었다면 다시 태어난 러너로서 비누곽에 올라서는 것 따위는 일도 아닐 것이다. 그렇게 하면 다른 사람들을 못 하게 만든다. 달리기에 대한 거부감의 원인이 되기도 한다. 동기는 그들의 내부에서 나와야 한다. 여러분의 친구나 여러분이 만나는 사람들은 자기네 시간이 언제 오는지 알 것이다. 활동적이지 않은 친구들을 달리기로 끌어들이는 것은 돌멩이에 대고 설교하는 것과 마찬가지이다.

새로 시작하는 사람들에게 할 일, 안 할 일

◆ 할 일
- 그 사람이 도움이나 충고를 원할 때까지 기다려라.
- 흥미 위주의 달리기나 경주를 함께 보라. 초보들에게 관심을 갖게 하는 제일 좋은 방법이다.
- 친구에게 개인적 관심을 보이고 경청하라. 그리고 나서 그의 목표에—여러분의 목표가 아닌—근거해 조언하라.
- 좋은 읽을거리(이 책과 같은)를 권하라.

◆ 안 할 일
- 달리기가 모든 것(섹스부터 머리 빠지는 것까지)을 낫게 해 준다고 약속하지 마라(적어도 머리 빠지는 것은 아니다).
- 먹이를 만난 동물처럼 길 위에서의 자신의 번영을 장황히 끌며 얘기하지 마라.
- 친구가 내일 당장 달리기를 하지 않는다고 금방 심장병이 걸릴 것같이 위협하지 마라.
- 여러분이 러닝을 통해 얻은 기막힌 변화를 네 시간 이상 연속 얘기하지 마라.

초보들의 제일 큰 문제는 '어떻게 시작하고, 그것을 어떻게 계속해서 유지하나?' 이다. 그 답은 그들 자신 속에서 나와야 한다. 그러나 조언자로서, 코치로서 그들이 계속할 수 있게 하는 여러 단계의 성공에 도움을 줄 수는 있을 것이다.

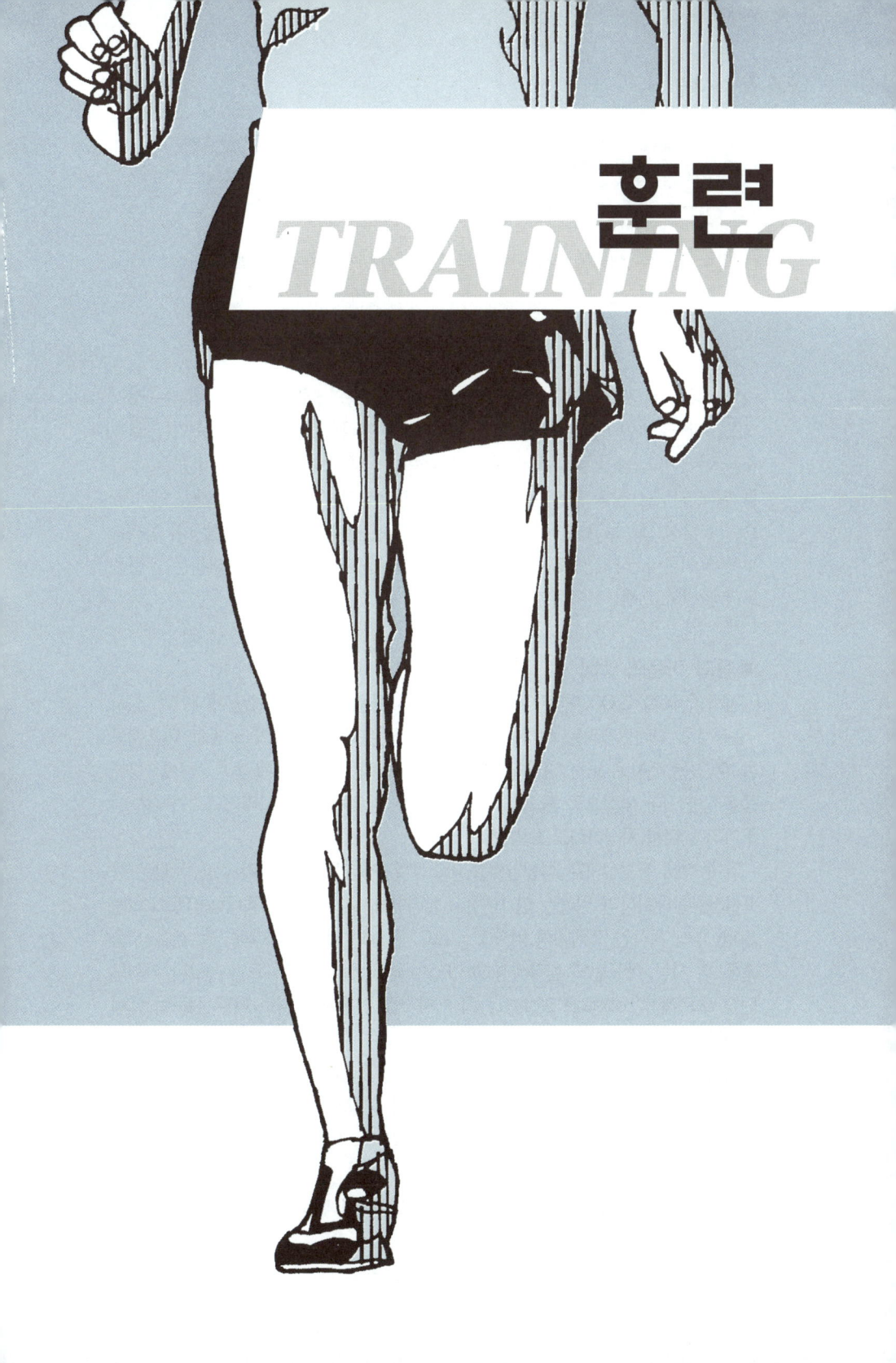
훈련 TRAINING

·훈련

4. 생리현상
PHYSIOLOGY

달릴 때 우리 몸 속에서 무슨 일이 일어나는가?

운동을 시작하는 가장 좋은 방법은 우리 몸 속의 생명활동을 이해하는 것이다—최소한 달리기와 직접 관련된 부분만이라도. 몸 속에서 일어나는 일을 조금 이해하고, 몸이 필요로 하는 것과 피로의 상태에 신경 쓰면 우리 몸은 우리를 위해 엄청난 일을 할 것이다. 그와 같은 감수성 없이는 우리는 자신을 쉽게 통증이나 부상으로 몰고 갈 것이다. 많은 경우 작은 실수들이 모여서 상당히 심각한 부상에 이른다. 하지만 조금만 세부적으로 신경을 써도, 우리들 대부분은 훈련을 보다 안전하고 생산적이게 할 수 있다.

■ 몸과 마음의 조화
먼저 2,000~3,000년 된 서구사조인 몸과 마음은 서로 독립된 개체이며, 심지어는 서로 적대관계라는 생각을 보자. 서구인들은 몸을 마음의 노예로, 마음대로 몰 수 있는 전차로 보는 경향이 있다. 우리는 더러 마음이 정해 놓은 목표를 향해 몸을 탈진이나 부상으로 몰고가게 내버려두는 경우가 있다. 그러면 그 여파로 절룩거리며 다시 시작하려고 노력한다.

그에 반해 동양철학은 심신일체를 강조한다. 이분법 대신 몸과 마음이 같은 목표를 향해 대화하며 일하는 한 팀이다. 심리학자이자 《달리는 몸(The Running Body)》의 저자인 프레데릭 박사(Dr. E.C. Frederick)는 에베레스트 산을 처음 오른 두 사람, 에드먼드 힐라리경(Sir Edmund Hillary)과 그의 셰르파 가이드 텐싱 노르게이(Tensing Norgay)의 이야기를 인용해서 서로 다른 접근법을 설명한다.

기자들이 어떻게 그 어려운 등산을 해냈느냐고 물었을 때, 힐라리는 자기네가 "산을 정복했다."고 얘기했다. 그 산은 그들이 공격하고 극복해 낸 장애물이었다. 그러나 산에서 낳아 산기슭에서 일생을 살아온 그 셰르파는 자기와 산이 정상에 도달하기 위해 함께 일했노라고 말했다.

몸과 마음이 함께 일할 때 산도 오를 수 있고, 몇 킬로미터를 달릴 수도 있고,

4. 생리현상

목표에 도달할 수도 있는 것이다. 마음이 몸과 하나가 될 때 점진적인 발전이 이루어진다. 하지만 몸을 노예같이 함부로 다루는 강한 정신력은 우리 몸을 부상당한 노예로 만들 뿐이다.

■ **가장 중요한 훈련원칙**

우리 대부분은 훈련이 우리 몸에 많은 스트레스를 준다는 것을 알고 있다. 운동은 근육에 스트레스를 주고, 근육이 더 강하게 자라도록 자극을 준다. 그러나 스트레스 후에 충분한 휴식이 없으면, 근육은 탈진하거나 부상을 당하게 된다. 스트레스가 충분한 양과 질의 휴식과 병행될 때 적당한 성장을 기대할 수 있다.

강한 달리기나 장거리 달리기 후에는 항상 속도와 거리가 줄어든 며칠간의 간단한 달리기를 해야 한다. 그뿐 아니라 휴식주간들도 반드시 훈련 프로그램에 포함되어야 한다. 즉, 매 둘째 혹은 셋째 주는 자동적으로 전체 달리는 거리를 줄인다. 이것은 근육이 '따라잡을 수 있는' 과외의 시간을 주기 위함이다.

기록 향상은 스피드 훈련의 질과 장거리 달리기의 거리에 그 근간을 둔다. 이 두 '강훈련의 날' 사이사이에 가볍게 뜀으로써 피로가 회복되고, 더 튼튼하게 근육이 재건되고, 부상의 위험이 현저히 줄어든다. 부상으로 이어지는 흔한 실수들을 보면,

• 매주마다 더 멀리 뛸 목표를 세우고 이루려 한다.
• 일상의 달리기를 너무 빨리 뛰려고 한다.
• 충분히 쉬지 않는다.

■ **근육 속에서는 무슨 일이?**

대부분의 사람들이 '세포' 그러면 고등학교 때 현미경으로 보았던 박테리아나 아메바와 같은 세포막으로 둘러싸이고, 가운데엔 세포핵을 가진 둥그런 기본 세포를 일반적으로 떠올릴 것이다. 그러나 우리 몸에는 하는 일이 서로 다르고 모양이 제각기인 수억 개의 세포가 있다. 여기서 우리가 관심이 있는 골격 근육세포는 피부세포나 그 구조의 간단함 때문에 공부하였던 둥근 단세포 생물과는 사뭇 다르다.

근육세포는 아주 작은 단위의 섬유조직들로 이루어져서 근육 전체 길이로 이어지는 섬유질이다. 전선다발이 들어 있는 길다란 전기배관을 그려 보라. 근육세포는 그렇게 생겼다. 사콜렘마(Sarcolemma)라는 외부막이 있고, 그 속에는 섬유

질다발(Myofibril)이 들어 있다. 근육세포 속에는 또한 미토콘드리아 (Mitochondria)라고 하는, 음식으로부터 얻은 연료를 태워 사용 가능한 에너지를 만드는 '발전소'가 있다.

■ 근육이 과중한 스트레스를 받으면

근육은 보통 지난 7~14일간 받았던 양의 일을 소화해 낼 수 있는 능력을 가지고 있다. 최근의 훈련을 통해 근육은 일정 수준으로 개발되어 있을 것이다. 이 수준 이상으로 훈련 강도를 높이면 실제로 일을 하는 각 근육세포들을 너무 혹사시키는 것이다.

자기 능력 이상으로 혹사된 세포들의 세포막은 찢어지게 된다. 세포 내의 미토콘드리아는 부어오르고, 미토콘드리아 내에 저장된 연료, 글리코겐은 때론 거의 고갈된다.

다음은 두 가지 중요한 휴식 원칙들의 생리적인 관점에서 본 간단한 설명이다. "7. 일일 및 주간 거리 프로그램"에서 이들의 단기적, 장기적 고려의 현실적인 면을 보기로 한다.

■ 가벼운 연습일(단기)

스트레스(강한 훈련) 관련 부상은 회복되는 데 48시간이 걸리는 걸로 연구되어 있다. 휴식을 취함으로써 강한 스트레스로 망가진 세포는 더 강력하게 재생되도록 프로그램되어서, 다음 번에는 더 큰 스트레스에도 견딜 수 있게 된다. 세포막이 더 두껍게 재생되어서 세포벽은 더 튼튼해진다. 미토콘드리아의 숫자가 증가해서 더 많은 에너지를 처리할 수 있다. 혈관은 보수되고, 강화되고, 여러 달에 걸쳐 모세혈관은 그 수가 늘어나서 영양분을 더 잘 운반하게 되고, 노폐물을 더 잘 거두어 가게 된다(70쪽 근육세포 내의 변화 참조).

강한 달리기 사이사이에 48시간 휴식이 왜 중요한지를 이제 알게 되었다. 이 휴식은 그 기간 동안 달리기를 완전히 그만두어야 한다는 얘기가 아니다. 나는 그 48시간 동안 가벼운 달리기가 완전 휴식보다 더 빨리 회복된다는 사실을 발견했다. 천천히라도 달리면 그 주위의 혈관이 팽창되어서 스트레스받은 부분에 더 많은 양의 피가 흐르게 된다. 이것을 '반작용 충혈'이라고 한다. 강한 달리기들 사이에 천천히, 보다 짧은 달리기를 하면 산소를 동반한 피와 영양분과 더 많은 연료를 다친 부위에 공급한다. 강력한 훈련을 하면서 대가 없이 48시간 법칙을 피할 수는 없다. 그 대가는 당장 나타나지 않을 수도 있지만, 결국에 가서는 부상으로

4. 생리현상

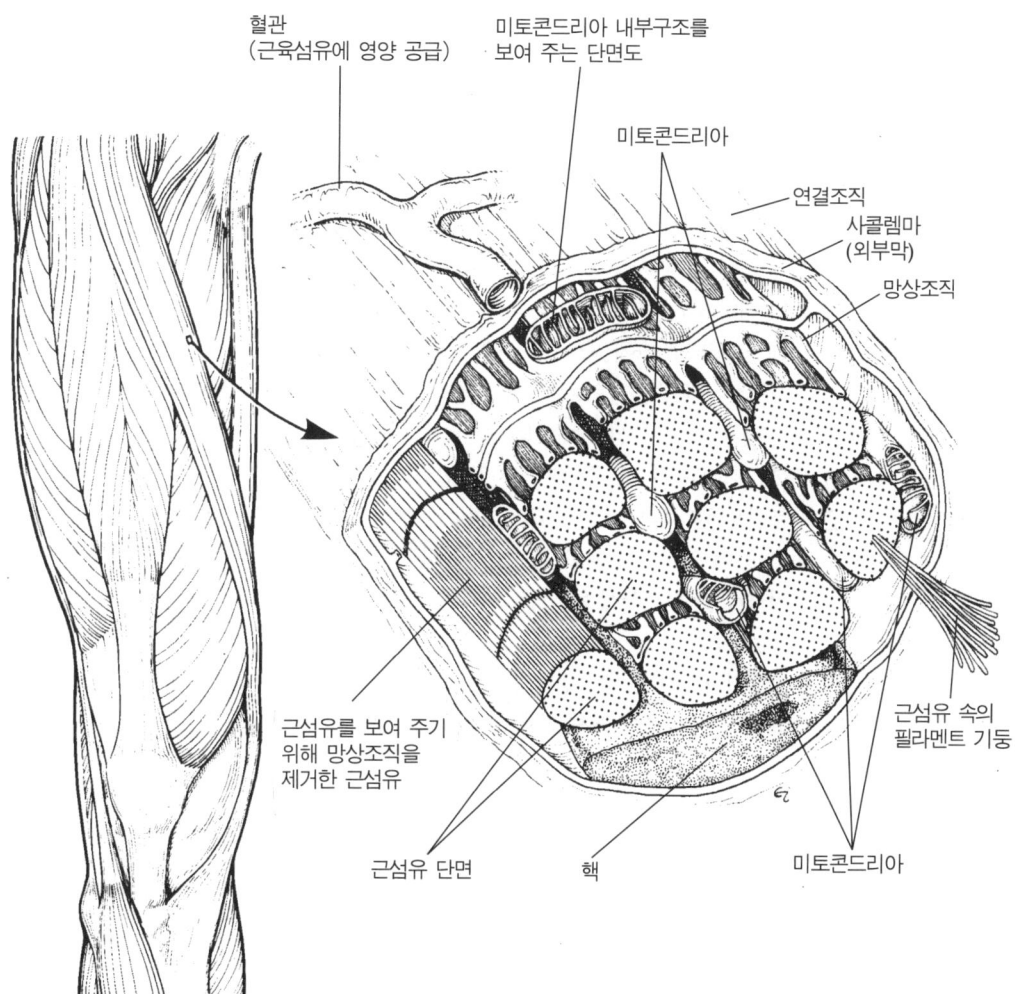

근육세포 하나의 단면도

다리 근육에서 떼어낸 근육섬유 하나의 짧은 단면의 확대 그림이다. 속을 보여 주기 위해 섬유질의 막이 제거되었다. 미토콘드리아(세포의 발전소)는 전체 모양과 잘라진 모양 모두를 보여 준다.

나타난다.

■ 가벼운 연습주간(장기)

두 번째로 중요한 휴식의 개념은 새로운, 보다 강력한 훈련 프로그램에 들어가면 그 스트레스에 근육이 적응하는 데 21일가량 걸린다는 것이다. 한 11일쯤 지나서 근육이 스트레스에 절반쯤 적응되었을 때 우리는 더 강해진 느낌을 받는다. 그럴 때면 훈련을 다시 강화하고 싶은 강한 충동을 느끼게 되지만 우리 몸이 아직 완전히 준비된 것이 아니다. 3주 후면 이론적으로 몸이 적응되었고, 더 새로운 강한 훈련에 대비하게 된다.

그러나 내가 관찰한 바에 따르면 둘째나 셋째 주에 훈련강도를 줄이면—대략 30~50%가량 거리를 줄임으로써—우리 몸은 더 빨리 회복되어 새로운 도전에 준비된다. 이것은 파괴된 섬유들을 더 많이 재건하고, 근육이 휴식하여 다음 번 도전을 위해 재충전되게 해 준다. 48시간 법칙과 마찬가지로 이 법칙은 지키지 않으면 당분간은 괜찮을지 몰라도 후일 피로와 부상으로 값을 치르게 된다. 얼마 동안은 몸을 능력 이상으로 몰고 갈 수 있겠지만 결국 우리 몸은 스스로 고장나게 함으로써 자신을 보호하게 된다.

가벼운 연습일과 가벼운 연습주간에 대한 더 자세한 것은 71~74쪽에서 이 법칙들을 일일 및 주간 훈련 프로그램에 도입하는 방법과 실제 훈련의 예를 들어 설명하겠다.

■ 유산소/무산소 운동(Aerobic/Anaerobic)

에어로빅은 '산소가 있는 데서'라는 뜻이다. 우리가 유산소적으로 달린다고 하면, 그것은 천천히, 편안하게 그리고 속도와 거리가 최근 훈련한 것 이상으로 달리지 않는 때를 말한다. 그렇게 하면 우리의 근육은 그 운동으로 인한 부담을 이겨낼 만큼 튼튼하고, 혈액 속에는 충분한 산소가 있게 된다. 또한 몇몇 생성되는 노폐물은 몸 속에 쌓여 근육운동에 지장을 초래하기 전에 혈액 속에서 간단히 처리된다.

무산소 달리기란 지금까지 훈련한 것보다 더 빠른 속도나 더 많은 거리를 달릴 때 일어난다. 우리 근육이 그 능력 이상으로 혹사되면 우리 몸이 공급할 수 있는 이상의 산소가 요구된다. 한정된 시간 동안에는 근육 자체 속에 있는 산소를 사용하는 화학적 작용에 의해 근육은 계속해서 일을 한다. 이런 식으로 사용 가능한 산소량은 아주 제한돼 있고, 많은 양의 노폐물이 쌓이게 되어 근육은 경직되고 쑤신다. 그렇게 되면 헐떡거리게 되고 스피드는 줄어들게 된다. 훈련이 끝난 다음, 근육에 그만큼의 산소를 보충해 주어야 한다(산소 빚). 스피드 훈련을 하는 주목적 중의 하나는 계산된 양만큼의 무산소 운동을 경험하는 것이다. 그 훈련 후 충분한 휴식을 취한다면 우리 몸을 '산소 빚'에 적응할 수 있게 단련시킬 수 있다.

■ 식사를 에너지원으로

탄수화물(밥, 빵, 과일, 녹말, 설탕 등등)을 섭취하면 단당으로 분쇄되고, 그 중 일부는 글리코겐으로 바꿔어 근육 속에 연료로 저장된다. 글루코스, 락토스(유당), 프럭토스(과당)는 단당류로 한 과정에 글리코겐이 된다. 수크로스(백설탕)는 이당류로 한 과정이 더 필요하고, 과외 에너지도 더 필요하며 반응 과정도 더 느리다.

위벽을 통해 흡수된 글루코스는 피에 의해 신체 각 기관으로 운반된다. 근육세포는 이 에너지원을 받아서 운동 때 쓸 수 있게 글리코겐으로 저장한다. 여분은 간에 저장된다. 더 이상 저장할 곳이 없으면 글루코스는 지방으로 바꿔어 저장된다.

유산소 운동의 첫 10분간 운동근육은 가장 손쉬운 에너지원인 근육 속의 글리코겐만을 거의 배타적으로 사용할 것이다. 글리코겐은 혈액 속의 산소와 결합해서 에너지와 유산을 포함한 몇 가지 노폐물을 만들어낸다. 무산소 운동을 하지 않는 한 유산의 비율은 상대적으로 낮아서 피가 싹 쓸어가 버릴 수 있다.

운동 10분이 지나면 우리 몸은 지방을 연료로 사용하기 시작한다. 지방이 수많은 굶주린 근육세포들의 요구를 만족시킬 만큼 충분한 양의 지방산으로 바꿔어 혈액 속에 녹아드는 데 이만한 시간이 걸린다. 30분쯤 후면 지방이 주 연료원이 되고 글리코겐은 아주 조금만 소요된다(지방을 태운다고 해서 지방을 많이 먹어야 한다는 뜻이 아니다. 탄수화물이 가장 좋은 에너지원이다. 지방을 너무 많이 섭취하면 운동능률을 저해할 수 있다).

■ '벽'(한계상황)에서의 생리현상 관찰

지방은 글리코겐보다 풍부한 연료이다. 글리코겐 저장률은 제한되어 있는 반면(보통 30km 정도 분량), 마른 사람도 1,000km 정도에 충분한 양의 지방을 가지고 있다. 이 장거리 연료의 문제는 지방은 유산소 운동에만 탄다는 것이다. 지금까지 운동한 속도와 거리 내에서만 뛰면 우리는 대부분 지방만을 태우게 된다. 지금까지보다 더 빨리 또는 더 멀리 뛰게 되면 근육을 혹사하게 된다. 근육은 능력 이상으로 충분한 산소를 얻지 못한다. 이 무산소 운동상태에서는 글리코겐이 타고 많은 양의 유산과 노폐물들이 제거할 수 있는 것보다 더 빨리 근육 속에 쏟아진다. 이것이 근육이 경직되고 기진맥진해지는 이유이고, 이것이 속도를 늦추게 만들고, '벽'에 부딪치게 되는 이유이다. 일단 근육이 글리코겐으로 연료를 바꾸면 다시 지방으로 돌아가려 하지 않는다. 제한된 양의 글리코겐은 아주 빨리 고갈된다.

훈련의 주요 목표 중 한 가지는 우리 몸에게 글리코겐을 보존하고 쌓이는 유산을 처리하는 법을 가르치는 것이다. 기초 훈련(55~56쪽 참조)은 피의 산소 운반 능력과 노폐물 처리능력을 증가시킨다. 스피드 훈련과 장거리 달리기는 무산소 운동이 시작되는 지점을 점차적으로 뒤로 늘릴 것이다. 또한 유산 축적으로 인한 고통으로부터 전만큼 많이 속도를 줄이지 않고도 적응할 수 있는 법을 가르쳐 줄 것이다. 스피드 운동으로 근육이 잘 관리되면 똑같은 양의 노폐물이 쌓여도 속도를 전처럼 줄이지 않아도 된다. 왜냐하면 이제 우리는 그 느낌에 익숙해져 있기 때문이다.

현재 능력보다 훨씬 더 많은 운동을 하면 우리 몸은 심각한 피해를 입을 수 있다. 너무 멀리, 또는 너무 빨리 뛰어서 연료원을 글리코겐으로 바꾸면 장거리 경주에서 고르지 못한 지면에서 뛰는 것과 같다. 글리코겐은 뇌에서 사용되는 단 한 가지 연료이고 이 에너지원은 공급이 상당히 제한되어 있다. 글리코겐이 위험수위로 낮아지면 우리 몸의 생존체계가 우리 몸을 접수해서 남아 있는 양을 뇌를 위해 비축하게 된다. 뇌가 그 부족상태를 감지하면 자신을 보호하기 위해 그 긴 여정을 끝내는 것을 힘들게 만들거나 아예 달리기를 끝내라고 할 것이다. 이것들은 우리를 비상상태에 들도록 하는 경고 신호이다.

그러면 운동근육은 무엇을 할 것인가? 지방을 태울 충분한 산소도 없고 글리코겐은 빼앗겼다. 글리코겐은 지방이나 근육 단백질로부터도 만들어질 수 있다. 이것은 매우 불편한 과정이고 많은 노폐물을 남긴다. 하지만 그렇게 한다. 주위에 축적된 지방을 모두 사용했고, 운동근육이 정말로 더 글리코겐을 요구하면 운동근육 조직은 자체적으로 파괴된다.

자신의 몸은 자신이 돌봐야 한다. 부상당한 몸으로는 운동을 할 수 없다. 망가지거나 너무 많은 스트레스를 받은 근육은 훈련을 빠지게 하거나 발전을 더디게 하는 원인이 된다. 최근 훈련 범위 내에서 머물러라. 속도를 빨리하거나 지구력을 높이기 위해 일 주일에 한번 정도는 약간 이 범위를 벗어날 수 있을 것이다.

4. 생리현상

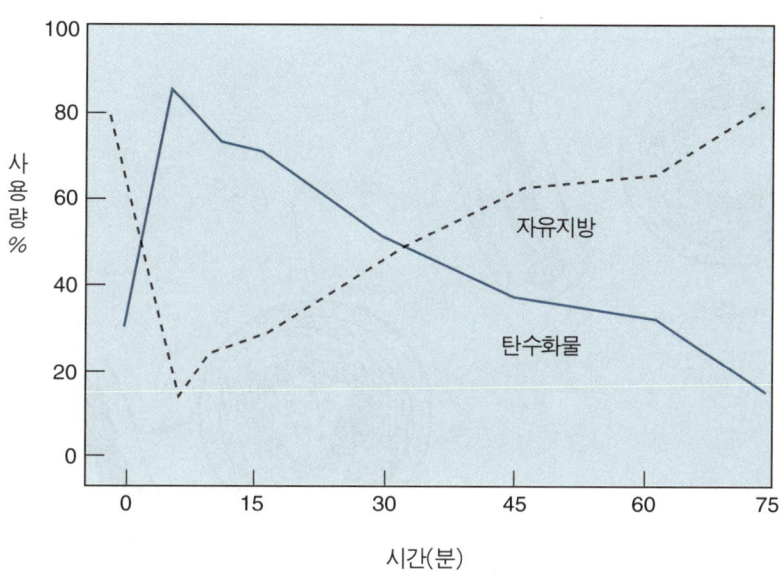

75분 동안의 달리기에서 탄수화물과 지방으로부터 나오는 에너지의 산정.
30분이 지나면서 탄수화물보다 지방을 더 많이 태우는 사실에 주목하라.
데이비드 코스틸(David L. Costill)의 《장거리 달리기의 과학적인 접근》에서 인용.

■ **혈액의 화학적 성질**

　우리 몸은 많은 양의 지방을 소화시킬 수 없다. 우리의 먼 조상으로부터 물려받은 경이로운 우리 몸은 복합탄수화물이 많이 들어 있는 음식(밥, 빵, 과일, 채소)을 잘 소화하도록 만들어져 있다. 적은 양의 지방은 문제없이 처리하지만 튀김과 붉은색 고기가 많은 현대의 음식은 우리 몸이 처리할 수 있는 능력을 훨씬 뛰어넘는다. 특히 유전적으로 동맥과 심장 통로가 좁은 경우, 우리의 순환기와 장기의 벽이 이 초과 지방으로 쌓이게 된다. 이것은 여러 가지 순환기 계통에, 특히 심장에 혈액을 공급하는 혈관에 심각한 문제를 가져온다. 지방은 또 다른 심각한 질병들 ─대장암 같은─에도 관련이 있다.

　규칙적인 장거리 달리기 선수들은 연료로 지방보다는 복합탄수화물을 선택한다. 고단백 동물성 음식이 강훈련과 지구력에 좋다는 속설은 빠르게 사라지고 있다. 실제로 헬싱키에서 벌어진 1983년 세계 마라톤 챔피언십의 우승자 롭 데 카스

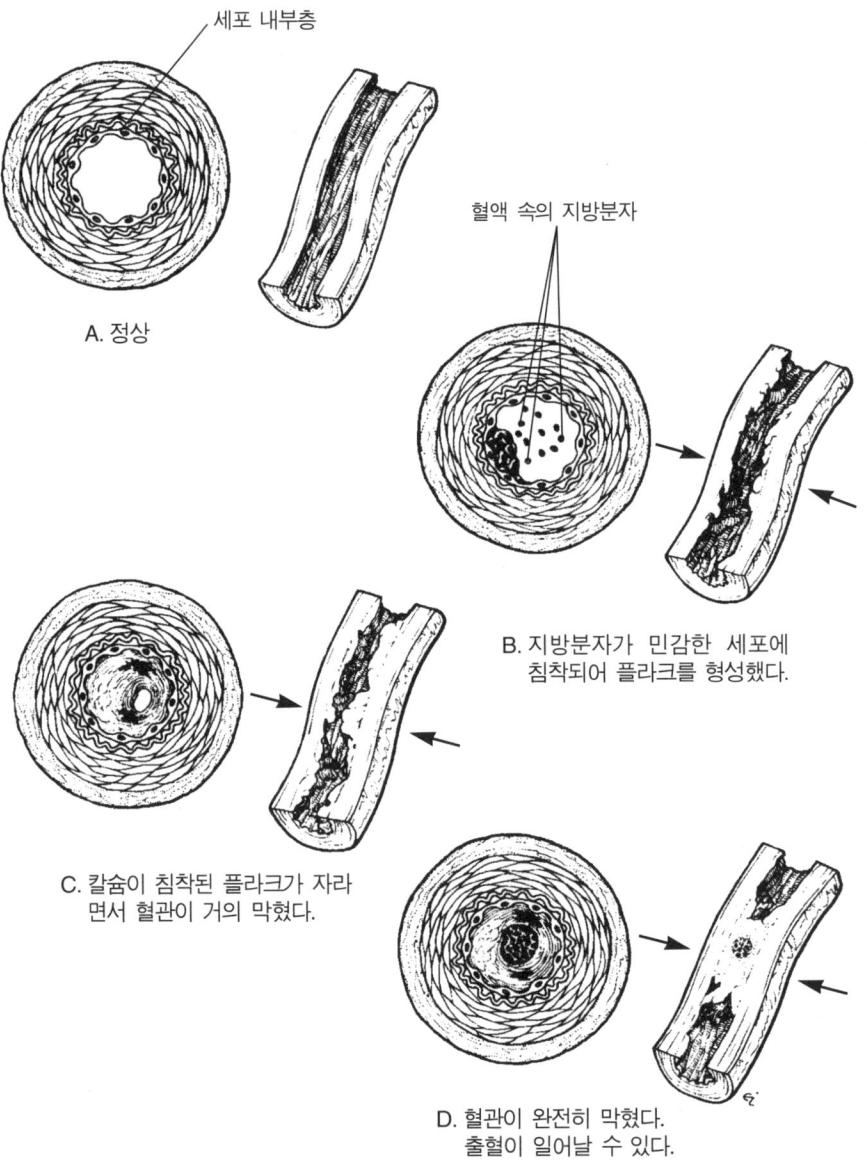

심장병의 내부 관찰. 정상적인 동맥과 과다한 지방 섭취로 인한 동맥 막힘의 세 가지 진행 과정을 보여 주고 있다.

4. 생리현상

텔라(Rob De Castella)는 프리티킨 박사의 고탄수화물, 저지방 식사의 철저한 신봉자이다. 하와이에서 벌어진 1982년 철인3종경기에서 1, 2, 4위로 입상한 데이브 스콧(Dave Scott), 스콧 틴리(Scott Tinley)와 스콧 몰리나(Scott Molina)는 모두 프리티킨식 식사를 따랐다. 탄수화물은 쉽게 소화할 수 있고, 가볍다는 느낌을 가지게 하며, 지구력 경주에서 가장 좋은 연료가 된다.

■ 심장 그리고 그 보조기관

심장은 지구력이 강한 근육이자 매일 매순간 혈액을 우리 몸 구석구석으로 보내는 펌프 역할을 한다. 다른 근육과 마찬가지로 심장도 정기적인 운동을 필요로 한다. 그렇지 않으면 나빠진다. 다른 보조적인 신체운동 없이 의자에 앉아 일하는 사람은 심장을 건강하게 유지할 충분한 노력이 없는 셈이다. 오랫동안에 걸쳐 편안한 심장동맥엔 축적물이 쌓여갈 것이다. 이 생동적인 기관의 좁고 중요한 통로는 늘 깨끗하고 잘 동작되도록 유지돼야 한다. 정기적인 지구력 운동으로 그것을 이룰 수 있다.

운동근육은 실제로 심장에서 혈액을 뽑아내고 되돌려 보내는 작은 펌프이다. 운동근육에 필요한 혈액을 보내기 위해서는 심장이 그 펌프 속도를 증가시키도록 압박받는다. 심장박동의 지속적인 증가는 이 중요한 근육이 튼튼하고 기름기 없이 건강하게 유지되게 한다.

지구력 운동은 모세혈관수도 증가시켜 영양분이 세포에 더 잘 공급되고 노폐물도 더 잘 처리하게 해 준다. 규칙적으로 운동하면 우리 몸은 혈액의 방출량을 늘리고, 그래서 더 많은 혈액이 운동세포에 공급된다. 몇 달 동안의 장거리 달리기로 인한 지속적인 압박은 모세혈관의 끝을 근육세포 속에 닿게 만든다. 그럼으로써 더 많은 산소가 몸 전체의 더 많은 세포에 공급되어 세포들이 그 잠재능력에로까지 일할 수 있게 해 준다. 심장근육은 더 튼튼해지고 더 많은 산소를 주입하고 규칙적으로 청소된다.

심장이 튼튼해지면 매번 박동할 때마다 더 많은 양의 혈액을 몸 구석구석에 보내게 된다. 건강한 심장은 더 적은 박동수로도 더 많은 일을 하게 되고, 휴식시의 맥박은 내려가게 된다.

33쪽에 운동효과를 측정하는 가이드로서의 심장박동수 관찰에 관해 설명돼 있다.

· 훈련

■ 빠른 반응 근육/ 느린 반응 근육(Fast Twitch/ Slow Twitch)

어떤 사람들은 더 빨리 달릴 수 있고, 또 어떤 사람들은 더 멀리 달릴 수 있다. 우리가 근육세포 속을 들여다볼 수 있다면, 단거리 선수로 적합하게 태어났는지 장거리를 뛰는 데 알맞게 태어났는지 알 수 있을 것이다. 빠른 반응 근육섬유질의 비중이 높다면 빨리 뛸 수 있다. 이 당분을 태우는 근육세포는 빨리 불이 붙어서 연료를 재빨리 태우고 피로에 저항하지 않는다. 반면, 느린 반응 근육섬유질은 지방을 태우고 오랜 시간 동안 계속 불이 붙도록 훈련될 수 있고, 피로에 견디어낸다.

스포츠 과학자들은 근육 속에 주사기를 꽂아 근육 샘플을 뽑아낸 다음 현미경으로 각 개인의 빠른 반응, 느린 반응 섬유질의 구성 비율을 알아낼 수 있다. 이 방법은 비교적 간단하지만 조금 통증이 있고, 보통은 연구목적으로만 사용한다. 느린 반응 근육이 압도적으로 많은 경우는(나의 경우는 97%) 빨리 달리기에 대한 희망은 접어두어야만 한다. 그러나 빠른 선수들은 그들의 빠른 반응 근육을 지방을 태우는 연료로 훈련시켜서 느린 반응 섬유질같이 일하게 할 수 있다.

■ 폐

숨을 쉴 때 공기는 입이나 코로 들어가서 목구멍 뒤쪽(인두)을 통해 기도로 들어간다. 그 기도는 아래쪽에서 둘로 갈라져서 기관지를 만들고, 각각은 폐로 들어간다. 이것들은 또다시 갈라져 결국은 수억 개의 공기주머니(허파꽈리)로 이어져 가스 교환이 이루어진다. 즉, 산소가 들어오고 이산화탄소가 나간다.

운동은 폐를 바쁘게 하도록 많은 압력을 가한다. 가스 교환 과정에 더 많은 허파꽈리가 관여하게 되고, 이 능력은 빠르게 효과적으로 개선된다. 계속 흡연을 하고 공해에 오래 노출되면 허파꽈리의 가스 교환 능력이 현저히 떨어지게 되고, 허파 한 부분이 능력을 잃게 된다. 다행히도 운동은, 특히 달리기는 이 과정을 뒤집는 데 도움이 되고, 장기적으로 허파조직이 그 능력을 다시 얻는 것도 가능하게 된다(폐기종의 경우와 같이 흡연과 공해가 허파꽈리 자체의 벽을 파괴해 버린 경우만 아니라면).

4. 생리현상

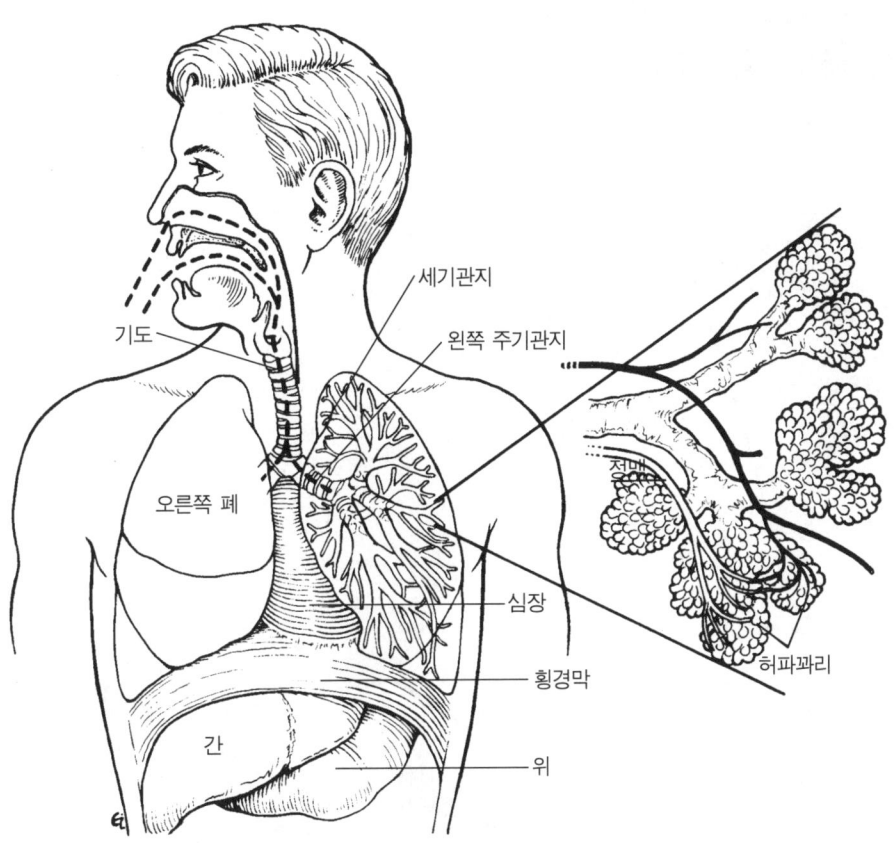

공기는 코나 입을 통해 교환된다. 기도를 따라 공기가 허파로 들어가는데, 그 기도는 기관지로 갈리고 또 기관지는 나무 모양의 작은 세(細)기관지로 나뉜다. 허파꽈리를 보여주기 위하여 세기관지를 확대한 그림이다. 허파꽈리에서는 공기와 혈액 사이의 가스 교환이 일어난다.

촘촘촘촘 · 훈련

5. 계획

어디서부터 시작할 것인가?

5. 계획

1983년 여름 나는 「로스앤젤레스 타임즈」 기자이자 러너인 말린 시몬스 (Marlene Cimons)에게서 전화를 받았다. 전에 보스턴 마라톤에서 만난 적이 있는 그녀는 내 새로운 훈련방법에 관심이 있었다. "3시간 53분인 제 마라톤 기록을 줄일 수 있을까요?"라고 물었다.

나는 그녀의 배경에 관해 몇 가지 질문을 하고 몇 가지 다른 훈련기준을 따른다면 훨씬 잘할 수 있다고 단언했다. 말린은 해 보고 싶다고 했고, 나는 그녀를 위해 계획을 세웠다. 우리는 몇 주일마다 한번씩 전화해서 어떻게 되어 가는지 내가 모니터하고, 또 그때그때 필요한 대로 조정하기로 동의했다.

새로운 연습을 시작하면서 그녀는 신문에 싣기 좋은 이야깃거리라고 생각했다. 이 새로운 접근 방법―그녀를 훈련시키기 위해 장거리 천천히 달리기를 강조한 계획―이 과연 보다 나은 결과를 가져올 것인가? 그녀는 오레곤 주 유진의 나이키 오레곤 육상클럽 마라톤에 그 해 가을 신청서를 냈고, 나는 그녀의 보조를 맞추고 심리적 안정을 주기 위해 함께 뛰기로 했다.

말린은 마라톤 훈련 프로그램의 중요한(125쪽 참조) 포인트들을 지켰다. 그러나 한 가지 그녀에게 어려움이 있었고, 우리가 늘 다툰 것은 장거리 달리기였다. 그녀는 32km 이상은 뛰려고 하지 않았다(앞으로 보겠지만 프로그램은 경주 전에 적어도 경주거리만큼 뛰어서 우리 몸이 그 긴장에 대비할 수 있도록 해야 한다). 그녀는 매번 32km의 벽에서, 연습이건 실제 경주건 무너지는 고통스런 경험을 가진 정신적인 벽이 있었다. 그녀는 경기 전에 부상당하는 것을 두려워했다.

나는 아서 리디아드의 가벼운 장거리 달리기 이론을 설명했다. 나는 그녀에게 천천히 뛰고, 뛰다 힘들면 서고, 걷고 하지만 경주 전에 경주거리보다 더 많이 가야한다고 일러줬다. 그렇게 하면 그녀가 그렇게 두려워하는 벽에 부딪히지 않아도 된다. 나는 또 이 가벼운 장거리 달리기가 리디아드의 올림픽 챔피언들에게만 적용된 것이 아니라, 모든 러너들이 마라톤에서 뛰어서 완주하는 데 어떻게 사용되는지를 강조했다.

나는 마침내 말린이 장거리를 42km까지 뛸 수 있도록 설득시켰다. 우리는 그해 9월 유진에서 만났고, 말린은 3시간 44분 49초에 뛰어 자신의 그전 최고 기록을 8분 30초 단축할 수 있었다. 매우 덥고 습기가 많은 날씨임에도 불구하고 그녀는 마지막에 죽지도 않았을 뿐더러 마지막 200m를 질주하기도 했다. 그녀는 고무되었고, 의기양양해서 자기 경험을 기사화했다.

· 훈련

■ 빨리 달리기 위한 천천히 달리기

　말린의 경험은 모든 수준의 러너들에게 전형적인 것이다. 계속적으로 여러 달을 편안하게 달리는 것은 즐거운 일일 뿐 아니라, 부상도 줄이고 경주에 대비한 최선의 기초가 된다. 빨리 달리기 위해 천천히 달릴 뿐 아니라, 주의 깊게 계획된 천천히 달리기로 아마도 그전보다 더 빨리 달릴 수 있을 것이다.

■ 매일 뛰는 러너들에게 적용되는 리디아드의 전략

　지난 12년 이상 나는 달리기 강좌, 달리기 캠프 및 달리기 가게에서 러너들과 함께 일해 왔고, 일련의 혁신과 훈련 프로그램 기술들을 개발해서 리디아드가 개발한 성공적인 개념들을 일상의 러너들에게 적용할 수 있도록 하였다. 나는 이것을 시각화하여서 피라미드를 만들었는데, 가벼운 달리기의 강력한 바탕 위에 언덕 훈련을 거쳐 마침내 스피드 훈련으로 마감함으로써, 러너가 경주에서 최상의 결과를 얻을 수 있게 하였다.

　흥미 있는 것은 이 세계 수준의 러너들에게 사용되는 똑같은 방법이 모든 수준의 러너들에게도 적용된다는 것이다. 이러한 기본 훈련 개념으로 수준급 러너들은 세계기록에 도달하고, 신출내기들은 건강해지고 재미도 느끼게 된다. 그래서 처음으로 마라톤에서 뛸 수 있게 되고, 경험 있는 러너들은 그들의 개인기록을 단축하게 되는 것이다.

■ 자신의 프로그램 시작

　우리의 훈련 프로그램은 이미 시작되었다. 지나간 운동경험이 우리의 장기간 훈련 프로그램을 만드는 근간이 된다. 어린시절 활동적이었던 어른은 보다 일찍 시작한 셈이다. 그러므로 사무실에서 앉아 일만 하던 친구가 달리기를 시작하여 당신보다 더 빨리 향상된다고 놀랄 일은 아니다. 지금 하고 있는 것이 너무 지나치지 않다면 거기서부터 시작하라. 그리고 나서 특정한 훈련, 휴식, 기타 아래 설명할 여러 방법들을 끼워넣는다.

　내가 상담한 대부분의 러너들은 전략적 휴식을 가미하며, 처음에는 뛰는 거리를 줄였다. 이것은 힘든 훈련일의 운동의 질을 높여 준다. 물어 볼 필요도 없이 더 나은 성적을 가져다 준다. 하지만 우리가 여러 해 동안 의자에 앉아 있었다고 해도 실망할 필요는 없다. 아마도 가능하다고 믿어 본 적이 없는 일도 해낼 수 있을 것이다.

5. 계획

■ 목표를 정하라

먼저 목표를 생각하라. 왜 뛰려고 하는가? 몸무게를 줄이려고? 기분이 좋아지려고? 근육을 다시 키우려고? 일년 내내 건강하려고? 앞의 모든 것과 함께 경주에도 나가 보려고? 또는 상당한 러너가 되어 자주 경주에 나가려고? 자신이 러닝에서 얻기 원하는 것에 대해 생각해 보라. 앞으로 6개월, 또는 일 년 후에 이루고자 하는 게 무엇인가? 이러한 질문들은 훈련계획을 세우는 데 도움이 될 것이고, 그 목표를 더 효과적으로 이루게 할 것이다.

■ 다른 사람의 계획을 사용하지 말고 자기 자신의 것을 택하라

가장 좋은 훈련 프로그램은 자신의 특정한 필요를 만족시킬 수 있는 것이다. 이 말은 초보자들에게 뿐만 아니라 세계적인 선수들에게도 그대로 적용된다. 친구의 성공적인 프로그램을 인용하지 마라. 그 친구는 성공했어도, 자기 프로그램 대신에 타고난 재능을 사용했을 수도 있다. 우리 모두는 장점과 약점과 어떤 제한을 가지고 있고, 이 모두가 프로그램을 만드는 고려 사항이다. 새로운 훈련 아이디어를 시험해 보는 것도 괜찮다. 하지만 한번에 하나만 시험해 본다. 그런 후에 성공적인 것은 자기 프로그램에 넣어서 각자의 요구에 따라, 휴식의 필요에 따라 현 수준에 맞게 적용한다.

훈련 피라미드

훈련 피라미드는 보통 4~6개월 주기로 한 단계에서 다음 단계로 옮겨간다. 앞서 말했듯이 이것은 수준급 러너들이 지구력과 스피드를 증진시키기 위해 사용하던 것이나, 그것이 무엇이든 각자의 목표를 이룰 수 있게끔 피라미드 개념의 사용법에 대해 설명하겠다. 피라미드의 꼭지점은 러너가 목표로 하는 경주가 될 것이다. 이 원리를 경주목표를 이루는 데 사용할 수도 있고, 균형 있는 달리기 프로그램을 만드는 일반 가이드로 사용할 수도 있을 것이다. 경주를 하든 안 하든 이 개념은 각자의 달리기를 향상시키고, 더 즐겁게 뛰게 해 주고, 전체적인 심장혈관계의 능력과 건강을 증진시킨다.

훈련

◆ 스피드 훈련 : 15%
- 장거리 달리기를 계속한다.
- 전체 거리를 10% 감축한다.
- 일 주일에 한번, 언덕 훈련을 스피드 훈련으로 바꾼다.
- 점차적으로 횟수를 늘린다.
- 장거리 달리기, 스피드 훈련, 경주들 사이에 휴식한다.
- 최고 8주간의 스피드 훈련을 한다.

◆ 언덕 훈련 : 35%
- 언덕 반복 외에는 기초 훈련과 동일.
- 일 주일에 한번 언덕(10~15% 경사)을 150~200m 뛴다.
- 언덕을 80~85%의 노력으로 달린다(대략 5km 경주 페이스).
- 사이사이에는 회복을 위해 가볍게 조깅한다.
- 처음에는 언덕 4개로 시작하여 8~12개까지 늘린다.

◆ 기초 훈련 : 50%
- 일일 달리기: 긴장을 풀고, 쉽고, 편안하게 한다.
- 장거리 달리기: 격주에 한번씩 한다.
- 페이스: 편안한 속도로 달린다. 의심나면 속도를 줄인다.
- 자세 훈련: 일 주일에 두 번, 일일 달리기 때 4~8번 가속 훈련을 한다.
- 경주: 많아야 격주에 한번 장거리 달리기와 어긋나게 실시한다.

시작

기초 훈련

■ 일일 달리기

궁극적인 능률은 개인의 기초 훈련, 즉 유산소 훈련에 달려 있다. 스피드 훈련으로는 일정량밖에 향상시킬 수 없다. 그러나 빨리 달릴 수 있는 기초는 꾸준히 오래 달리기를 계속하는 것이다.

피라미드의 아랫부분은 여러 달 동안의 꾸준한 유산소 달리기이다. 유산소 달리기는 심장을 튼튼히 해 주고, 순환기를 통해 펌프하는 혈액의 양을 증가시킴으로써 보다 좋은 순환기를 개발하게 해 준다. 이것은 영양분과 산소가 근육세포에 더 효과적으로 전달되고, 노폐물이 더 쉽게 제거됨을 말한다. 우리 근육이 더 적은 노력으로 더 많은 일을 하게 되는 것이다. 우리의 생명 수송 계통을 강화함으로써 결국은 더 빨리 달릴 수 있는 스피드 훈련 단계에 대한 준비를 하는 것이다.

■ 장거리 달리기

장거리 달리기는 심장기능을 극대화시킨다. 장거리 달리기는 우리의 프로그램에서 가장 중요한 부분이다. 지속적인 심장의 펌프질은 심장, 동맥, 정맥이 더 효과적으로 혈액을 운반하게 하고, 폐가 더 효과적으로 산소를 흡수하게 하는 데 도움을 준다. 근육이 경주 같은 데서 그 한계까지 일을 하면, 이것이 순환기 계통을 더 강화시켜서 더 잘 반응하고 더 오래 일하게 된다.

얼마나 오래?

더 빨리 뛰고 싶거나 경주에 관심이 있다면, 그 거리가 얼마가 되든지 다음의 것을 하면 된다. 즉, 지난 3주간 가장 길게 뛰었던 거리에서 시작해서 20km가 될 때까지 일 주일에 1.5km씩 늘려나간다. 그 시점부터는 매 2주일에 3km씩 늘린다. 그 사이사이의 주에는 몸을 충분히 쉬게 해서 다음 장거리 달리기를 준비하도록 한다. 마라톤에 대비해서는 32km, 10K를 위해서는 25km까지 올라가면 거기서 멈춘다. 스피드 단계로 넘어갈 때까지 이 거리 이상은 넘지 마라.

피라미드의 스피드 단계에서 이 장거리 달리기를 계속할 것이고, 최상의 컨디션을 위해 목표로 하는 경주거리 이상으로 늘릴 것이다. 10K 경주에서는 25~28km, 마라톤에서는 45~48km가 이상적이다.

프로그램의 다른 부분은 별로 바뀔 게 없다. 거리를 늘리는 것은 장거리 달리기를 통해 주로 이루어져야 한다. 매일매일 더 많이 뛰는 것이 아니다. 기초 훈련기간 동안에 경주를 할 수도 있으나, 꼭 그래야만 되는 것은 아니다. 만약 그 기간에 뛴다면 최고 속력으로 뛰지 말아라. 그리고 장거리 달리기가 없는 주를 택하라.

경주에 나가지 않는 러너들에게
　장거리 달리기는 경주에 나가는 모든 수준의 지구력 달리기 러너들이 사용한다. 세계적인 선수들은 이미 여러 해 동안 이 원칙을 사용해 왔고, 점점 더 많은 주말 10K나 마라톤 주자들도 전체 스피드와 경주 능력 향상을 위해 그 가치를 인식하고 있다. 하지만 이 장거리 달리기 원칙은 모든 러너들, 즉 하루에 3~5km씩 일주일에 세 번 뛰는 사람들에게도 모두 적용된다. 경주 같은 것에 관심이 없다면 위의 설명에서 거리만 좀 줄이면 되는 것이다. 중요한 점은 격주에 한번씩 멀리 뛰는 것이다. 주중에 하루 5km씩 뛰는 사람이라면 하루는 6.5km를 뛰어 보라. 그리고 2주 후에는 8km를 뛴다. 8km가 충분히 길다고 생각되면 거기서 멈춘다. 그리고는 매 2주마다 8km를 뛰는 것이다. 하지만 원하면 매 2주마다 1.5km씩 늘린다. 그날을 특별한 날로 잡는다. 그렇게 하면 지구력이 늘고, 지방을 빨리 태우고, 더 나은 컨디션을 유지하게 하고, 시합에 나갈 생각이 없더라도 기분도 더 좋아질 것이다. 장거리 달리기는 121~122쪽에 자세히 설명되어 있다.

■ **페이스**
　일일 달리기나 장거리 달리기나 모두 현재 10K를 뛰는 속도에서 킬로미터당 1~1분 30초 정도 천천히 뛴다. 나는 1분 30초 늦게 뛴다. 더 빠른 속도가 더 알맞다는 생각이 들어도 속도를 줄여서 천천히 뛰는 것의 즐거움을 배워라. 이것은 경주에서 더 빨리 달리는 데 필요한 휴식을 줄 것이다.

■ **자세**
　일 주일에 두 번, 가볍게 뛰는 날 뛰는 도중에 4~8번 속력을 내어서 뛰어라. 그 사이사이에는 완전히 숨을 고르면서, 100~200m 빠른 속도로 뛴다. 지칠 정도로는 하지 말고 대략 1,500m 시합 속도 정도로 한다. 그러면서 자세에 대해 생각해 보라. 하지만 다른 때 뛸 때는 자세 걱정은 하지 마라. 150~164쪽에 자세에 대해 자세히 설명돼 있다.

■ **경주**
　경주는 우리가 목표로 하는 큰 경주의 디딤돌로 연습삼아 뛸 수 있다. 하지만

2주에 한번 이상은 안 하는 것이 좋다. 한 달에 한번 하면 더 낫다. 지치도록 뛰지 말고 평소 뛰는 것보다 조금 더 힘들게 뛴다(10K 뛸 때의 속도와 천천히 뛸 때의 연습 속도와의 중간 속도보다 빨리 뛰지 않도록 한다).

언덕 훈련

　기초 훈련은 지구력과 심장혈관계의 효율을 가져다 준다. 그러나 스피드 훈련에 들어가기 전에 우리 몸은 힘을 키우기 위한 전환기가 필요하다. 언덕은 무산소 운동으로 가지 않고도 더 빨리 뛸 수 있게 근육을 단련시켜 준다.
　리디아드는 "언덕은 러너들이 이익을 볼 수 있는 유일한 저항 훈련이다. 또 언덕 훈련은 모든 지형에서 더 잘 뛰게 해 준다."고 주장한다. 나는 그의 의견에 동의한다. 언덕 훈련은 달리는 데 필요한 근육을 강화시켜 준다. 웨이트 트레이닝(Weight Training)은 제한된 곳을 강화시키는 데 반해서, 언덕 훈련은 전체적인 기능 강화를 가져다 준다.
　언덕 훈련은 뛰는 데 필요한 주요 근육들, 즉 대퇴사두근, 허벅지와 특히 종아리 근육을 튼튼하게 한다. 종아리 근육이 튼튼해지면 몸무게를 발 앞쪽으로 더 옮길 수 있어 발목의 기계적인 이점을 이용할 수 있다. 그렇게 되면 발목은 아주 좋은 기계적 지렛대가 되어 더 효과적으로 뛸 수 있다.
　기초 훈련은 몸 속의 배관들을 잘 개발해 주는 반면, 언덕 훈련은 달리기를 위한 힘을 개발해 준다. 산소빚 없이도 열심히 일할 수 있는, 스피드 훈련에서 강한 충격이나 부상을 당하지 않을 튼튼한 다리를 얻게 된다.
　피라미드에서 언덕 훈련이 기초 훈련과 다른 점은 일 주일에 한번 언덕 훈련을 하는 것이다. 그 외 다른 훈련은 다 똑같다. 대부분의 러너들은 주중에—보통 화요일이나 수요일에—한다.
　대략 10~15%가량의 완만한 경사의 언덕을 찾는다. 경사가 너무 심하면 지속적인 속도와 리듬을 개발하기 어렵다. 대략 85%의 힘으로(10km 경주 속도보다 약간 빠르게) 뛰고 나서 속도를 줄여 조깅하며 숨을 고른다. 그 사이사이에 더 쉬고 싶으면 그렇게 하라. 이것은 무산소 운동이 아니다. 처음에는 언덕 네 개로 시작해서 매주 하나씩 8~12개가 될 때까지 늘린다. 언덕 훈련과 경주 또는 장거리 달리기 사이에는 적어도 2일간의 휴식기간을 둔다.
　언덕 훈련은 보통 4~6주간 계속한다. 경험 있는 꽤 잘 뛰는 러너들은 일 주일에 언덕 2개씩 늘리기도 하는데, 이것에는 주의가 곁들여져야 한다. 스트레스가 많아서 부상당할 위험이 크다. 언덕 훈련자세는 161~162쪽에 자세히 설명되어 있다.

스피드 훈련

　기초 훈련은 지구력을 가져다 주며 강화된 언덕 훈련과 함께 스피드 훈련에 대비하게 해 준다. 계속 장거리를 뛰며 하는 스피드 훈련은 모든 거리에서 더 빨리 뛸 수 있게 해 준다. 매번 훈련은 지난주보다 더 멀리 가도록 우리 몸을 밀어붙인다. 그래서 달리기 근육들은 점진적으로 더 많은 부담을 경험하게 된다. 그 뒤에 오는 휴식기간은 그 다음 테스트를 위한 재충전을 하게 해 준다. 스피드 단계의 마지막 훈련들을 그 실제 경주 조건과 비슷해질 때까지 천천히 늘린다.

　20세기 초에는 스피드 훈련에는 시간 단축 시도와 경주가 병행되었다. 선수들은 사이사이에 훈련 없이 경주에 참가했다. 경주 사이사이에 야심 있는 사람들은 시간 단축을 위해 경주거리를 뛰었다. 이런 식으로 뛰어서는 시간 단축이 거의 이루어지지 않는다.

　구간 훈련과 파틀렉(84~89쪽 스피드 훈련 참조)이 1920년경 유럽에 소개되었다. 이 방법은 경주구간을 몇 개의 소구간으로 나눈다. 러너들은 주어진 구간에서는 경주 스피드보다 빠르게 뛰고, 그 소구간들 사이사이에는 쉬는 과정을 여러 번 반복한다. 경주에서 필요한 지구력을 얻을 때까지 반복하는 횟수와 스피드를 매주 증가시킨다. 힘든 구간을 휴식구간과 병행함으로써 매훈련에서 받는 전체 스트레스는 경주에서 필요한 것만큼 실제적이지는 않다. 강력하고 지속적인 운동은 근육을 천천히 고갈시킴으로써 근육이 찢어지게 되나, 스피드 가속 사이사이에 휴식구간을 넣으면 근육이 너무 피로해지는 것을 방지한다.

5. 계획

■ **8주 법칙**

스피드 훈련을 대략 8주 하고 나면 최상의 컨디션이 된다. 그 후에도 강력한 스피드 훈련을 하면 부상, 병, 혹은 피로의 위험에 처한다.

• **초보자를 위한 것은 아니다.** 스피드 훈련은 누구나를 위한 것이 아니다. 목표 시간이 정해져 있지 않다면 할 필요가 없다. 몸에 광장히 무리를 주고, 부상의 위험도 높다. 스피드 훈련은 장거리 달리기보다 더 손상을 입기 쉽다. 그러나 긍정적인 면은 피곤한 다리를 더 멀리, 더 빨리 달릴 수 있도록 훈련시킬 수 있다는 것이다. 처음 1~2년은 기초 훈련에 머물러야 한다. 이 기간 동안의 스피드 훈련은 가끔 일부 구간에서 평상시 속도보다 좀더 빠르게 뛰기만 하면 된다. 88~92쪽에 스피드 훈련이 자세히 설명돼 있다.

피라미드 훈련을 끝낸 후

피라미드의 스피드 훈련까지 마치고 '큰' 경주에서 뛰고 난 후에는 새 피라미드의 기초 훈련단계에서부터 다시 시작하게 된다. 힘든 스피드 훈련과 경주 다음에 다시 기초 훈련에 들어가는 것은 휴식이다. 최상의 컨디션에서 마모된 것을 수리하고, 근육섬유질이 다시 제자리를 잡고, 보다 커진 심장혈관계 능력으로 다음 번에 대비하게 될 것이다.

백사장의 모래 피라미드처럼 저변이 넓으면 더 높이 쌓을 수 있는 것이다. 단단한 바탕 위에 충분한 휴식으로 컨디션과 성적이 더 나아질 것이다. 계획 세우기에 따라 한 피라미드가 그 다음 피라미드의 기초가 될 수도 있다. 예를 들어, 봄의 10K 피라미드는 가을 마라톤에서 필요한 스피드 훈련을 시켜 줄 수도 있다. 또 가을 마라톤 피라미드는 그 다음 해 봄 10K의 지구력 훈련이 될 수도 있다. 계속적인 어려운 훈련의 이어짐은 한 단계에서 다음 단계로 옮겨가게 하여 마침내 우리의 목표 달성을 가능케 할 것이다.

이 장은 일반적인 계획, 목표, 러닝의 새로운 접근방법의 기본요소들을 소개했다. 이 책의 경주(Racing) 부분의 장에서 그 각각을 구체적으로 다루도록 하겠다.

· 훈련

6. 달리기 일지
YOUR RUNNING LOG

일지는 꼭 기록해야 하나? 반드시 그럴 필요는 없다. 어떤 사람들은 별 계획 없이도 아주 재수가 좋아서 큰 진전을 이루기도 한다. 달리는 데 반드시 계획을 세울 필요도 없고, 발전이 없으면 또 어떤가? 실제로 우리의 아주 좋은 경험 중 어떤 것들은 계획에 없던 것들이기도 하다. 매일 달리기의 자발성, 숲 속에서의 아름다운 날, 예기치 않은 석양 등등. 하지만 러너와 조거를 구분 짓는 것은 계획성이다. 러너는 더 빨리 발전한다. 왜냐하면 그들은 성공을 위해, 부상 방지를 위해 계획하기 시작하는 반면, 조거는 할 수 있을 때 나가서 뛰기 때문이다.

많은 러너들이 일지를 기록하지 않고, 몇 달 혹은 몇 년씩 뛰기도 한다. 너무 고역이고, 성가시고, 불필요한 것같이 보인다. 하지만 더러는 부상을 통해서, 더러는 친구가 하는 것을 보고 일지를 쓰기 시작하면, 어떻게 그 동안 일지 없이 뛰었나

60

6. 달리기 일지

싶어진다.

일지는 지나간 성공뿐 아니라 실수도 분석하게 해 준다. 자세한 기록만이 과거에서부터 어떻게 지금에 이르렀나를 설명해 준다. 궁극적으로 각자 자신의 계획을 수립한다. 매일의 훈련을 기록하고, 결과를 분석하고, 계획을 수정함으로써 목표를 효과적으로 이룰 수 있다. 일지는 과거의 기록일 뿐 아니라 장래의 훈련, 경주 스케줄을 세우는 데에도 사용될 수 있다.

■ 목표를 위한 계획

목표를 향한 최고의 능률 향상을 위해서는 계획이 필요하다. 일반적인 경우 목표는 '부상 없는' 달리기이므로 너무 무리하지 않게 훈련계획을 세워야 한다. 특히 시간목표는 계획을 세워야만 한다. 계획은 도구이고 영감(靈感)에 대한 가이드다. 계획을 통해 초보자들은 부상을 피할 수 있는 쉬운 길을 택하고, 달리기에 중독되어 간다. 베테랑들은 다양함, 도전 그리고 향상 등을 계획할 수 있다.

효과적인 계획은 현재의 훈련계획에서부터 시작해서 작은 성공의 연속으로 이루어질 수 있다. 각 단계는 지난번 단계로부터 이어져 자신감을 준다. 매번의 계

Date	Course	Distance	Time	Comments
M 1/5	up Hill Down Road by R. Bank.	13		Rain some curves
T		7½		Easy, on roads
W		0		
T	speed 6 mi @7	8		old Just comning n. fade
F		12		up canyon to ridge trail, back to bottom
S		0		
S		8		Feels like too much mileage
Week #	Week's Total Week's Average Year-to-Date	48		

획에는 스트레스와 휴식이 알맞게 조화되어야 한다 바로 자신을 위해서.
 계획은 또 융통성이 있어야 한다. 매일 상황이 바뀐다. 매단계마다 그 과정을 재평가해 보고 현재의 컨디션, 능력, 그외 생활의 다른 요소들에 맞추어 일지를 조정해야 한다. 성공적인 계획은 때로 목표의 방향을 바꾸기도 한다.
 일지는 발전을 빠르게 하는 데 도움을 주고, 오래 달리는 데 연속성을 부여한다. 일지란 장래 계획뿐 아니라 과거 향상의 기록이기도 해서 정체되었을 때 끌어내 주는 역할도 할 수 있다. 일지는 부상당했을 경우 정확히 왜 그렇게 되었는지를 말해 줄 수 있어서 같은 실수를 반복하지 않게 해 준다.

■ 일지 내용
 일지는 러너 일지를 사용한다든지 또는 그냥 벽에 걸린 달력이라도 좋다. 그 속에 계획할 것들은;

- **장거리 달리기** : 편안한 도전. 매해 점점 더 빠르게 뛸 수 없을지 모른다. 그러나 더 멀리 뛸 수는 있다. 이것은 능률 개선과 성취의 계속적인 느낌을 줄 것이다. 장거리 달리기에서 자신을 잘 알게 될 것이다.
- **힘껏 달리기** : 스피드를 키우는 데 도움이 될 것이다. 경쟁적 러너들은 스피드 훈련기간 동안에 한 주에 한번은 힘껏 달리기를 포함시킨다.

 대부분의 러너들은 스피드 훈련에 들어가기 전에, 보통은 언덕 같은 데서 전환 훈련들을 계획해야 한다.

- **어울려 뛰기** : 뛰는 동안 얘기할 기회를 갖거나 좋은 친구와 함께 조용히 뛰기도 한다. 장거리 달리기의 날, 힘든 훈련의 날과 가벼운 날이 잘 조화되어야 하고 어울려 뛰기는 그저 재미로, '일요일의 바베큐 파티'와 같이 즐기는 분위기를 제공한다.
- **자세 훈련** : 일 년 내내, 일 주일에 두 번씩 스피드 강화 훈련을 하면 달리기가 많이 개선된다.
- **좋은 경치를 즐기며 뛰기** : 집 주위의 경치 좋은 곳에서 뛰는 것이다. 매일 똑같은 코스에서 뛴다면 경치 즐기며 뛰기는 일상에서 벗어난 다른 길로 뛰며 좋은 경치를 즐기게 해 준다.
- **경주** : 기록 경쟁뿐 아니라 자신의 달리기 진행 과정을 점검하게 해 준다. 경주

6. 달리기 일지

달리기 일지

요일	맥박/기온/시간	비고	내용	시간/표목/거리
일요일	아침맥박 49 / 시간 오전	비고	비 한시간 자전거 타기	1-7 / 0 / 0
월요일	아침맥박 48 / 13도 / 시간 오전	비고	기분 상쾌	1-7 / 3-5 / 5
화요일	아침맥박 50 / 24도 / 시간 오전	비고 자세 훈련	스피드 훈련 16×400 - 92초, 400m 조깅 마지막 3바퀴 정강이 문제	1-7 / 6-10 / 8
수요일	맥박(아침) 55 / 26도 / 시간 오전	비고	힘듦 - 몸시피곤 탈수된 것 같음	25분 / 5 / 3.5
목요일	맥박(아침) 55 / 18도 / 시간 오전	비고 자세 훈련	좀 낫다. 아직도 조심해야 할 것 같다	1-7 / 6-10 / 6
금요일	맥박(아침) 52 / 시간 오전	비고	회사일이 바빴다. 휴식일	1-7 / 0 / 0
토요일	맥박(아침) 53 / 15도 / 오후	비고	장거리 달리기 오른쪽 정강이 아프다.	59분 / " / "

날짜 달린 거리 □ 이름 □

주중 달린 거리 또는 시간 33.5

에 대한 기대는 일상의 러닝보다 훨씬 큰 의미의 동기 부여가 될 것이다. 수백 명의 사람들이 같은 목표를 향해 매진하고, 그 전기간 동안 서로 돕는 것을 보는 것은 상당히 즐거운 일이다.

- **여행** : 여러 가지 다양성과 설렘을 준다. 출장이나 휴가 동안 다른 지방에서 달리기도 하고, 특히 경치 좋은 곳에서 소풍삼아 달릴 수도 있다. 낯선 곳에서의 달리기로 가끔 그 자리에서 친구를 사귀기도 한다. 다른 도시에서 만난 러너들에게서 뛰지 않는 이웃들에게서보다 더 많은 공통점을 찾기도 할 것이다.
- **보상** : 사고방식의 긍정적인 강화로 인해 계속 트랙에서 뛰게 된다. 많은 경우 러너들은 아주 조금씩 향상되어 그 개선 정도가 눈에 띄지 않는다. 보상은 그걸 고맙게 생각하는 각 개인에 따라 다르다. 외식, 새 옷, 신발 등등. 훈련 프로그램에서 적은 향상에는 적은 보상을, 보다 뜻있는 시간이나 거리의 목표를 달성했을 때에는 큰 보상을 스스로에게 준다.
- **가벼운 달리기** : 그 외 다른 달리기들과 위의 것들 중 스피드 훈련, 경주, 자세 훈련을 제외한 나머지 모든 달리기는 가볍고 편안한 속도로 해야 한다.

■ 일지 채우기

여기 달리기 프로그램의 요소들이 있다. 무엇을 할 것인지를 알게 되면 계획을 보다 열정적으로 실행에 옮길 수 있다.

■ 피라미드 계획 세우기

'최상의 컨디션' 이 되고 싶은 시간을 정하고는 거꾸로 계산해라. 6개월 프로그램의 10K 러너는 8주의 스피드 훈련을 가진다. 마라토너는 적어도 12주는 할당해야 한다. 그전에는 4주 동안의 언덕 훈련이 있어야 하고, 그전은 기초 훈련기간이다. 이것이 마라톤 대비 32주 훈련이다. 장거리 달리기, 힘껏 달리기, 경주 등 자신을 목표 달성으로 이끌어 주는 것들을 기록한다. 다음 장의 일일, 주간 거리 원칙들은 계획을 세우는 데 도움이 될 것이다. 110~116쪽과 125~133쪽을 봐라. 전체 그림을 보고 필요한 곳은 조정한다.

■ 아침 맥박과 몸무게를 관찰한다

일지의 중요한 목록 중 하나는 매일 아침 자리에서 일어나기 전에 재는 휴식기의 맥박이다. 이때는 우리 몸이 식사와 같은 외부 압력에 영향을 덜 받을 때이다. 가능하면 일어나자마자 맥박을 재서 일지에 기록하라. 2주 후에 평균치, 즉 기본

6. 달리기 일지

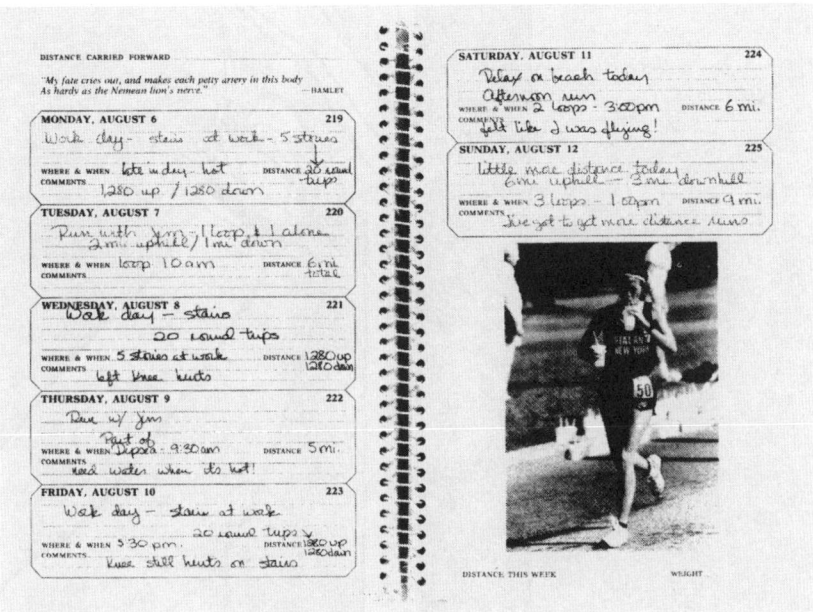

치를 낸다. 아침 맥박이 기본치의 10% 이상 넘으면, 너무 운동이 과했다는 얘기가 되므로 하루나 이틀 가벼운 운동으로 활동을 줄일 필요가 있다. 이렇게 계속함으로써 훈련 패턴을 관찰할 수 있고, 필요에 따라 휴식기간을 늘릴 수 있다.

또한 체중감소도 매일 관찰한다. 지방 0.5Kg 빼는 데 40km 정도의 러닝이 필요하다. 그 전날 그만큼 뛰지 않았다면 그건 탈수현상이다. 일어나자마자 몸무게를 재서 기록하라. 하루에 몸무게가 2% 이상 줄었다면, 아주 간단한 운동으로 하루를 보내라. 3% 이상 줄었다면 하루를 쉬어라. 이런 일이 일어나면 물을 충분히 마셔서 보충해야 한다.

훈 훈 훈 훈 · 훈련

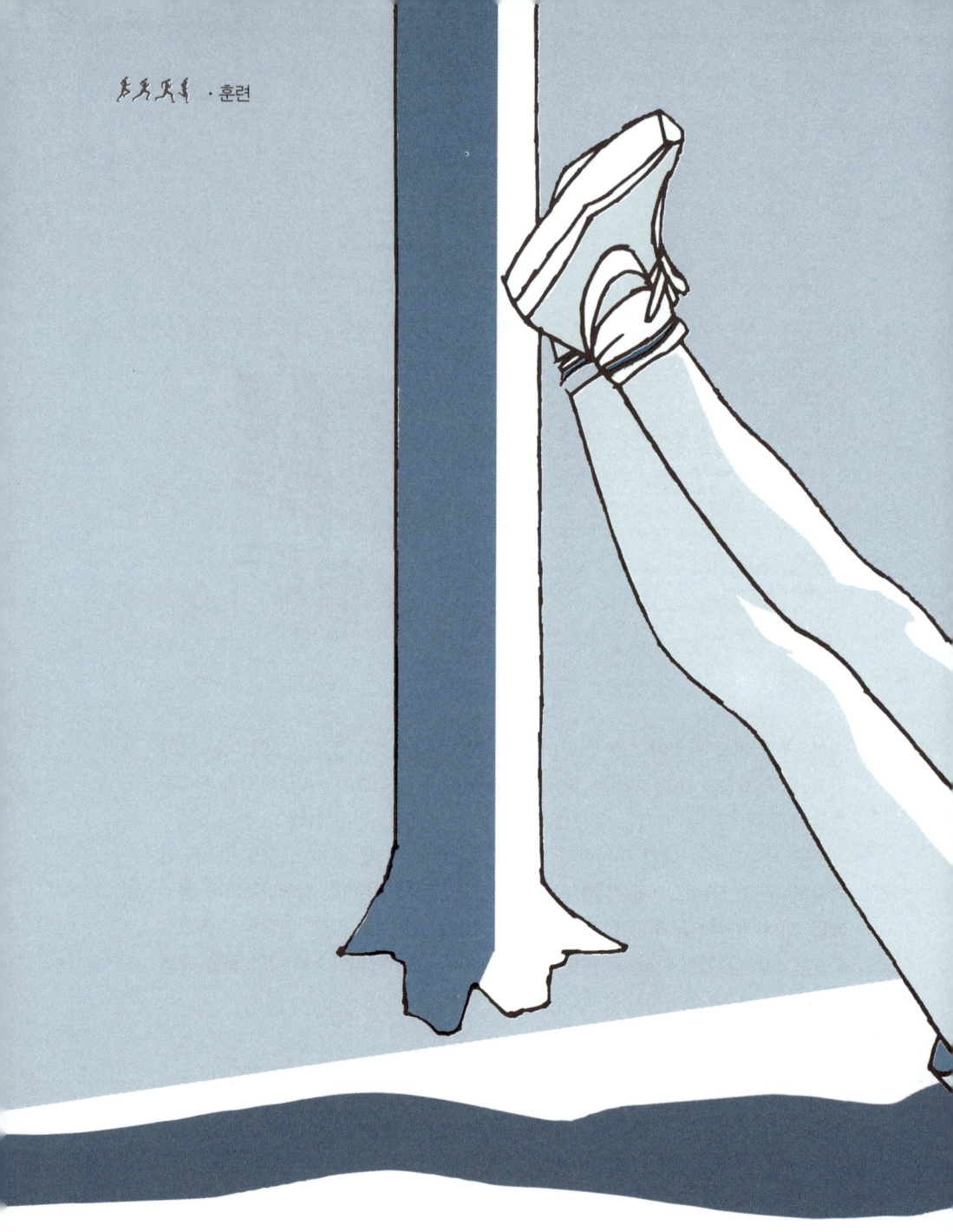

7. 일일 및 주간 거리 프로그램
DAILY AND WEEKLY MILEAGE PROGRAMS

휴식의 중요성

1972년 올림픽에서 케니 무어는 4등으로 들어왔다. 그는 휴식의 중요성을 알지 못했으면 그렇게까지 잘할 수 없었을 것이라고 말했다. 고등학교 육상선수 시절에 케니는 한 차례도 우승을 해 본 일이 없었다. 오레곤 대학(University of Oregon) 육상팀에서 1년 6개월 동안 훈련을 받은 뒤로 발전하기 시작했다. 그는 비록 연습이었지만, 오레곤의 더 나은 선수들의 기록을 깨기 시작했다.

우승의 기대에 들뜬 케니는 다가오는 스탠포드와의 실내 육상경기에 대비해 열심히 운동하고, 또 남들 몰래 더 연습을 했다. 확신을 가지고 그는 출발선에 섰다. 자기 경쟁자 누구도 이 2마일(약 3,200m) 경주에 앞서 자기만큼 열심히 연습한 사람이 없다는 것을 알고 있었다. 출발 신호에 그는 선두 그룹에 섰다. 그러나 절반을 돌았을 때 기름이 다 떨어졌다. 그는 수년 내 가장 저조한 기록인 9분 48초를 끊었다.

실망해서 라커 룸에 쪼그리고 앉아 있는 그를 향해 그의 코치 빌 바워맨이 다

가오고 있었다. "빌이 즐거운 이야기로 나를 위로하려 하겠지."라고 생각했다. 그러나 그 국제적으로 존경받는 지도자는 케니의 어깨에 한 손을 얹고 그에게 '폭동 진압법'을 읽기 시작했다. 바워맨은 무어의 지나친 연습을 알았던 것이다. 그는 재빨리 요점을 얘기했다. 무어는 2주 동안 하루에 5km 가볍게 뛰는 것 이상 연습하지 말 것. 만약 어길시 팀에서 축출한다. 케니는 모욕을 당했다. 그는 누구보다 열심히 연습했고, 그로 인해 비난받고 있었다. 그는 그따위 프로그램으로는 힘도 잃고 경기에도 질 것을 알고 있었다. 그의 코치가 틀렸다는 것을 보여 주기 위해 그는 그 지시를 꼬박 따랐다. 2주 후 워싱턴 주립대학과의 경기에 임했을 때 그는 훈련 부족으로 경기를 망칠 게 뻔하였고, 그 늙은이에게 따질 작정이었다. 이번에는 뒤로 처져 뛰다가 뚱뚱한 곰이 등에 올라붙기를 기다렸다. 그러나 1,600m를 지났을 때 맨 앞쪽에서 뛰고 있는 자신을 발견했고, 그 경기에서 우승했다. 8분 48초의 기록으로!

그는 가장 좋은 기록으로 고무되어 있었으면서도 코치에게 고맙다고 하기엔 부끄러웠다. 바워맨은 무어가 휴식도 없이 너무 열심히 훈련한 것을 알았고 휴식을 취하면 다시 복구되리라 믿었다. 유진의 헤이워드 필드 트랙의 현자(賢者)는 케니 무어도 대부분의 우리와 다를 것이 없고, 신의 노여움에 맞닥뜨리지 않고서는 쉬지 않으리라는 것을 알았던 것이다.

> **더 강해지기**
> 뛰지 않으면 발전할 수 없다. 발전하는 데 가장 중요한 점은 부상을 당하지 않는 것이다. 대부분의 러너들처럼 한계까지 밀어붙이면 자연이 개입해서 쉬도록 강요할 것이다. 이렇게 되면 진행속도가 더뎌지고 '내리막' 기간이 지나면 다시 시작해야 한다. 하지만 훈련 프로그램에 휴식을 넣으면 부상도 피할 수 있고, 진행과정에 중단도 없을 것이다.

흔하게 쓰이는 달리기의 격언 중에 "여러분의 몸에 귀기울여라. 그러면 부상당하지 않을 것이다."라는 많이 있다. 그렇게만 되면 더없이 좋겠으나, 때로는 몸에서 보내는 신호가 강력하지 않거나 주의 깊게 듣지 않는다. 탐욕스러운 목표는 때론 우리를 너무 멀리 내몰아서 피곤한 근육의 실제 상황을 잘 파악하지 못하는 경우가 있다. 이미 다른 문제들이 있는 경우도 있는데, 그 경고 신호를 주의 깊게 듣지 않아서 그럴 수도 있다.

근육이 너무 스트레스를 많이 받으면 우리 몸은 그 피로감을 감추려 한다. 한동

7. 일일 및 주간 거리 프로그램

안 몸은 마음의 하고자 하는 바를 수동적으로 따를 뿐이다. 다 소모되면 몸은 비축분을 꺼내 쓰지만 그 비축량은 한정적이고, 그것마저 다 써 버리면 추락 지점에 이르른다. 이것은 세 가지 다른 결과로 나타날 수 있다. 부상, 병, 또는 슬럼프.

- **부상** : 비축량을 다 써 버리면 근육은 탈진해서 제대로 동작을 할 수 없게 된다. 더 약한 근육이 그 일을 받아서 하게 되는데 보통은 역부족이다. 예로, 종아리 근육은 뛰는 힘의 대부분이 나오도록 만들어져 있다. 그런데 피로해지면, 그 일의 일부분을 아랫다리 안쪽의 약한 근육으로 보낸다. 정강이 부상이나 기타 다른 정강이 문제들은 계속 밀어붙이면, 특히 여러분이 구르는 발인 경우(발 앞쪽이 너무 안쪽으로 구르는 경우)에 발생한다. 이때 너무 멀리 밀어붙이면 약한 관절이 다치게 된다.
- **병** : 몸이 오랫동안 스트레스를 받으면 병에 대한 저항력이 현저히 줄어든다. 강한 전염균이 들어오면 그들은 돈과 고통을 수반한 편안한 보금자리를 마련할 것이다.
- **슬럼프** : 재수가 좋아서 부상이나 병을 모면했더라도 그 탈진 여행 끝에는 '슬럼프'가 기다리고 있다. 바닥을 치고 나면 더 이상 피할 데가 없다. 당신이 의지를 모아 근육을 부려도 근육이 반응을 안 할 것이다. 그렇게 되면 다시 비축량을 채울 때까지 피곤해지고, 힘이 모자라고, 아마 우울해질 것이다. 이 상황이 몇 주나 몇 달을 갈 수도 있다.

위의 세 가지 원치 않는 컨디션을 어떻게 하면 피할 수 있을까? 정답은 휴식이다. '몸의 아우성을 듣는 것'이 항상 뜻대로 되는 것은 아니므로, 프로그램에 휴식을 넣어야 한다. 선택의 여지없이 러닝에서 오랫동안 강제로 휴가를 당하기 전에 말이다.

스트레스와 휴식

■ 최고의 향상을 위한 처방

최근 더 강해지는 기본적이고 간단한 원리가 인식되기 시작했다. 코치, 스포츠 병리학자, 정상급 선수들이 모두 동의하는 바는 강도와 지구력을 개선시키는 데 가장 효과적인 방법은 근육에 스트레스를 줬다, 휴식을 줬다 하는 것이다. 우리는 생리현상의 장(38~49쪽)에서 스트레스와 휴식의 세포적인 관점을 보았다. 이제 일일 및 주간 거리 프로그램에 이 방정식의 응용에 대해 알아보자.

이 공식에 따르면 휴식은 스트레스만큼이나 중요하다. 근육은 스트레스 후에 더 강해진다. 단, 충분한 휴식을 취할 경우이다. 대부분 러너의 경우 또 그 대부분 부상의 경우 문제는 공식의 뒷부분을 무시하는 데 있다. 우리는 자신에게 스피드 훈련, 경주, 장거리 달리기, 주간 거리 늘리기 등등으로 스트레스를 준다. 그 사이사이에 알맞은 휴식을 취하지 않으면 부상으로 인하여 한쪽으로 비켜서 있는 자신을 발견하게 될 것이다.

****

각각의 근육세포는 그것들이 만들어진 대로 일을 할 것이다. 전보다 더 강하게 혹사하면 근육세포는 압도된다. 그러면 더 이상 산소와 연료를 효과적으로 처리하지 못해서 많은 양의 노폐물(주로 유산)을 만들어낸다. 미토콘드리아는 필요한 에너지를 만들기 위해 최선을 다하지만 만들 수가 없다. 순환기 계통에도 과부하가 걸리고, 세포벽은 물리적으로 얽어터지고, 붙고, 어떤 곳은 망가지기도 한다. 부상을 당하지만 심각한 문제는 아닐 수도 있다.

7. 일일 및 주간 거리 프로그램

　48시간 동안 활동을 줄이고 나면 대부분의 이들 문제는 고쳐질 것이다. 세포벽, 동맥, 혈관 등은 더 튼튼하게 재건된다. 미토콘드리아는 재충전되고, 더 많은 에너지를 만들 수 있게 된다. 모세혈관들은 노폐물을 제거하고, 영양분을 공급하기에 바쁠 것이다. 대부분의 러너들에게는 힘든 하루 뒤에 보수를 위한 이틀간의 가벼운 날들이 필요하다.

　여기 스트레스와 휴식의 특정효과에 관한 도표가 있다.

근육 세포내의 변화		
	강하게 뛰고 난 뒤	휴식하고 난 뒤
미토콘드리아	붇고 에너지 공급이 고갈된다	재충전된다
세포벽	찢어진다	아문다
노폐물	유산이 축적된다	노폐물은 제거되고 세포는 영양분으로 재충전된다

일일 거리 프로그램

　많은 러너들은 매번 힘껏 뛴 후에는 간단히 뛰어야 된다는 걸 안다. 오레곤의 빌 바워맨은 이것을 정립시켰다. 요즘에는 이 점이 자명해졌지만 1966년 내가 오레곤 야외 횡단 장애물 선수 지오프 홀리스터(Geoff Hollister)를 만났을 때는 그렇지 않았다. 나는 매일매일의 강한 연습에 자부심을 가지고 있었다. 내 자신의 훈련이론에 어둡던 그 시절에 나는 매일 침체된 기분이었고, 내 경쟁자들은 나보다 한 수 위에 있었다. 지오프로부터 자기 학교의 국내 챔피언, 기록 보유자, 세계 랭커들은 이틀에 하루씩은 운동을 안 하고 빈둥빈둥 돌아다니는 프로그램으로 성공을 거두었다는 말을 듣고 놀랐다. 우리 동부의 러너들은 그때까지도 기록 향상을 위해서는 매일 강도 높은 훈련을 해야 한다고 믿고 있었다. 그래서 많은 시간을 부상에 시달려야 했지만.

■ 가벼운 날 법칙
　대부분 러너들에게 가벼운 날이라는 것은 전혀 안 뛰는 것보다는 조금 그리고 천천히 뛰는 것을 뜻할 것이다. 이렇게 하면 혈액순환, 산소, 영양 등이 부드럽게 공급되어서 회복하는 데(그리고 더 개선되는 데) 박차를 가한다. 조지 쉬한 박사

(Dr. George Sheehan)는 늘그막에 이틀에 하루씩만 뛰는 것으로 바꾸었다. 그리고 몇 년 후 그는 62세에 자기의 최고 기록(2시간 56분)으로 마라톤을 완주했다. 41세에 2시간 11분으로 마라톤을 완주한 뉴질랜드 사람 잭 포스터(Jack Foster)도 이 프로그램, 즉 일 주일에 세 번, 기껏해야 네 번 뛰는 걸로 바꿨다. 안 그러면 대략 10일 후에는 분명히 부상을 입었기 때문이다. 그로부터 2년 후에 그는 50세에 마라톤을 2시간 20분에 뛰었다. 잭은 또 일 주일에 안 뛰는 날 하루는 자전거를 탔다.

각 러너들은 자기에게 맞는 휴식 패턴을 찾아야 할 것이다. 케니 무어는 강훈련 뒤에 이틀 휴식이 필요하다는 것을 발견했다. 힘든 날 뒤에는 가볍게 3~5km 뛰었고, 그 다음날은 가볍게 13~16km 뛰었다. 우리는 제일 알맞은 조합(강훈련과 쉬는 날의)을 찾아야 한다.

우리 각자는 강훈련이나 장거리 달리기에 서로 다르게 반응한다. 어떤 사람은 그날 밤에, 다른 사람은 그 다음날 피곤하다. 그 다음날엔 괜찮다가도 두 번째 날 일어나기 힘든 사람도 있다. 마찬가지로 피로감이 질질 끌리는 사람도 있고, 그저 약간 통증과 피로만 있는 사람도 있다. 강훈련을 하고 난 다음에는 피곤하지 않더라도 하루, 이틀 가벼운 연습일을 가지는 게 좋다.

■ 일 주일에 며칠을 뛰어야 하는가?

연구에 따르면 지속적인 향상을 원한다면 적어도 일 주일에 3일은 뛰어야 한다. 하루나 이틀은 너무 적다. 3일째에 그 향상 곡선이 극적으로 올라간다. 그 뒤 매일 향상은 되지만 향상되는 속도는 준다. 6일 내지 7일 운동이 부상의 위험을 증가시키는 걸 생각하면 5일이 최선인 것 같다. 휴식일은 일 주일에 걸쳐서 고르게 나누어져야 한다. 안 뛰기로 한 날 운동하기를 원하면 자전거 타기, 수영, 노젓기, 기타 충격이 없는 운동을 택해서 지구력과 강도를 개선할 수 있다. 세계적인 선수들만이 주 7일을 뛸 수 있다. 하지만 다른 러너들과 마찬가지로, 그들도 하루, 이틀 쉼으로써 정신적, 육체적 이득을 얻을 수 있다.

■ 경주 후에는 얼마나 쉬는가?

잭 포스터는 경주의 매 1,600m(1마일)마다 하루씩 간단한 연습일이 필요하다고 믿는다. 경주에서의 지속적인 체력소모는 그냥 갚아지는 것이 아니다. '포스터의 법칙'에 따른 기간이 지나지 않고는 다른 경주나 스피드 훈련을 해서는 안 된다. 10K를 뛰고는 3~4일 지난 다음에 가벼운 속도로 뛰어도 될 것이다. 하지만

7. 일일 및 주간 거리 프로그램

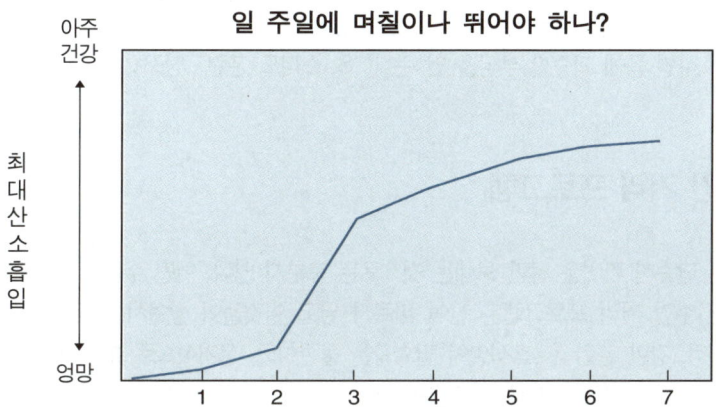

일 주일에 이틀 운동할 때에 비해 사흘 운동할 때의 운동효과의 극적인 증가에 주목하라. 일 주일에 4~5일 훈련함으로써 유산소 운동 능력의 95% 이상을 얻을 수 있다. 그 이상 하면 정형외과적 부상률이 현저히 증가한다.

마라톤을 뛰고 나서는 2~3주 내에 또 다른 강한 훈련을 시도해서는 안 될 것이다. 6km 이상 경기 후 다음 주말에는 어떤 경주에도 참가해서는 안 된다(5K나 그 이하는 예외). 대부분 러너들은 매달 경주거리를 20km로 제한해야 한다는 것을 나는 발견했다. 이것은 매달 10K 두 번이나 하프 마라톤 한번 정도는 뛸 수 있다는 얘기다.

■ 마라톤 후에는?

강한 훈련을 너무 일찍 재개하면 부상의 위험에 직면한다. 많은 러너들은 충분히 쉰 것 같은 기분이 들거나 통증이 가시면 장거리 경주에서 회복되었다고들 생각한다. 하지만 실제로는 깊은 곳에 아직도 피로가 다 안 가셨다. 마라톤 후 곧바로 회복된 것 같은 느낌에 속지 마라. 많은 러너들이 마라톤 일 주일 후 경주에서 자기 개인기록을 세웠다고 좋아들 하곤 하는데, 그들은 곧바로 부상을 당할 뿐이다. 너무 빨리 무리를 했기 때문이다. 마라톤을 뛰고 난 다음 경주에 나가기까지 2개월은 기다려야 한다고 믿는다.

■ 스피드 훈련 후에는?

구간 훈련이거나 파틀렉(fartlek)이거나 스피드 훈련에서 매번 강하게 뛴 뒤에는 휴식을 취해야 한다. 이것은 경주에서의 쉼 없는 긴장과는 다르므로 그렇게 많이 쉴 필요는 없다. 대부분 러너들은 일 주일에 스피드 훈련을 한번만 해야 한다. 그렇게 하면 몸에 과중한 부담을 안 준다('8. 스피드 훈련' 참조).

주간 거리 프로그램

매주 단순히 가벼운 날만 보내는 것으로는 충분치 않다. 어떤 수준에 있든지 지속적인 주간 거리 프로그램은 잔여 피로가 남고 이것들이 쌓여서 결국 부상으로 연결된다. 강한 훈련 후 휴식일이 필요함은 물론이고, 정기적으로 짧은 거리만 뛰는 휴식주간도 만들어서 몸이 재건되도록 한다.

스트레스를 증가시키거나 그냥 똑같은 수준을 유지하더라도 지친 근육세포들은 망가지게 되므로 새것들로 대체돼야 한다. 한 그룹의 세포가 소진되면 그 짐은 다른 세포, 일반적으로 더 약한 근육 무리로 옮겨간다. 조그마한 찢어짐이나 부러진 조직들은 계속되는 거리 프로그램 중에는 하루 이틀 쉰다고 완전히 아물지 않는다. 전체 거리를 줄이지 않으면 비축분을 조금씩 파먹어서 결국에는 다 없어지고 탈진만이 남게 된다. 장기간에 걸쳐 이 각각의 찢어진 세포 섬유질들이 쌓여서 부상의 원인이 된다. 거리를 늘리면 부상에 직면하기가 더 쉬워진다.

■ 가벼운 주간 법칙

둘째 주에는 거리를 30%, 넷째 주에는 50%를 줄이면 이 거리 스트레스로부터 우리 몸을 보호할 수 있다. 이것은 몸을 회복하고, 달리기로 인한 누적된 스트레스와 신체 학대를 떨쳐 버리게 하는 안전 밸브이다.

어떤 사람은 다른 사람보다 더 오랜 휴식이 필요하다. 신중하라. 그리고 자신에게 가장 잘 맞는 패턴을 찾아라. 컨디션 조절 때문에 걱정하지는 마라. 연구에 의하면 선수들은 10주 동안 훈련을 50% 줄여도 운동 수준을 거의 잃지 않는다. 실제로는 잃는 것보다 얻는 것이 더 많다. 왜냐하면 충분히 쉬어서 부상에 덜 민감하게 되니까.

■ 아주 적은 거리?

대학시절의 친구 스티브 보이어(Steve Boyer)는 의사인데, 자기 자신의 달리기와 경주 중독증을 다스려야만 했다. 그는 몇 개의 마라톤에서 뛰었었고(최고 기록 2시간 42분) 주간 훈련거리는 32km에서 70km였다.

7. 일일 및 주간 거리 프로그램

　1983년 오레곤 주의 후드 산(Mt. Hood) 40마일(약 64km) 경주를 준비하는 중에 그는 나의 천천히/멀리뛰기 이론의 상한선을 시험해 보기로 했다. 문제는 고도와 코스의 오르막 내리막 길이였다(상하 고도차 3,300m). 스티브는 이 어려운 경주에 대비해 자기의 제한된 훈련시간을 특정적으로 쓰기로 하였다.
　그는 조금씩 장거리 달리기를 660m 고도 증가에 50km까지로 늘렸고, 언덕 훈련은 2,500m 수직 고도 증가로 잡았다. 경주 2주 전 그 코스를 매우 천천히 뛰었다. 매번 장거리를 달린 다음날에는 뛰지 않았고, 천천히 원래대로 돌아왔다(5~6km, 10~11km 등등). 경주 전 마지막 주에는 32km만 뛰었고, 나머지 대부분 주에는 80km 이하를 뛰었다.
　장거리 옹호론자들에게는 그 결과가 궁금할 것이다. 강력한 경쟁자들, 빌 데이비스(Bill Davis, 서부 주 100걸 전에서 3위), 레이 클락(Rae Clark, 타호 70마일 경주 기록 보유자)과 프랭크 토마스(Frank Thomas, 영국 횡단 경기 기록 보유자)들 사이에서 스티브는 2등을 차지했다. 우승자와 6분 차이였고, 나중에 내게 자기가 우승할 것 같은 생각이 들었는데, 자기 자아가 자신을 그렇게 빨리 내몰지 않았다고 했다(첫 번째 긴 고개인 24km 지점에서 그는 10분이나 리드하고 있었다).

■ 빠른 10K를 위한 적은 거리
　적은 거리로도 중간 거리 경주의 기록 향상에 도움을 준다. 존 퍼킨스(John Perkins)는 년간 4,500km씩 3년을 뛰고 난 후 그것을 알아냈다. 그는 매주 장거리 달리기와 스피드 훈련을 포함해서 80~110km씩 뛰었음에도 불구하고 마라톤과 10K에서 더 이상의 기록 향상이 없었다. 1981년 뉴욕시 마라톤을 실망스럽게 끝내고 나서 그는 경주와 강훈련은 그만두고, 아주 짧은 거리만 뛰기로 했다.
　18개월의 '휴가' 동안에도 존의 경쟁적 본능은 죽지 않았다. 전체 뛰는 거리를 줄이는 프로그램으로 많은 러너들의 기록이 향상되었다는 말을 듣고, 일일 달리기는 편안한 속력으로, 그리고 주간 스피드 훈련을 계속해 온 존은 그 새 이론을 시험해 보기로 했다.
　약 9개월간에 존은 일 주일에 평균 62km씩 뛰었다. 그는 스피드 훈련을 한 주에 한번 8~10번의 400m를 82초에, 점차 18번의 400m로 늘려갔다. 그리고 나서는 10번으로 줄여서 74초에 뛰었다. 이 프로그램은 10K와 5K 경주기록을 광장히 줄이게 해 주었다.
　존은 전에는 무기력하고 피로하고 둔감함을 느꼈었는데, 이제는 출발부터 끝날 때까지 강한 힘을 느끼게 되었다고 한다. 이제 그는 다른 러너들과 경쟁하는 것도, 첫 1,500m를 뛰고 난 다음에 약간 스피드를 올리는 것도 두렵지 않다. 전에는 매경주 내내 피곤했고, 첫 1,500m를 뛰고 나서는 피니시 라인만 찾았었다.

여기 존의 그전 프로그램과 현재 프로그램의 주간 거리, 스피드, 경주에 대한 비교표가 있다.

전 프로그램
주당 80~110km
일 주일에 한번 강력한 24km 달리기
일일 달리기 속력: km당 4′:10″~4′:16″
거의 매주 경주
최고 기록: 10K - 37′:27″
　　　　　 5K - 18′:20″

새 프로그램
주당 50~80km
격주에 한번 편안한 19~24km 달리기
일일 달리기 속력: km당 4′:50″~5′:00″
격주에 한번 경주
최고 기록: 10K - 36′:34″
　　　　　 5K - 17′:36″

추운 날씨

일반적으로 추운 날씨에 뛰는 게 더 쉽다. 열이 덜 나서 체액 손실이 적고, 추운 온도가 뛰는 걸 상쾌하게 해 준다. 하지만 기온이 10℃ 밑으로 내려가면 보호 수단을 생각하기 시작해야 한다.

- **머리와 손** : 모자와 장갑으로 커버하라. 러닝은 오한을 유발한다. 바람이 있으면 실제 온도보다 더 차다. 모직이나 폴리프로필렌(Polypropylene)이 제일 좋은 재질이다.
- **폐** : 뛰는 동안 폐가 얼어붙는다는 실제 증거는 없다. 우리 몸에는 보호장치와 이 생동적인 기관을 보호하는 완충지대가 있다. 찬 공기가 목구멍을 자극하기는 해도, '러너의 목구멍이 얼어붙었다.' 는 소리는 못 들어 봤다. 스키 마스크나 밴다나(큰 손수건)로 가리면 숨쉬는 데 좀 낫다.
- **생동적인 신체기관** : 남자들이여, 앞으로 아이를 낳고 싶거든 그냥 나일론 팬티 하나만 입지 마라. 성기 동상은 그냥 조크가 아니다. 너무 천천히 오기 때문에 잘 감지하지 못할 수도 있다. 부상당한 성기가 따뜻해지면 굉장히 아프다. 꼭 달라붙는 내의나 삼각팬티, 여러 겹(팬티, 긴 내의, 땀복 등)을 겹쳐 입음으로서 방지할 수 있다.

7. 일일 및 주간 거리 프로그램

- **여러 겹의 옷**: 두꺼운 스웨터에 따뜻한 재킷은 처음 운동을 시작할 때는 좋겠지만, 너무 열이 많이 나서 체액을 잃어버릴 수 있기 때문에 너무 두껍게 입지 않도록 한다. 몇 겹의 얇은 옷은 유연성을 가져다 줄 뿐 아니라, 필요에 따라 입거나 벗을 수 있다.
- **모직이나 폴리프로필렌**: 살갗에 닿는 옷감으로는 최적이다. 이것은 체온을 유지해 주지만 과도한 열이 나면 열을 발산한다. 수분을 밖으로 내보내 피부에 남아 있지 않게 한다. 땀이 나면 닦아서 얼지 않게 한다.
- **바람이나 비옷**: 나일론 옷들은 보통 방수처리가 돼 있어 한동안은 물이 스며들지 않지만 결국은 젖게 되어 있다. 고어텍스(Goretex)나 PTFE 필름의 가벼운 옷들은 피부처럼 작동한다. 물은 통과하지 못하고 열과 공기는 통과한다. 완전 방수를 위해서는 봉합선(seam)이 방수처리 되어야 한다. 비와 추위로부터 우리 몸을 보호하는 데는 내가 본 것 중에 고어텍스가 제일이다.
- **바람 속으로**: 바람을 등지고 뛰기 시작하지 마라. 열이 나면 되돌아올 때 땀이 얼음으로 바뀔 수 있다. 처음에는 바람을 안고 뛰어라.
- **비타민 C**: 추운 날씨에 러너들의 콧속이 트는 것을 치료하는 데 도움을 줄 것이다. 내 경험으로 보면 그것(비타민 C 보충)은 추위에 아주 좋은 보험이다.

더운 날씨

누구나 더운 날에는 뛰길 싫어한다. 하지만 어떤 사람들은 다른 사람들보다 더위에 더 잘 적응한다. 더위 속에서 뛰는 연습을 계속하면 좀더 쉬워질 수도 있다.

■ 더운 날 달릴 때의 생리현상

더운 날에는 혈액이 피부 표면으로 몰려서 열을 발산하기 위해 수천 개의 작은 모세혈관으로 번진다. 땀샘에 있는 조그마한 수분들이 증발로 피부와 몸을 식히기 위해 미세한 땀근육에 의해 밖으로 나온다. 이 모세혈관의 활동과 땀은 운동근육으로부터 혈액을 전용하게 되어 근육의 능력을 줄인다. 세포에 산소를 운반하고 노폐물을 제거하는 혈액 또한 적어진다. 훈련을 통해 열에 적응이 되더라도, 열에 최고로 적응되어 있는 러너들도 기온이 30℃ 이상 되면 불편을 느끼고 천천히 뛰게 된다.

■ 열에 대한 훈련

　미세한 땀근육은 다른 근육들과 마찬가지로 단련시킬 수 있다. 뜨거운 날씨에 계속 달리다 보면 근육들도 더 튼튼해지고 더 효과적이 되며, 몸을 식히기 위해 충분한 물을 피부 표면에 감춰둔다. 하지만 낭비할 정도의 양은 아니다. 더운 날 달림으로써만 이 근육들의 열 식힘 효과를 최대로 유지시킬 수 있다. 개선이 눈에 띄려면 몇 달은 걸릴 것이다.

　말할 것도 없이 열 훈련은 열 속에서 제일 잘 된다. 하지만 추우면 27℃ 이상 온도를 만들기 위해 옷을 더 껴입는다. 처음에는 몇 분만 뛴다. 경주거리에 도달할 때까지 점차로 훈련거리를 늘린다. 천천히 뛰어라. 이 적응 과정은 일 주일에 두세 번이면 충분하다. 깨어 있을 때는 매시간마다 조금씩 물을 마셔라.

■ 뜨거운 날 복장

　목적은 분명하다. 가급적 시원하게 함으로써 피부 모세혈관이 혈액을 덜 필요로 하고, 더 많은 피를 운동근육에 보내게 하려 함이다. 특히 덥고 습기가 많을 때에는 가볍고 느슨한 옷차림이 도움이 될 것이다. 햇빛을 일부라도 피부로부터 차단해 주기 때문에 아무것도 안 입는 것보다는 조금 입는 것이 낫다. 면은 쏟아 붓는 물을 흡수하고 있다가 조금씩 증발하게 한다. 나일론이나 다른 합성섬유는 습기를 머금지 않는다. 구멍이 숭숭 뚫린 망사는 시원하게 하고 수분을 머금는 데 안성맞춤이다. 나는 폴리에스터와 면의 비율이 50대 50인 섬유를 가장 좋아한다. 달라붙는 옷이나 겨드랑이나 다리 사이에 옷감이 너무 많은 옷은 피한다.

　역주 요즘은 쿨맥스(Coolmax)라는 옷감이 개발되어 많은 달리기 옷의 살갗에 닿은 부분에 사용된다. 부드럽고 가벼울 뿐 아니라, 땀을 몸 밖으로 몰아내어 빨리 마르게 하고 공기를 통과시켜 숨을 쉼으로써, 땀이 날 때 면과 같이 몸에 달라붙지 않아 많이 사용된다. 면보다 3배 빨리 마른다고 한다. 그 외에도 라이크라(Lycra) 등 숨쉬는 옷감들이 달리기용 옷에 많이 사용된다.

■ 열 속에서의 음료

　열 속에서는 엄청난 양의 음료가 필요하다. 찬물이 가장 잘 흡수된다. 더운 날 훈련에는 전해질(마그네슘, 포타슘, 칼슘)이 들어 있는 음료수와 음식을 규칙적으로 먹어야 한다. 권장할 만한 물의 소비량은 180~240㎖짜리 열 개를 하루에 나누어 마신다. 커피와 알코올은 이뇨제라서 거기서 얻는 양보다 잃는 양이 더 많음을 알아야 한다. 더울 때 가장 큰 문제는 탈수증이다. 하루 종일 그리고 특히 장거리를 뛸 때, 뛰는 동안에도 물을 마셔라. 필요하면 물을 통에 담아 가지고 뛰는 동안에 마셔라.

8. 스피드

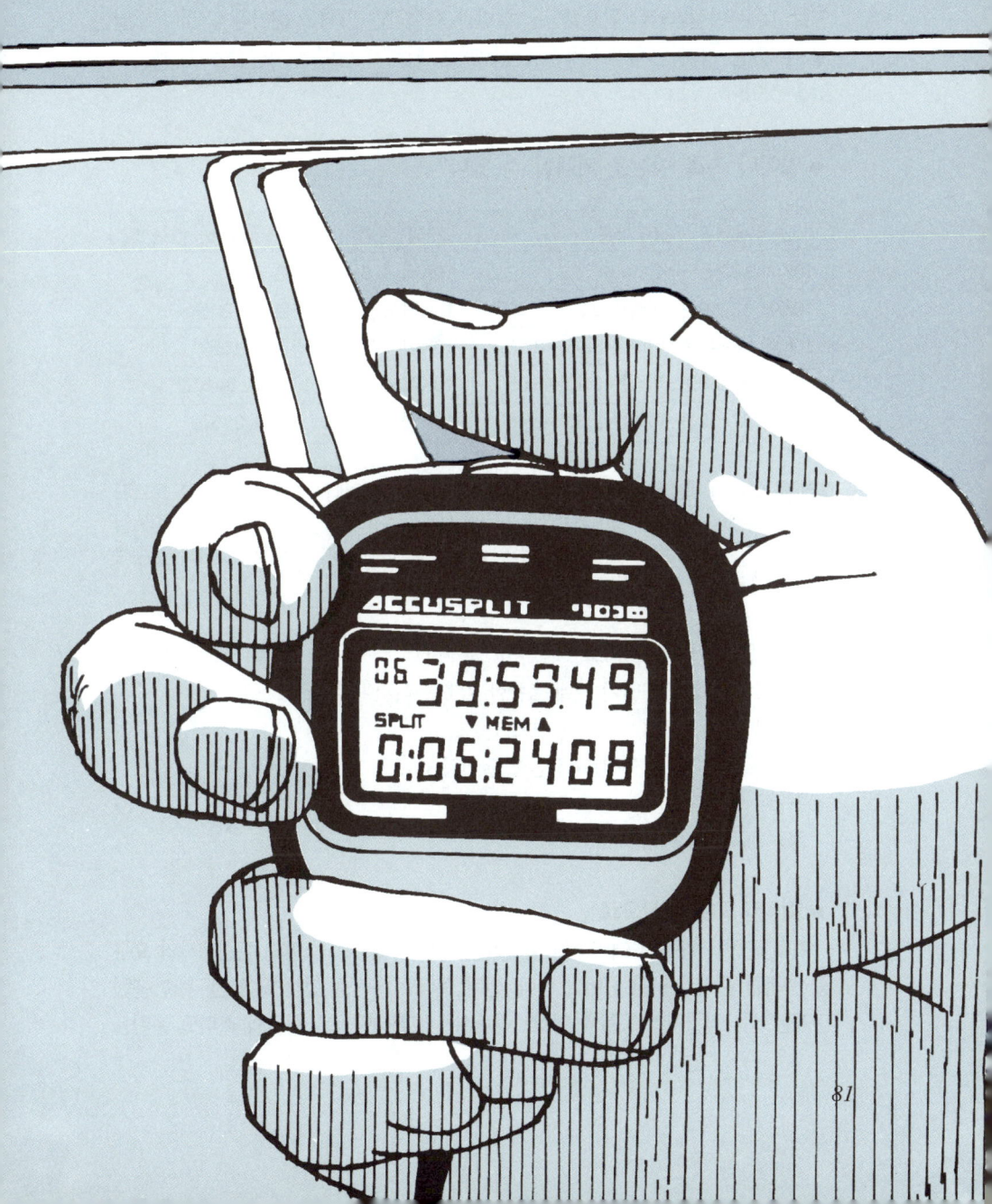

여러분은 더 빨리 달릴 수 있다. 나는 수천 명의 러너들이 단지 훈련 스케줄을 다시 조정한다든지, 휴식을 넣는다든지, 스피드 훈련을 하는 따위의 간단한 변화만으로도 기록 향상을 하는 것을 보아 왔다.

목표를 세우는 데의 첫 번째 원칙은 여러분의 목표가 현실적이어야 한다는 것이다. 너무 야심만만한 목표설정은 실망과 좌절감만 가져올 뿐이다. 그러나 도달할 수 있는 여러 단계의 목표들을 설정하면 달리기 능력과 자신감을 배양할 수 있을 것이다.

■ 얼마나 기록 향상을 기대할 수 있나?

지난 6개월간 최고 기록	6개월 피라미드로 개선할 수 있는 양
10K에 50분 ; 마라톤 4:30′	10K에 3~5분 ; 마라톤 30분
10K에 42~50분 ; 마라톤 3:30′ ~4:30′	10K에 2~3분 ; 마라톤 15~20분
10K에 38~42분 ; 마라톤 3:05′ ~3:30′	10K에 1~2분 ; 마라톤 8~15분
10K에 35~38분 ; 마라톤 2:40′ ~3:05′	10K에 40초~1분 ; 마라톤 5~10분
10K에 32~35분 ; 마라톤 2:30′ ~2:40′	10K에 20~40초 ; 마라톤 2~5분

노트 얼마나 향상할 수 있는지에는 물론 상한선이 있다. 능률이 더 이상 오르지 않거나 때로는 떨어지는 중간점에 도달할 것이다. 중간점은 한 달이나 일 년까지 갈 수도 있다. 여러분의 궁극적인 잠재적 가능성까지 가까이 갈수록 중간점은 더 자주 오고 더 오래 지속될 것이다.

■ 스피드 훈련 전의 기초

스피드 훈련을 시도하기 전에 훌륭한 기초를 다져야 한다. 그것은,
- 1년간 달리기
- 최소 2개월(3개월 권장)의 유산소 달리기
- 4~6주의 언덕 훈련
- 55~59쪽 참조

■ 피라미드의 정상으로

기초 훈련 단계에서 여러분의 심장혈관 계통이 앞으로 스피드 훈련에서의 요구를 충족할 준비가 되어 있어야 한다. 전에 스피드 훈련을 했건 안 했건, 기초 훈련 단계는 심장혈관계의 능률을 향상시킬 것이다. 베테랑들은 최근의 스피드 훈련을

8. 스피드

통해 쌓인 노폐물을 기초 훈련을 통해 깨끗이 제거하기도 한다.

언덕 훈련은 아랫다리의 주 달리기 근육들을 강화해서 몸무게를 발 앞쪽으로 조금 더 기울게 해 주고 발목을 더 효과적으로 움직이게 해 준다. 더 강하게 차고 나가게 해 준다. 이제 여러분은 더 빨리 뛸 준비가 된 것이다!

스피드 훈련의 이점은 몸이 무산소 달리기에 적응하는 법, 즉 근육이 충분한 산소를 얻지 못할 때 빨리 달리는 법을 가르치는 것이다. 전에 달리던 것보다 더 빨리 달리기 위해서는 자신의 능력 이상을 발휘해야 한다. 스피드 훈련은 매번 조금씩 그 능력 이상으로 여러분을 데려갈 것이다. 스피드 훈련기간이 끝나면 경주에서 필요로 하는 무산소 요구량을 경험한 것이 된다.

매주 그 전주의 훈련을 조금 넘어선다. 전 단계 훈련에서 근육에 쌓인 유산이 처리돼야지, 아니면 근육이 늦게 반응한다. 찢어진 근육세포가 재생하고, 미토콘드리아가 재충전되면(70쪽 참조) 우리 몸은 유산을 만들어내기 전에 더 빨리, 더 멀리 뛸 수 있게 된다.

이 매주 쌓이는 노폐물을 처리함으로써 근육세포는 그 노폐물에 대처하는 요령을 배우게 된다. 어떤 경우에는 근육이 더 효과적으로 노폐물을 근육 밖으로 내보내는 방법을 배우고, 어떤 경우에는 모든 가능한 근육 틈새에다 노폐물을 저장하는 방법을 배운다. 우리의 마음은 고통스럽게 느껴져도 우리의 몸이 조금 더 갈 수 있다는 것을 배우게 된다.

스피드 훈련은 능률을 극대화시키고 경주에 준비하도록 해 준다. 작은 스피드 훈련을 계속해서 하면 최소한 심리적으로는 준비가 된다. 물론 실제로는 총성과 함께 뛰어나가야 하지만……. 더구나 준비됐다는 자신감을 가지게 된다.

■ 먼저 지구력을!

10K를 빨리 뛸 수 있기 전에 우선은 쉬지 않고 10K를 뛸 수 있어야 한다. 스피드 프로그램의 첫 번째 요소는 실제 경주거리보다 최소한 20%를 더 뛸 때까지 매 2주마다 거리를 늘리는 장거리 달리기이다. 지난 2주 동안 가장 많이 뛴 거리에서 시작해서 17~20km 될 때까지 일 주일에 1~3km씩 늘린다. 장거리 달리기 사이에 그 정도의 시간이 필요하다.

목표 경기	최소 거리(km)	최고 기록을 위한 거리
10K	13	24~27
하프 마라톤	24	32~35
마라톤	42	45~48

오랜 회복기간을 피하려면 장거리 달리기의 속도를 늦춰라. 현재의 10K 경주 속도에서 킬로미터당 1~1.5분 늦춘다. 몸이 쉽게 적응하기 위해 매 30~45분마다 3~5분 걷는다. 이 달리기는 지구력을 키우기 위한 것이지 스피드를 향상시키기 위한 것이 아니다(잘 뛰는 러너들은 걷기를 넣을 필요는 없다).

■ 스피드 훈련에 관한 짧은 역사

1900년대 초의 장거리 러너들은 빨리 뛰기 위해서는 실제 경주와 같은 모의 훈련(전속력으로 경주하고 사이사이에는 쉬는)을 반복해야 한다고 믿었다. 1920년대 중반에 선수들은 장거리를 여러 개의 짧은 구간으로 나누어 각 구간을 경주보다 빠른 속도로 달리고 사이사이엔 쉬는 방법으로 경기력을 더 향상시킬 수 있다는 것을 알았다. 그래서 그 두 가지 스피드 훈련을 합친 것이 파틀렉과 구간 훈련이다.

파틀렉(Fartlek)

파틀렉은 스웨덴 말로 '스피드 놀이'라는 뜻이다. 이것은 우리 일상의 달리기에 적용할 수 있는 간단하고 자연스러운 형태의 스피드 훈련이다. 주어진 거리를 뛰는 동안, 다음 전봇대까지, 이 길 끝까지, 또는 저기 있는 무엇까지 빨리 뛴다. 뛸 수 있는 한, 또는 뛰기 원하는 만큼 멀리 그리고 빨리 뛰고 난 다음에는 숨을 고르기 위해 천천히 조깅한다. 그리고 나서 괜찮다 싶으면 다시 빨리 뛰는 것이다.

파틀렉은 각자의 속도에 맞게 스피드 훈련을 하는 것이다. 이것은 직관적이고 자유로운 형태로 미리 정해진 거리나 스피드 없이 능력껏 뛰는 것이다. 그날, 그 시간의 기분에 따라 뛸 수 있다. 파틀렉은 스피드 훈련이지만 재미있고 창조적으로 할 수 있다.

■ 파틀렉 변형

두 가지 유행하는 파틀렉 변형에는 언덕 파틀렉과 시간 쪼개기가 있다. 언덕 파틀렉은 보통의 힘들지 않은 속도로(10K 경주속도보다 킬로미터당 40초 정도 늦게) 시작한다. 언덕에 오면 속력을 내서 언덕 꼭대기를 넘는다. 그리고는 천천히 조깅하며 숨을 고른다. 숨을 고른 후에는 원래 스피드대로 다음 언덕까지 뛴다.

시간 쪼개기 파틀렉은 1분, 2분, 3분 등등을 경주속도보다 약간 빠르게 뛴다. 10~20분간의 가벼운 달리기로 몸을 부드럽게 푼 다음, 첫 번째 시간 구간 시작 전에 4~8번 자세 가속(160~161쪽 참조)을 한다. 각 구간 사이에는 충분히 쉬어서 회복한다. 전체 구간의 수는 각자에게 달려 있다.

■ 초보자는 하지 마라

파틀렉은 초보자가 속도에 대한 감을 배우기에는 적당치 않다. 그러나 속도에 대한 감을 가지고 있는 베테랑들은 파틀렉 훈련을 통해 이득을 얻을 수 있다. 한편 구간 훈련은 초보자에게는 큰 도움이 되지만, 베테랑에게는 오히려 제한이 된다. 파틀렉은 각자가 자신의 속도, 피로, 지구력 한계에 맞춰서 조절할 수 있게 해준다. 이 방법으로 여러분은 실제 경기와 같은 힘듦과 아울러 얼마를 뛰고 나서 속도를 줄여야 하는지 모르는 불안 등을 극복하는 법을 배우게 된다. 초보자들은 파틀렉 훈련에서 부상의 위험이 상당히 높은 반면, 베테랑들은 스트레스에 더 민감하므로 한 걸음 물러나야 할 때를 안다.

1973년 전 미국 육상 챔피언십을 일 주일 남겨놓고, 나는 그 해의 첫 육상 훈련을 마무리하려고 했다. 그 시즌에 내가 한 유일한 강훈련은 파틀렉이었다. 자신감을 가지기 위해 나는 정해진 시간 내에 효과를 보기를 원했다. 그러나 트랙을 몇 바퀴 돌았을 때 뭔가 제대로 되지 않는 느낌이 들었으나 나는 계속 뛰었다. 날씨가 매우 좋아서 샤워장으로 뛰어들기보다는 내가 좋아하는 시골길을 내달렸다.

무의식중에 나는 속력을 내서 한동안 뛰다가 좀 늦춰 뛰고, 다시 속력을 내곤 하였다. 나는 그날 특별히 좋은 느낌이 들진 않았지만, 내 리듬은 부드러웠고 그래서 그냥 그렇게 흘러가게 두었다. 아이러니컬하게도 별로 기분이 좋지 않고, 계속 뛰기 위해 내 자신을 채찍질해야 했으나, 훈련 결과가 종합적으로 나타났다.

이제 나는 그것이 내 일생에서 최고의 훈련 중에 하나였다는 것을 안다. 그것이 내 최고 기록을 내게 해 주었다. 일 주일 후, 캘리포니아 베이커스필드(Bakersfield)에서의 6마일(약 9.6km) 경기에서 나는 그 전 트랙 훈련 초기 때와 같은 느낌을 받았다. 무거운 첫 6km 동안 나는 겨우 12등에 턱걸이하며 계속 기권할까 생각했었다. 그런데 내 마음의 기어가 그 시골길 달릴 때와 같이 변속되는 것이었다. 그 뒤 1,600m 동안 나는 4위로 올라섰고 결국 맨 앞에 서게 됐다. 끝에 좀더 분발하기는 했지만 내 최고 기록인 27분 21초에 끊었다.

속도에 대한 좋은 감만 가지고 있다면 파틀렉은 혹독한 경주에서 최고의 기록을 낼 수 있도록 준비시켜 줄 것이다. 즉, 마음의 기어를 변속시켜 줄 것이다. 그것은 종종 자신 속에 숨어 있는 정신 집중력을 사용하여 불편과 걱정의 벽을 뛰어 넘는 방법을 가르쳐 준다.

구간 훈련

■ **구간 훈련이란?**

구간 훈련은 경주 전체 거리를 여러 개의 소구간으로 나누는 것이다. 각 소구간을 실제 경주속도보다 조금 빠르게 뛴다. 그리고는 회복을 위해 나머지 구간을 조깅하든지 걷든지 한다. 소구간의 숫자는 여러 주간 동안에 조금씩 늘려간다. 10K나 그 이하의 경주를 준비할 때에는 전체 소구간 수를 결국은 전체 경주거리로 잡는다. 그러나 마라톤을 위한 스피드 훈련의 전체 거리는 다 합쳐서 하프 마라톤 거리를 넘지 않도록 한다.

이 소구간 반복 훈련은 때로는 지루하지만, 속도감을 갖게 해 주는 데에는 더없이 귀중한 것이다. 장거리 달리기에서 가장 중요한 기술 중의 하나가 너무 빨리 뛰고 있는지, 너무 늦게 뛰고 있는지를 판단하는 속도감이다.

8. 스피드

구간 훈련은 정확하며 파틀렉에 비해 몇 가지 이점을 가지고 있다.
- 미리 측정된 거리로, 자신이 무얼 하고 있는지 정확히 안다.
- 각 구간 속도를 조절함으로써 어떻게 일정한 속도로 달릴 수 있는지를 배운다.
- 스피드 훈련을 처음 할 때 파틀렉으로는 때로 어느 만큼 하고 있는지 잘 모를 때가 있다. 그것은 거리, 스피드와 전체 훈련량을 오로지 추측만 할 수 있기 때문이다.

■ 기본구간 훈련원칙
- **소구간의 거리를 정한다.** 400m, 800m 또는 1,600m. 보통 10K에는 400m, 마라톤에서는 1,600m로 정한다.
- **각 소구간을 실제 목표속도보다 약간 빠르게(400m당 5~7초) 뛴다.** 이렇게 하면 실제 경주속도가 쉽게 느껴진다.
- **조금은 남겨둔다.** 피곤하게 운동해야 하지만 탈진해서는 안 된다. 스피드 훈련하는 날에는 힘들게 하기는 하나, 조금 더 뛸 수 있는 여력은 남겨놓는다.
- **사이사이 회복을 위해 아주 천천히 조깅한다.** 10km 스피드 훈련에서는 걷는 것보다 조깅이 낫고, 쉬는 구간도 짧은 것이 낫다. 그러나 스피드 프로그램을 시작할 때는 매번 긴 휴식으로 시작한다. 뛴 거리만큼 또는 그 이상 조깅한다. 쉽게 회복되는 사람이라면 휴식을 줄인다. 마라톤을 위한 스피드 훈련에는 걷는 것을 권한다.
- **처음에는 몇 번으로 시작해서 매주간 훈련에서 점차로 숫자를 늘린다.** 111~116쪽의 10K, 125~133쪽의 마라톤 도표 참조. 10K 스피드 훈련 끝머리에는 매구간마다 쉬면서 400m짜리 20번을 뛰게 될 것이다. 마라톤 스피드 훈련 끝에는 매 사이사이마다 쉬면서 1,600m짜리 11~13번을 뛰게 될 것이다.
- **충분한 휴식.** 매 스피드 훈련 뒤에는 적어도 이틀은 가벼운 운동의 날로 정한다. 스피드 훈련에 피로를 느끼면, 부상 방지를 위해 그 이상 쉬도록 한다.
- **스피드 프로그램 기간.** 10K나 그 이하의 스피드 훈련은 10주를 넘지 않도록 한다. 마라톤 스피드 훈련기간은 12~14주로 늘린다.

· 경주

스피드 훈련

■ 스피드 훈련의 준비운동
올바른 몸풀기는 필수적이다. 풀리지 않은 근육으로 스피드 훈련에 뛰어들면 약한 연결 부위는 엄청난 압박이 가해져 부상의 원인이 된다.
- 밖의 기온이 차거나, 몸이 굳어 있으면 5~10분 걷는다.
- 10~20분간 천천히 조깅한다.
- 달리기 전에 스트레칭을 하는 사람이면 부드럽게 한다.
- 빨리 달리기를 한다(100~200m 5~8번). 점진적으로 경주속도나 그보다 조금 빠르게 속도를 올린다. 그리고 나서 속도를 줄인다. 매번 빨리 달리기 사이에 충분한 휴식을 취한다.
- 3~5분 천천히 조깅한다.
- 이제 훈련으로 들어간다.

■ 스피드 훈련 후의 마무리운동
마무리운동은 준비운동만큼이나 중요하다. 갑자기 멈추면 혈액 속의 유산이 모이게 되어 다음날 근육이 뻣뻣해짐을 느끼게 된다. 아무리 피곤해도 계속 움직여라.
- 마지막 소구간 후 10분간 천천히 조깅한다(어떤 때는 한 발 앞에 다른 발을 떼어놓기가 힘들 때도 있다).
- 5~10분간 빠른 걸음으로 걷는다.
- 그리고는 10분간 천천히 걷는다. 몸을 천천히 원래대로 가져다 놓는 게 중요하다. 갑자기 떨어뜨리지 말고!

> **페이스란?**
> 목표 페이스 : 자기의 시간목표에 도달할 수 있는 속도.
> 예) 10K를 44분에 목표 = 4′ :24″/km, 또는 1′ :37″/400m
> 스피드 페이스 : 스피드 훈련의 페이스
> 예) 10K를 위해서는 400m를 목표 페이스보다 5~7초 빨리 달린다.

■ 얼마나 빨리, 얼마나 멀리?
소구간의 거리가 길수록 천천히:

8. 스피드

- 400m - 목표 페이스보다 5~7초 빠르게.
- 800m - 목표 페이스보다 10초 빠르게.
- 1,600m - 10K 스피드 훈련목표 페이스보다 15~20초 빠르게.

물론 여기에는 분기점이 있다. 더 긴 구간은 실제 경주조건에 보다 가까운 훈련이 되나, '페이스 유지' 하기가 더 어렵다. 긴 구간은 또 더 긴 회복구간이 필요하다.

■ 어디서?

정확한 거리는 매우 중요하다. 400m 트랙은 말할 것도 없이 정확도에서는 최고다. 하지만 거리만 정확하다면, 도로나, 오솔길이나, 운동장이나 어디라도 좋다. 자동차 계기판과 고속도로 거리 표지판조차도 부정확한 걸로 널리 알려져 있다.

■ 지루함과의 싸움

구간의 숫자가 늘어남에 따라 스피드 훈련은 더 어려워지고, 때론 지루해진다. 적은 그룹 또는 다른 러너와 같이 뛰면 도움이 된다. 어떤 러닝 클럽들은 일 주일에 하루를 그룹 스피드 훈련일로 정해 놓고, 몇 가지 거리들 중에 선택하게 한다. 함께 훈련할 파트너가 있으면 이 힘든 훈련을 보다 쉽게, 재미있게 할 수 있다. 비슷한 페이스의 매구간마다 이기려 하지 않는 다른 사람을 선택한다. 여러 사람들과 같이 훈련할 때는 각 구간마다 돌아가면서 한 사람씩 선두에 서고, 휴식 뒤에는 다른 사람이 앞장선다.

■ 얼마나 자주?

10K를 대비해서는 일 주일에 한번은 스피드 훈련을 해야 한다. 마라톤의 경우 격주에 한번씩 한다.

스피드 훈련의 대체 훈련들

■ 다시 트랙으로

초창기 달리기 선수 겸 작가들 중 한 명인 조 헨더슨(Joe Handerson)은 단거리 선수 출신의 러너이다. 그는 '70년대 「러너스 월드(Runner's World)」 잡지에 그의 천천히 멀리 뛰기에 관한 사설들을 통해 수천 명의 러너들을 재미로 달리기에 이끌었다. 트랙 훈련이란 단어는 그의 사전에서 빠져 버렸다.

지난 몇 년간 조는 다시 트랙으로 돌아왔다. 그러나 온힘을 다해 400m를 15바퀴 도는 그의 젊은 시절의 방법으로 말고, 그는 400m 4바퀴를 1,500m 경주속도 혹은 그보다 약간 빠르게 뛰는 것만으로도 부상의 위험 없이 속도를 개선할 수 있다고 믿는다. 이 훈련을 일 주일에 하루 한다. 소구간 사이사이에 필요한 만큼 충분히 쉰다.

- 현재 1,500m 경기 페이스 : 5분.
- 평균 400m : 80초.
- 훈련 : 4×400m, 사이사이 마다 400m 혹은 그 이상 조깅.
- 준비운동, 마무리운동 : 10~20분 천천히 조깅.
- 이것은 정기적인 스피드 훈련을 안 할 경우 스피드를 증가시켜 줄 수 있는, 별로 스트레스가 없는 스피드 훈련방법이다. 하지만 짧은 스피드 구간은 지구력을 키우지 못하므로, 이 방법으로 스피드 개선에는 한계가 있다. 격주마다 장거리 달리기의 거리를 늘려감으로써(예로, 10K에는 20~25km까지) 이 가벼운 스피드 훈련은 보다 나은 결과를 가져온다.

■ 일요일의 스피드 훈련

모니카 리어만은 여러 해 동안 10K를 50분 안에 끊으려고 노력하였다. 뛰는 거리를 늘리고, 더 많은 경주에 참가하고, 규칙적인 스피드 훈련도 했으나 50분 벽을 깰 수는 없었다.

그러던 어느 겨울 모니카는 전략을 바꾸었다. 일요일에 멀리 뛰는 대신에 빨리 뛰었다. 5주 동안에 파틀렉을 섞어서 5km를 빠른 속도로(평균 4′:32″ 페이스로) 뛰었다. 그리고 장거리 달리기(22~25km)를 주중으로 옮겼다.

새로운 방법이 값을 했다. 그 봄에 에이본(Avon) 15km 경주에서 모니카는 첫 10km를 47분 48초에 뛰었다. 그리고 같은 페이스로 경주를 마쳤다. 아마도 일 주일에 두 번씩 4~8번 자세 가속 훈련과 경주보다 7~8초 빠르게 400m 구간을 4~6번 뛰는 등 구체적인 훈련을 거쳤더라면, 그녀는 더 빨리 뛸 수 있었을 것이다.

8. 스피드

스피드 훈련의 부상 중 가장 흔한 원인들

1980년 조지 워싱턴 대학 스포츠 의학 센터에서 4,000명에게 실시한 달리기 부상에 관한 설문조사에 의하면, 스피드 훈련은 두 번째로 많은 부상 원인이다 (주간 거리를 증가시키는 것이 첫째 원인이다). 왜 부상이 생기나를 이해함으로써 대부분의 부상을 방지할 수 있을 것이다.

다음은 스피드 훈련시 부상의 주된 원인들이다.

- **적당치 않은 준비운동과 마무리운동**: 88쪽에 설명한 것과 같은 충분한 준비운동과 마무리운동을 하도록 한다. 근육이 점진적으로 활동하게 함으로써, 준비 안 된 근육이 전력을 발휘할 때 생기는 쇼크를 피할 수 있다. 마찬가지로 완전한 마무리운동으로 점차적으로 멈추는 것도 필수적이다.

- **가벼운 날 너무 열심히 뛰는 것**: 스피드 훈련과 장거리 달리기는 우리를 목적지까지 데려다 준다. 이 강훈련들 사이사이에 가벼운 날을 넣음으로써 회복해야 한다. 가벼운 날에 너무 빨리 달림으로써 점차적으로 스트레스와 피로가 쌓이게 되고 결국은 부상으로 이어지게 된다. 가벼운 날 페이스의 원칙은 10K 경주 페이스에 킬로미터당 1~1.5분 더 보태면 된다.

- **단거리 질주**: 경주에서조차도 절대 최고 속도로 달리지 마라. 이것은 최고의 부상 위험이 있다. 자세 가속 훈련조차도 강한 1km 페이스에 최고 속도가 맞도록 디자인되어 있다.

- **스피드 훈련을 너무 오래**: 10K나 그 이하 경주에 대비해서 스피드 훈련은 10주를 넘지 않게 한다. 이 기간 후에도 계속하면 높은 부상 위험을 안고 뛰는 것이다. 마라톤 스피드 프로그램도 12~14주를 넘지 않도록 한다.

- **너무 자주 힘든 날**: 너무 많은 스피드 훈련, 장거리 달리기, 경주 등을 짧은 시간에 하면 그건 문제를 애결하는 격이 된다. 한 주말에는 장거리 천천히 달리기를, 그 다음 주말에는 경주나 가벼운 달리기를 하면 스트레스를 줄이게 된다. 경주의 참가를 줄이며, 좋은 스피드 훈련과 장거리 달리기를 완성하는 것은 중요하다.

- **적당치 않은 단계 바꾸기**: 어떤 러너들은 언덕 훈련이나 첫 몇 단계를 건너뛰거나 줄임으로써 지름길로 피라미드를 오르려고 한다. 이것은 우리 몸을 장거리 천천히 달리기에서 강도 높은 스피드 훈련으로 너무 빨리 옮아가게 한다. 이렇게 하여 놀란 근육은 찢어지게 되고, 낫는 데 오랜 시간이 걸리고 힘들게 된다. 언덕과 스피드 훈련은 점진적 프로그램의 일부로서, 스트레스를 점차적으로 가하고, 회복하고 하면서 나아가는 디딤돌의 연속이어야 한다.

- **컨디션 안 좋은 날**: 구간 훈련을 할 기분이 아니면 그만두어라. 그 다음날이나, 다음 다음날 시도해 본다. 여전히 할 기분이 아니면 파틀렉이나 언덕 훈련을 해서 구간 훈련의 강도와 기간을 대체한다. 너무 피로한 것 같으면 가벼운 주간으로 정해서 회복한 다음 다시 시도한다.

> **여기가 어디라고!**
>
> 초반에 스피드를 내는 것은 100m 달리기가 아닌 한 별 의미가 없다. 어떤 신발도둑이 약 4년 전 우리의 애틀랜타 가게에서 그것을 확인시켜 주었다. 어떤 젊은 친구가 가게에 들어와서 몇 가지 물건을 보더니, 그 중 한 켤레를 움켜쥐고는 문 밖으로 튀었다. 그는 자신이 진짜 달리기 전문 신발가게에 있다는 것을 몰랐던 모양이다. 그 친구에게는 경쟁 상대인 가게 점원들은 누가 행운의 도둑잡이가 될지 제비뽑기를 했다. 도둑이 처음 200m를 앞서 나갔지만, 우리의 점원이 600m에 가서 그를 잡았고, 너무 힘들어서 반항도 못 하는 그 사냥감에게서 신발을 회수했다.

9. 페이스

· 경주

현재 얼마나 빨리 뛰고 있는지를 말하는 것은 쉽지 않다. 약간의 심리적인 차이, 피로, 날씨 등이 모두 달리는 속도에 영향을 준다. 하지만 꽤 정확히 예측할 수 있는 방법들이 있다.

스피드 훈련을 잣대로

10km나 마라톤 훈련 도표에 나와 있는 스피드 훈련 프로그램을 시행하는 것은 그 목표에 자신을 맞춰 나가는 것이다. 그것은 또한 능률의 척도이기도 하다. 경주 10일 전쯤에 계획한 시간 내로 훈련을 끝낼 수 있다면, 목표한 페이스대로 뛸 준비가 된 것이다. 그 훈련을 쉽게 끝냈거나 예상했던 것보다 더 일찍 마쳤다면, 목표한 페이스보다 약간 더 빨리 뛰기를 기대할 수 있을 것이다. 문제가 있었거나 훈련을 끝내지 못했다면, 경주에서도 약간 늦은 성적을 기대해야 할 것이다.

시험경주

큰 경주에 대비해서 격주마다 시험경주를 계획하면, 귀중한 경주 경험을 얻을 수 있다. 그런 시험경주를 2~3번 하고 나면 실제 경주에서 얼마나 빨리 뛸 수 있는지를 가늠할 수 있게 된다. 스피드 훈련과 경주를 잣대로 해서 꽤 정확한 예상을 할 수 있다.

■ 경주 페이스

고등학교 3학년 때 내 1,600m 훈련은 잘 끝났다. 플로리다 릴레이 경주에서 남부 최고의 선수들과 같이 출발점에 섰을 때, 오늘은 나의 날이라는 걸 알았다. 첫 바퀴를 돌고 났을 때 60명 중 한 명을 제외하고는 내가 앞으로 더 나아가려고 노력하지 않아도 되었다. 첫 바퀴를 59초에 뛰었다(내가 목표한 페이스는 67초였는데). 내 생애 최고로 빨리 첫 번째 바퀴를 돌았어도 힘들지 않았다. 나는 힘이 넘쳤고 부드럽게 뛰고 있었다. 마지막 바퀴에서 속도를 냈고 일등을 거의 따라잡았다. 그때 갑자기 200kg짜리 엄청난 '곰'이 내 등에 달라붙는 느낌이 들었다. 엄청난 양의 유산이 내 근육을 콘크리트로 바꾸어 버렸다. 나는 나를 지나쳐가는 수많은 러너들 사이에서 거의 잊혀져 가며, 멍한 상태에서 비틀비틀 결승선으로 들어왔다. 첫 번째 바퀴에서 2~3초만 천천히 뛰었어도, 나는 결승선까지 힘껏 뛸 힘이 남아 있었을 것이다.

9. 페이스

천천히 시작하라

쭉 같은 속도로 운전을 하면 같은 양의 연료로 더 많이 갈 수 있다는 것은 누구나 알고 있다. 연료 페달을 밟았다, 놓았다 하면 연료효율이 떨어진다. 경주에서도 마찬가지다. 경주 전반에 킬로미터당 1초씩 더 빨리 뛰면, 마지막에는 최소한 2초는 더 늦게 들어올 것이라는 말이 있다. 더구나 첫 3~5km를 너무 빨리 뛰면 문제가 더 커진다. 즉, 경주의 첫 3~5km를 1초 더 빨리 뛸 때마다 끝에 가서는 10초나 늦어질 수 있다.

몸이 더워지면 더 효과적이 된다. 근육, 힘줄, 조인트 등은 운동 시작 후 10~20분이 지나면 더 일을 잘한다. 처음 시작할 때 비효율적이면, 경주 내내 누적된다.

최근에 한 러너가 자기 친구에게 마라톤 첫 킬로미터를 5분 20초에 뛰려고 한다고 말했다(그의 경주목표는 4분 40초 페이스였다). 그러자 그의 친구가 웃으며 말했다. "네 등뒤에 3명이 올라타 있어도 처음에 그렇게 늦게 뛸 수는 없을걸." 그렇지만 아드레날린, 흥분, 경주 초반에 속도를 내는 다른 러너들에 상관하지 말고 천천히 시작하도록 노력하라. 나중에 웃을 것이다.

같은 페이스로 달린다

코스가 완전히 평지이고 바람도 없다면, 처음부터 끝까지 같은 페이스로 달릴 수 있다. 하지만 대부분의 코스에는 언덕이 있고, 대부분의 날에 바람이 있으므로 현실적일 필요가 있다. 언덕을 뛸 때는 평지에서와 같은 노력을 들인다. 그러므로 언덕을 오를 때는 정해진 페이스보다 천천히, 내리막에서는 더 빨리 뛴다. 바람을 안고 뛸 때도 '같은 노력의 법칙'이 적용된다. 하지만 바람을 안고 뛰어서 잃은 시간을 전부 회복하기는 힘들다.

더위는?

대부분의 러너들은 13°C에서 늦어지기 시작하고, 18°C에서는 고통을 느끼기 시작한다. 물론 우리 몸은 더위에 적응할 수 있고, 그 임계점을 약간 올릴 수 있으나, 24°C인 날 7°C인 날과 같이 빨리 달릴 수는 없다. 높은 습도도 중요한 문제이다. 젖은 담요와 같아서 땀이나 증기로 많은 열을 발산하지 못하므로 몸의 열이 올라간다.

뜨겁고, 습기 많은 조건에서 너무 열심히 뛰면 예상보다 일찍 '벽'에 부딪히게 된다. 더위 속에서 목표 페이스를 유지하려고 하는 것은 경주 초반에 너무 빨리 뛰는 것과 같다. 온도는 일반적으로 시간이 지나면서 증가하므로, 경주 끝에 예상되는 온도에 페이스를 맞추도록 한다.

온도에 따른 경주 페이스 조절

결승점 예상 온도	목표 페이스 감속	5분/km 페이스는 이렇게
12~15°C	1%	5′:03″
15~18°C	3%	5′:10″
18~21°C	5%	5′:16″
21~24°C	7%	5′:22″
24~27°C	12%	5′:36″
27~30°C	20%	6′:00″
30°C 이상	잊어버리고 그냥 재미로 뛴다.	

노트 이 도표는 더위 속에서 내 개인적인 기록과 다른 러너들의 경험에 기초를 두었다. 과학적인 증거는 없으나 일반적인 개념은 얻을 수 있을 것이다.

내리막 조심

보스턴 마라톤 코스는 첫 1,500m의 대부분이 급격한 내리막길이다. 쌀쌀한 날, 경험 있는 러너들조차도 경쟁심에 사로잡혀 평지에 도달해서도 속도를 늦추지 못한다. 그래서 결과는 종종 첫 15km는 아주 좋은 기록이나, 마지막 결과는 실망스러운 것이 된다.

언덕 후의 리듬과 페이스에 주의하라. 그 뒤 1~3km에 걸쳐 주의 깊게 시간을 체크해 보라. 그래서 무의식중에 너무 빨리 뛰지 않도록 한다.

중반에 차고 나가기

일정한 페이스로 출발해서 어느 지점에 이르러 보면 형편없이 처져 있기도 한다. 경쟁적 러너들은 때로는 심리적인 이득을 얻기 위해 차고 나간다. 이러한 가속은(보통 30~150m 정도) 다른 주자보다 앞서 나가기도 하고, 다른 주자가 따라잡기 위해 에너지를 소모하게 만들기도 한다. 하지만 이것을 하는 주자는 도박을 하는 것이다. 즉, 자기가 상대보다 더 나은 조건에 있거나, 상대방을 혼란스럽게 하거나, 허세로 선두를 지키는 것이다. 차고 나가는 것은 제한된 에너지 비축

9. 페이스

량을 비효과적으로 사용하는 방법으로 보통의 러너들에게는 권하고 싶지 않다.

너무 빨리 뛰고 있다는 것을 알았다면 어떻게 해야 하나?

너무 빨리 나간 만큼을 상쇄할 정도로 목표 페이스보다 갑자기 줄이지 말라. 이미 너무 피곤하거나 덥다면, 3~5km 동안 목표 페이스보다 조금(3~6초/km) 줄인다. 목표 페이스보다 훨씬 줄이지는 마라. 그것은 킬로미터당 3~6초 줄이는 것에 비해 그렇게 크게 도움이 되지 못한다. 다 망쳐 버렸다고 생각하지는 마라. 자신 속에 아직 목표를 이룰 수 있는 무엇이 여전히 있을 것이다. 나머지 경주 구간에 목표 페이스를 유지하도록 노력한다.

10. 경주

THE ART OF RACING
10K에서 하프 마라톤까지

사람은 누구에게나 경쟁심이 있다. 경주는 이러한 심리의 출구가 될 수 있고 —우승하기를 원하든지, 그냥 완주하기를 바라든지간에—달리기에 특별한 의미를 부여한다. 동기가 약하던 시절에는 때로는 다가오는 경주 생각만으로도 신발 끈을 매곤 하였다. 그 경주에 대한 흥분으로 기다려지곤 했다. 그것은 문장 끝에 마침표를 찍는 것과 같다.

경주는 강훈련에 대한 보상이 될 수 있다. 거기에는 긍정적인 분위기와 전이되는 힘이 있다. 달력에 경주날짜를 표시함으로써 달리기 프로그램 구성에 목표를 주게 된다.

그러나 경주의 들뜸과 자극이 우리 몸을 너무 멀리 내몰아 부상을 당하기 쉽다는 것을 명심해야 한다. 경주는 힘든 것이다. 경주에서 살아남을 수는 있어도 시합 후 휴식에서는 실패할 수가 있다. 그러면 부상을 당하게 된다.

참가와 성취에 대한 스릴로 러너들은 종종 부상과 성공을 함께 하는 중간지대(twilight zone)로 빠져든다. 모든 게 다 잘 되고 재수도 좋으면 아마 생애 최고의 기록을 낼 수 있을 것이다. 하지만 더러는 불행히도 제대로 균형을 이루지 못하고, 시합에서 너무 힘들게 뛰어서 몸의 어느 한 부분이 너무 많은 스트레스를 받게 된다.

경주에서의 도취감은 힘과 함께 무적의 환상을 심어 주기도 한다. 마음은 힘든 경주에서 쉽게 회복되지만, 몸은 더 오래 걸린다. 경주는 케이크에 자부심이라는 장식을 더해 준다. '밝은 빛 아래서'의 시간기록은 일상의 달리기보다 더 큰 의미가 있겠으나, 자신의 전체적 건강에 비해서는 덜 중요하다. 달리기의 진짜 이점은 일상의 달리기에서 찾을 수 있는 평화와 육체적, 정신적 강인함에서 나오는 것이지, 경주기록을 20분 단축하는 데서 오는 것이 아님을 명심하라!

이 장의 대부분의 정보는 *10K*를 기준으로 하였다. 그렇기는 하지만 그 대부분은 하프 마라톤이나 *10K* 이하의 경주에도 적용될 수 있다.

■ 경주 목표 설정

현실성이 효과적인 목표 설정의 가늠자이다. 49분짜리 10K 러너가 현실적으로 시즌 종반에 35분짜리 목표를 세울 수는 없다. 제한된 훈련시간에는 40분도 너무 야심차다.

이성적으로 실현 가능한 목표를 세워라. 우리 모두는 때에 따라 실패에 직면한다. 하지만 왜 자신을 그리로 몰아세우려는가? 여러 단계의 목표를 설정하여 각 단계가 그 다음 단계로 이어지게 한다. 계속되는 성공은 자신감을 심어 주게 된다. 그리하여 자신도 놀랄 만큼 예상보다 잘하면, 그것은 생각지도 않았던 기쁨이다(82쪽 목표 설정 도표 참조).

최고조

최고조란 스피드 훈련이 끝났을 때 자신의 잠재력을 가장 높은 수준으로 끌어올릴 수 있는 주의 깊은 일련의 훈련계획을 말한다. 스피드 훈련과 장거리 달리기는 경주용 근육들을 최고의 컨디션으로 만들기 위해 계획되었다.

마라톤 훈련계획(125~133쪽 참조)은 마라톤에서 최상의 조건을 만들기 위함이다. 그러나 최고조 계획은 보통 10K나 그 이하의 격렬한 경주를 위해 디자인됐다. 잘 계획된 충분한 양질의 훈련을 통해서만이 그 최고조에 도달하고 거기 머물 수 있는 것이다.

목표로 하는 10K 경주의 약 2주일 전쯤에 최고조가 되게 훈련계획을 세워라. 그렇게 함으로써 그때 자신의 상태를 평가해서 필요한 경우 다시 조정하고, 계획에 문제가 있으면 고칠 시간을 갖는다.

■ 하프 마라톤 이하 경주의 최고조 원칙
- 14일마다 장거리 달리기를 계속한다. 그 사이사이 주말에는 스피드 훈련이나 경주에 나간다. 장거리 달리기는 지구력을 키워 주고, 스피드 훈련이나 경주에서의 노폐물을 제거해 준다.
- 마지막 강한 스피드 훈련(예로, 10K에는 400m 20번)을 첫 번째 10K 경주 10일 전쯤에 한다.
- 그 후 최고조의 나머지 기간 동안 뛰는 거리를 반으로 줄인다.
- 경주 4일 전 10K에 대비해서는 400m 8번을 경주 페이스로 달린다.

10. 경주

■ 10K나 그 이상의 최고조 공식

	화요일	토요일	일요일
첫째 주	400m × 20	5K 경주	장거리
둘째 주	400m × 7~8		10K 경주
셋째 주	400m × 7~8	5K 경주	장거리
넷째 주	400m × 7~8		경주

■ 최고조 유지

파도타기에서와 마찬가지로 우리는 한동안 정상에 머물 수 있다. 기초 훈련기간의 약 절반가량. 스피드 프로그램이 끝나면 위의 최고조 공식을 사용한다. 넷째 주 후에도 계속하려면 위의 첫째 주, 둘째 주, 셋째 주, 넷째 주를 반복한다. 단, 첫 화요일의 스피드 훈련을 400m × 7~8로 대체한다. 이것을 하기 위해서는 훈련 프로그램을 세밀히 조절할 필요가 있다. 즉, 전체 거리를 50% 줄이고, 달리기를 알맞은 순서로 조절함으로써, 에어로빅 기초 기간이 충분했다면 최고조 유지 기간도 더 길게 유지할 수 있다. 내 친구들 중에는 5월에서 9월까지 유럽에서 성적이 그렇게 떨어지지 않으면서, 거의 매주 경주에 참가한 사람이 여럿 있다. 그 친구들은 그 전해 9월부터 이듬해 2월까지 유산소 운동으로 달리기를 했었다.

■ 하루 전

시합 하루 전날 나는 전혀 안 뛰는 것보다 몇 킬로미터라도 뛰는 것이 기분이 더 낫다. 조금 뜀으로써 피곤하지 않고, 근육을 움직이고, 피를 돌게 한다. 나는 쉬고 난 상쾌한 기분으로 경주에 임한다.

■ 경주 전 식사와 음료

균형잡힌 식사는 영양 결핍에 대한 최고의 보험이다. 경주 직전에 식단을 바꾸지 말고 일상생활에서 제일 잘 맞는 식사를 해야 한다. 경주 전에는 소화하기 힘든 음식, 예를 들면 튀김이나 기름진 음식, 우유, 치즈나 기타 단백질이 많은 음식은 먹지 않는다. 너무 거친(역주 : 섬유소가 많은) 음식도 피한다.

경주 12~18시간 전에 먹는 것은 무엇이든 시간 내에 소화가 되지 않으므로 별 도움이 안 된다. 경주 중에 화장실 가는 것을 원치 않는다면 주의해야 한다. 그리고 단단한 음식은 경주 전날 점심을 먹는 것으로 끝낸다. 마지막 12~18시간 동안에는 단단한 음식은 피하고, 전체 음식 섭취량을 줄인다. 음료수는 필수적이다. 특히 경주 전날엔 매시간 180~240㎖(역주 : 한 컵 정도)의 물이나 전해질 용액을 마신다. 이것은 하루에 3~4ℓ에 해당한다. 나중에 후회하느니 안전한 게 낫다.

전해질이란 우리 몸이 운동으로 인해 잃어버리는 광물질로, 특별히 포타슘(칼륨)과 마그네슘이 있다. 오렌지 주스와 상업용 스포츠 음료가 이런 것들의 훌륭한 원천이다. 칼슘 또한 심장박동을 유지하고, 근육의 수축과 부상 회복에 중요하다(자세한 것은 244쪽 연료 참조).

■ 경주의 준비운동

경주는 우리 몸이 휴식 상태에서 한 시간 내에 최고 능력 발휘 상태까지 끌어 올리게 한다. 준비운동은 천천히 시작해서 점진적으로 우리 몸이 움직이도록 해야 한다. 천천히 달리기는 근육, 힘줄, 그 외 기관들과 내장을 동시에 데워 준다. 모든 것이 하나로 일하게 해 준다.

경기를 위한 준비운동은 육체적으로 뿐 아니라 심리적으로도 한다. 자동적으로 할 수 있는 양을 정한다. 천천히 시작해서 경기 수준으로 강도를 높인 다음 쉬어서, 뛰어나갈 수 있는 힘을 비축한다. 이렇게 함으로써 자신감이 생기고, 시합 전의 들뜬 마음을 가라앉힐 수 있다.

스피드 운동은 경기 전 준비운동을 테스트해 볼 기회이다(88쪽 스피드 훈련의 준비운동 참조). 경기 전 몇 가지 조합을 시도해 봐서 각자에게 가장 잘 맞는 패턴을 찾아낸다. 경기에 임할 때에는 이미 다 끝낸 상태여야 한다.

■ 마음을 느긋하게 하는 것도 준비운동

1972년 올림픽 10K 국내 예선에서 내가 준비운동을 시작했을 때, 나는 몹시 신경이 날카로웠다. 그것은 두 걸출한 베테랑들(프랭크 쇼터와 잭 배출러)과 함께 뛴다는 사실도 복합적으로 작용했다. 나는 준비운동으로 그들과 함께 뛰면서 내 러닝 파트너들에게 조심스럽게 농담을 건넸으나 반응은 부정적이었다. 마침내 단념하고는 한 1km를 침묵 속에서 뛰었을 때, 프랭크가 날씨에 대해 간단히 얘기했다. "바람이 좀 있네." 잭이 재빨리 "그러게 말이야. 텍사스 릴레이 때 같지?" 팽팽한 침묵이 뒤따랐다. 그 해 초 오스틴(역주 : 텍사스에 있는 도시)의 바람 심한 트랙의 10K에서 프랭크는 그 해 몇 안 되는 저조한 날이었고, 잭이 우승했었다. 둘 사이의 라이벌 의식이 노출되었다. 그 둘도 나만큼이나, 아니 그 이상으로 긴장되어 있다는 것을 느끼자 갑자기 긴장이 풀렸다.

나는 이제 경기를 고대하게 되었다. 출발선에서 다른 러너들을 둘러보았더니ㅡ

10. 경주

그들 대부분은 나와 함께 뛴 모든 경기에서 나를 이긴 사람들이다—두려운 표정들을 읽을 수 있었다. 나는 뛸 준비가 되었다!

총성과 함께 우리는 뛰어나갔다. 나는 잘할 것 같지 않아서 그룹의 뒤쪽에 붙어서 선두들의 다툼을 지켜 봤다. 더구나 기온이 35℃나 되었다. 빨리 뛰기에는 너무 뜨거웠다. 나는 내 팀 메이트인 프랭크가 그룹 선두에서 첫 킬로미터를 목을 맬 정도인 2분 43초에 뛰는 것을 기쁜 마음으로 보았다.

나중에 내가 1,600m 지점을 통과할 때, 한 사람을 따라잡아 꼴찌에서 벗어났다. 3,200m에서는 더위와 쇼터의 페이스에 녹아난 다른 둘을 앞질렀다. 중간 지점을 지날 때는 그룹 중간쯤에 들었고, 기대했던 것보다 잘하는 데에 흡족했다.

그때 무슨 일인가 벌어졌다. 내가 다른 두 러너를 추월할 때, 모두들 지쳐 있다는 것을 알았다. 나는 멀쩡한데. 6km에서 4등을 하며, 내가 지금 실수를 해서 나중에 영 힘들어지는 게 아닌가 걱정하기 시작했다.

하지만 아무 일도 없었다. 1,600m 약간 더 남았을 때 나는 3등으로, 그 뒤 쇼터에 이어 2등으로 들어왔고, 뮌헨 올림픽 참가자격을 얻었다. 나는 마지막 1,600m 동안 트랙을 밟은 기억이 없다. 강력한 비밀 하나를 배운 것이다.

****

■ 시합 중 페이스 조절

총성이 울리고 아드레날린의 흐름과 함께 힘차게 뛰어나간다. 그 뒤에 경주 페이스로 줄인다면, 첫 100~200m는 아무런 손해 없이 가속할 수 있다. 초반의 가속은 군중 속에서 자신을 빠져 나오게 하여 운신 폭을 넓혀 준다. 물론 샌프란시스코의 '베이에서 브레이커스까지(Bay to Breakers)'나 애틀랜타의 '피치트리(Peachtree)' 같은 큰 경기에서는 너무 혼잡해서 재미로 뛰는 것 외에는 별다른 선택의 여지가 없다.

- **제자리 잡기:** 군중심리로 인해 몇백 미터 이상을 시합 페이스보다 빨리 달리지 마라. 구간 속도 훈련의 반복을 통해서 페이스에 대한 감을 이미 가지고 있을 것이다. 실제로는 마라톤이나 10K에서도 첫 킬로는 경주 페이스보다 약 7초 가량 늦게 뛰어서 완전히 몸이 풀리게 한다. 그런 다음 경주 페이스로 들어가서 계속 그 속도를 유지한다. 그렇지 않으면 목표를 못 이루게 된다. 경주 전반에 킬로미터당 매초 빨리 뛰게 되면 마지막에 5~10초 더 늦어진다는 것을 명

심하라. 나는 보통 마라톤 첫 킬로미터를 목표 페이스보다 10~15초 늦게 뛴다. 그렇게 함으로써 몸도 풀리고, 마음도 편안해진다. 3~5km 지점을 지나면서 목표 페이스로 진입하고, 마지막 몇 킬로미터 동안 처음에 손해본 몇 초를 메우는 데 아무 문제가 없다.

- **일정하게 뛴다**: 같은 속도로 뛰는 것이 가장 효과적인 전략이다. 각자 수준이 어떠하든간에 계속 일정한 페이스로 뛰면 시간을 단축할 수 있다. 에너지와 산소는 일정한 페이스로 뛸 때 가장 효과적으로 사용되고 열 발생도 최소화된다.

- **열을 이긴다**: 전반을 천천히 시작하고 일정한 페이스를 유지하는 또 다른 이유는 몸을 덥지 않게 하려는 것이다. 너무 더우면 페이스를 아주 떨어뜨리게 되므로, 기온이 15℃ 이상일 때에는 주의하여야 한다. 체온이 빨리 오를수록 열을 식히기 위해 피부로 더 많은 혈액이 흐르게 되고, 땀을 더 흘린다. 그 두 가지 모두 산소 공급과 노폐물 제거를 위해 근육에 가야 할 혈액 양을 줄인다. 피부 가까이 있는 모세혈관들이 열을 식히기 위해 팽창되면, 그것들은 많은 양의 혈액을 사용한다. 땀 소모는 궁극적으로 혈액 공급을 고갈시킨다. 전반을 일정하고 적당한 페이스로 유지하면, 후반에 약간 속도를 올릴 수 있다. 우리 몸은 뜀에 따라 더 효과적으로 될 수 있다.

■ **탈수와 열 식힘**

물을 충분히 마시는 것은 매우 중요하다. 특히 경주 중에는 더욱 그렇다. 최근 나는 경주에서 많은 종류의 좋지 않은 결과—즉, 안 좋은 성적, 근육통, 부상조차도—는 전체 또는 부분적으로 탈수 때문인 것을 알아냈다. 땀을 흘리면 혈액에서 수분이 빠져 나간다. 수분이 충분치 않으면 세포와 근육에 필수적인 혈액이 모자라게 된다. 글리코겐이 효과적으로 연료로 바뀌지 못하고, 노폐물이 적당히 제거되지 못하고, 산소가 빨리 공급되지 못한다. 탈수는 경주의 모든 힘든 요소들을 가중 시킨다. 이것을 이기기 위해서는,

- **매 식수대에서 최소한 한 컵 정도의 물을 마신다.** 특히 경주 초반에는 목이 마르지 않더라도 마신다. 물이 필요하다고 느끼기 전에 탈수는 벌써 시작된다.

- **머리에 물을 붓는다.** 그렇게 하면 체열이 식는다. 과학적 근거는 없지만 피부

10. 경주

가 시원해짐으로써 혈액이 피부로 몰리는 것을 줄일 수 있다고 나는 믿는다. 그렇게 함으로써 다른 신체기관들에 더 많은 혈액을 보낼 수 있다. 다시 말하지만 경주 초반에 몸이 덥지 않더라도 마셔야 한다.

- **일정한 페이스로 뛴다.** 여러 체크 포인트에서 자신의 목표 페이스에 가깝게 뛰고 있다는 것을 자랑스럽게 생각하라. 그렇게 함으로써 나중에 얼마나 많은 사람들을 따라잡을 수 있는가에 놀랄 것이다. 끝날 무렵 피곤해질 때 일련의 러너들을 따라잡는 것은 새로운 힘이 되고 고무적이 된다.

■ 통증

경주에서 경쟁을 하려면(그냥 재미로가 아니라) 체력 소모로 인한 불편에 대처하는 법을 배워야 한다. 또한 자신을 최고의 기록으로 몰아붙일 때의 느낌과 부상으로 인한 통증을 구분해야만 한다. 경험 있는 선수들은 이 줄타기를 아주 잘하도록 배웠다. 마라톤 완주 후 완전히 탈진해서 들어오는 마라토너들의 사진들을 생각해 보라. 물론 여러분은 자신을 그렇게까지 몰아세우고 싶지 않을 것이다. 하지만 경주에 관심 있는 사람이라면 왜 탈진이 고통스러운 것인지를 아는 것이, 또 큰 시합 전에 약하게나마 그런 느낌을 경험해 보는 것이 도움이 될 것이다.

전보다 더 강도 높게 근육을 사용하면 부드럽게 운동할 수 있는 충분한 산소를 얻지 못한다. 근육이 사용하는 글루코스 연료는 어떤 면에서는 들끓어서 근육에 힘을 실어 주며, 몸이 처리할 수 있는 것보다 더 많은 노폐물을 만들어낸다. 스피드 훈련을 하는 것은―왜 그것을 점진적으로 하는 것이 중요한지 이제 알 것이다―제한된 양의 산소를 사용해서 근육의 능력을 높이고, 노폐물이 있을 때에도 계속 운동할 수 있도록 하기 위함이다. 매번 올바른 스피드 훈련으로 전보다 조금 더 멀리, 조금 더 강하게 될 수 있다. 미토콘드리아는 약간 부어오르고, 세포는 조금 찢어지고, 유산이 축적될 것이다(70쪽 참조). 그러면 통증이 있다. 하지만 적당한 휴식으로 모든 것이 더 강하게 재건되고, 그 다음 번에는 한계점이 더 높아질 것이다.

훈련을 통해서 이러한 느낌을 가지고 살아가는 방법을 배우게 된다. 실제 경주에서 한꺼번에 경험하지 않고, 연습 때 이러한 느낌을 조금씩 익혀 자신의 지구력을 잴 수 있다. 경주 종반에는 다시는 이런 것을 안 하겠다고 느낄지 몰라도, 30분(또는 며칠)만 지나면 다음 경주를 기다릴 것이다.

노트 여러분은 특별한 주의를 기울여야 한다. 심장병 환자는 의사의 지시에 따라야 한다. 가끔 뛰는 사람들도 불편함과 탈진한 근육과 실제 지구력의 한계에 따른 증상을 구분할 필요가 있다.

■ 창조적인 기분전환

기분전환은 강력한 동반자이다. 피곤해지기 시작하면 긍정적인 생각들로 허세를 부려 본다. 그것도 시들해지면 기분전환을 한다. 즉, 다음 러너를 따라잡는다. 다음 전신주까지 또는 단순히 다음 다섯 발자국은 같은 리듬으로 등등. 그 시점에서 '순항' 상태로 되어 모든 게 잘 흐르기 시작할 것이다. 기분전환에 창조적이 되어 본다.

■ 힘의 원천을 두드린다

가끔 피로를 극복하거나, 보통 때 같으면 속도를 늦춰야 할 텐데, 속도를 더 낸다든가 한다면 그 강력한 힘의 위대한 원천을 발견할 것이다. 달리기에서 이 원천을 찾아내면 인생의 다른 부분에서도 힘들 때 역시 도움이 될 것이다. 이 조그마한 일련의 답사를 통해 힘이 중간지대로 옮겨가는 것을 발견할 수 있을 것이다. 처음에는 언제 거기에 도달했는지 얘기하는 것부터 배운다. 그 다음은 그곳으로의 조그마한 밀어붙임, 그 다음에는 더 큰 밀어붙임. 어떤 날에는 자신의 능력을 과대평가하여 목표에 미치지 못하게 된다. 하지만 끈기를 가지고 계속하다 보면, 이 힘을 평소에도 사용할 수 있도록 터득하게 된다.

****

1964년 미국 인디언계의 한 해병장교는 미국 올림픽팀에 들어가려는 자기의 꿈을 향해 훈련하고 시합에 나가곤 했다. 그렇게 잘하리라 예상되지는 않았지만, 10K 경주에 나가 그 당시 미국 최고의 장거리 선수, 제리 린그렌(Jerry Lindgren)의 그늘에서 3등을 차지했다.

빌리 밀스(Billy Mills) 대위는 도쿄 여행에 흥분했고, 올림픽 유니폼을 자랑스럽게 입었다. 총성과 함께 그는 그 정도로 끝내려 한 대로, 그룹의 중간에서 뛰었다. 그러나 경기가 진행됨에 따라 린그렌을 포함한 많은 선두주자들이 뒤처지기 시작했다. 밀스는 계속 뛰었다. 마지막 1,500m쯤 남았을 때 그는 세계기록 보유자인 호주의 론 클락(Ron Clarke)을 포함한 선두그룹에 남아 있는 자신을 발견한 다른 사람들만큼이나 자기 자신도 놀랐다.

10. 경주

세 선두주자들이 마지막 바퀴의 첫 커브를 돌 때, 클락이 밀스의 안쪽으로 파고 들었다. 클락이 밀스를 따라잡으려고 팔을 밀어붙였다(그래서 선두주자를 따라잡을 공간을 확보할 셈이었다). 하지만 밀스는 밀리지 않았다. 그러자 클락은 밀스를 떨어뜨리려고 속도를 더 올려 뛰었다. 밀스가 승리에서 멀어지는 듯하면서 두 사람의 경기처럼 보였다.

클락과 모하메드 감무디로부터 한참 뒤떨어진 밀스는 다시 중심을 잡고 안쪽 선으로 옮겨서 뛰었다. 그때 무슨 일인가가 일어났다. 막 흔들어 놓은 탄산음료처럼 밀스는 압력을 쌓아서는 마지막 바퀴에서 분출하였다. 그는 감무디를 따라잡고, 클락을 지나쳐서 마지막 결승 테이프를 끊었다. 어려운 환경에서 빌리 밀스는 숨겨진 위대한 힘의 원천을 찾아낸 것이다.

카운트다운

일 주일 전 훈련은 끝났다. 이제는 강훈련은 하지 마라. 안 그러면 경주에서 피곤으로 인하여 잘 할 수 없다. 짧은 거리를 뛰고, 쉬운 훈련을 한다. 마지막 3일간은 1~5km 이상 뛰지 않는다. 경주용 근육이 쉬고, 다시 재건되도록 놔둔다. 평상시와 같은 음식을 먹고 시간당 120~180mℓ의 물을 마신다.

■ 이틀 전날 밤
- 잠을 푹 잔다.

■ 전날 밤
- 짐을 꾸린다.
- 매우 가벼운 식사를 하거나 굶는다(나는 경기 전날 밤의 탄수화물 비축에 대해 안 믿는다. 그것이 마라톤일 때도 마찬가지이다).
- 깨어 있는 매시간마다 120~180ml의 물을 마신다.
- 마음 편히 잠을 잘 수 있도록 한다. 잠을 안 잔다고 경주에서 반드시 지는 것은 아니다(나는 잠 못 이룬 다음날 내 최고 기록으로 달린 적도 있다).

■ 체크리스트
- 신발, 양말, 셔츠, 반바지, 땀복 또는 런닝
- 추우면 장갑, 모자, 터틀넥 등
- 물(1l 정도)
- 반창고, 바셀린
- 약간의 돈(등록비, 자동차 연료, 시합 후 음식값 등등)
- 경주 번호와 옷핀 네 개
- '시합 당일 아침' 안내서(아래와 같이)

■ 시합 날 아침
　마지막 순간에는 그 모든 것을 기억하기가 힘들다. 이 페이지를 복사해서 전날 밤 가방에 붙여놓는다.
- 일어나서 매 30분마다 한 컵의 물을 마신다.
- 마지막 물은 시합 30분 전에 마신다.
- 음식을 먹지 마라. 소화시킬 시간이 없다.
- 30~40분 전에 준비운동을 시작한다.

■ 출발선상에 서기 전에
- 달리기 근육이 부드럽게 활동하고 몸을 준비시키기 위해 5~10분 걷는다.
- 10~20분 천천히 조깅한다. 매우 천천히 시작하여 점차적으로 편안한 워밍업 페이스로 올린다.

10. 경주

- 평소에 뛰기 전에 스트레칭 하는 사람이라면 부드럽게 스트레칭한다.
- 3~5분 더 걸어 긴장을 푼다.
- 10~15분 전에 몸이 경주상태가 되도록 가속운동을 한다. 150~300m를 5~10번 뛴다. 천천히 시작해서 점차 경기 페이스로 올린다. 그 다음 다시 속도를 줄여 천천히 조깅한다.
- 3~5분 다시 걷는다.
- 시작 전 5~10분 동안 긴장을 풀고, 앉아 쉬고, 걸어다니고 하면서 편안히 쉰다. 어떤 러너들은 머리 위로 다리를 올리기도 하고, 다른 이들은 명상을 하기도 한다.
- 출발선에 서서 기어를 바꾼다. 긴장된 근육은 부드럽게 활동하지 못한다. 농담도 하고, 축제 분위기, 에너지와 열정을 즐긴다. 이렇게 함으로써 몸 전체 근육들이 느슨해지고, 뛸 준비가 끝난다.

■ **출발 신호 후**
- 기억하라. 천천히 출발해서 자기 페이스에 도달하고, 그 페이스를 유지한다.
- 더우면 경주 시작 10분쯤 전에 머리에 물을 붓고 옷을 적신다. 급수대마다 물을 마신다.
- 경주 중에는 마음을 편안히 하고 이 경험을 즐긴다.

■ **경주 종료 직후**
- 계속 걷는다. 바로 1,500m가량 걷도록 한다.
- 3시간 동안 매 20분마다 한 컵의 물이나 기타 음료를 마신다.
- 걷기나 걷기 겸 조깅을 30~40분간 한다. 이것은 회복하는 데 도움이 된다.

■ **다음날 아침**
- 근육의 뻣뻣함을 없애기 위해 30~40분간 걷기 겸 조깅을 한다.
- 깨어 있는 매시간마다 한 컵의 물을 계속 마신다.
- 다음 경기를 계획하거나, 다시는 경기에 안 나간다고 맹세하기 전에 적어도 일주일을 기다린다.

· 경주

10K 훈련 프로그램

다음의 여섯 쪽은 10K 훈련 차트로서 여섯 개의 다른 시간 목표들로 나누어져 있다. 거리와 기록된 세부 사항을 이해하기 위해서는 이 책의 '훈련과 경주' 의 장을 잘 이해해야 한다.

■ 기초 훈련
- 여기서는 다음 단계들에서 필요한 유산소 운동의 기초를 쌓게 된다.
- 천천히 긴장을 풀고 뛴다.
- 자세한 것은 55~56쪽의 '기초 훈련' 참조.

■ 언덕 훈련
- 여기서는 스피드 훈련에 대비해 다리의 힘을 쌓기 시작한다.
- 이 도표들에는 마라톤 도표보다 더 많은 언덕 훈련주간이 있다. 왜냐하면 언덕 훈련에서 단련된 달리기 근육은 마라톤보다는 10K에서 더 필요하기 때문이다.
- 자세한 것은 57쪽과 161~162쪽의 '언덕 훈련' 참조.

■ 스피드 훈련
- 스피드 훈련은 더 빨리 뛰기 위해 한다.
- '16×400을 72에' 는 400m 구간을 16번 뛰는 데 사이사이에 쉬면서 매번 72초에 뛰는 것을 의미한다.
- 자세한 것은 82~92쪽의 '스피드 훈련' 참조.

■ 자세 훈련
자세 훈련은 전 프로그램 기간 동안 매주 화, 목요일에 한다. 이것은 일일 달리기 동안에 4~8번의 가속 훈련으로 이루어진다. 언덕과 스피드 훈련 단계에서는 화요일에 자세 가속을 워밍업으로 뛴다(10분간 느린 조깅 후에). 자세한 것은 153~159쪽 참조.

10. 경주

10K 목표 : 50분

기본 훈련은 지구력을 기른다.

주	월	화 (자세)	수	목 (자세)	금	토	일 (장거리 달리기)
1~10	0~3km	5~6	0~3	5~6	0~3	0	지난 2주간 제일 많이 뛴 거리에서 20km 될 때까지 주당 1.5km씩 늘린다.
10~19	0~3	6~8	0~3	6~8	0~3	0	

언덕 훈련은 다리 힘을 기른다(57쪽과 161~162쪽 참조).

2주	월	화 (자세)	수	목 (자세)	금	토	일
20	0~3km	4언덕	0~3	6~8	0~3	0	20
21	0~3	5언덕	0~3	3~5	0~3	0	10 가볍게
22	0~3	6언덕	0~3	6~8	0~3	0	20
23	0~3	7~8언덕	0~3	6~8	0~3	0	10

스피드 훈련은 빨리 달리게 해 준다(82~92쪽 참조).

주	월	화 (자세)	수	목 (자세)	금	토	일
24	0~3km	6×400 @1:52분	0~3	3~5	0~3	0	10
25	0~3	8×400 @1:52분	0~3	6~8	0~3	0	20
26	0~3	10×400 @1:50분	0~3	6~8	0	10km	3~8
27	0~3	6×400 @1:50분	0~3	6~8	0	5K 경주	16
28	0~3	6×400 @1:50분	0~3	3~5	1~3	0	10K 경주

10K 목표 : 45분

기본 훈련은 지구력을 기른다.

주	월	화 (자세)	수	목 (자세)	금	토	일 (장거리 달리기)
1~14	0~3km	8~10	0~3	8~10	0~3	0	지난 2주간 제일 많이 뛴 거리에서 20km 될 때까지 주당 1.5km씩 늘린다.

언덕 훈련은 다리 힘을 기른다(57쪽과 161~162쪽 참조).

주	월	화 (자세)	수	목 (자세)	금	토	일
15	0~3km	5언덕	0~6	8~10	0~3	0	20
16 가벼운 주	0~3	6언덕	0~3	8~10	0~3	0	10
17	0~3	7~8언덕	0~6	8~10	0~3	0	20
18	0~3	8~10언덕	0~6	8~10	0~3	0	10
19	0~3	5~6언덕	0~6	6~10	0~3	0	20
20 가벼운 주	0~3	4언덕	0~3	6~10	0~3	0	10
21	0~3	5~6언덕	0~6	6~10	0~3	0	20
22	0~3	5~6언덕	0~6	10~11	0~3	0	10~11

스피드 훈련은 빨리 달리게 해 준다(82~92쪽 참조).

주	월	화 (자세)	수	목 (자세)	금	토	일
23	0~3km	8×400 @1:42	0~6	6~10	0~3	0	25
24 가벼운 주	0~3	10×400 @1:42	0~3	6~10	0	5km	10~13
25	0~3	12×400 @1:42	0~6	8~11	0~3	0	25
26	0~3	14×400 @1:42	0~6	10~11	0	10K 경주	10~13
27	0~3	16×400 @1:42	0~6	8	0~3	0	25
28 가벼운 주	0~3	18×400 @1:42	0~3	6~10	0~3	0	10~13
29	0~3	20×400 @1:42	0~6	8~10	0	5K 경주	25
30	0~3	6~8×400 @1:40	0~6	6~10	0	10km	10~13
31	0~3	7×400 @1:40	0~3	6~10	0	5K 경주	20~23
32	0~3	7×400 @1:40	0~3	6~10	0	10K 경주!	

10. 경주

10K 목표 : 40분

기본 훈련은 지구력을 기른다.

주	월	화 (자세)	수	목 (자세)	금	토	일 (장거리 달리기)
1~14	0~3km	10~13	0~3	10~13	3~6	0	지난 2주간 제일 많이 뛴 거리에서 20km 될 때까지 주당 1.5km씩 늘린다.

언덕 훈련은 다리 힘을 기른다(57쪽과 161~162쪽 참조).

주	월	화 (자세)	수	목 (자세)	금	토	일
15	0~3km	5~6언덕	0~3	10~11	5~10	0	20
16	0~3	6~8언덕	0~3	6~8	5~10	0	10
17	0~3	8~10언덕	0~3	10~11	5~10	0	22
18	0~3	10~12언덕	0~3	10~11	5~10	0	11
19	0~3	6~8언덕	0~6	11~13	5~10	0	20
20 가벼운 주	0~3	6~8언덕	0~3	6~8	5~10	0	13
21	0~3	6~8언덕	0~6	11~13	5~10	0	27
22	0~3	6~8언덕	0~6	11~13	5~10	0	13

스피드 훈련은 빨리 달리게 해 준다(82~92쪽 참조).

주	월	화 (자세)	수	목 (자세)	금	토	일
23	0~3km	8×400 @90	0~6	11~13	3~6	0	27
24 가벼운 주	0~3	10×400 @90	0~3	6~10	0	5K 경주	13
25	0~3	12×400 @90	0~6	11~13	3~6	0	27
26	0~3	14×400 @90	0~6	11~13	0	10K 경주	13
27	0~3	16×400 @90	0~6	8	3~6	0	27
28 가벼운 주	0~3	18×400 @90	0~3	6~10	0	0	13
29	0~3	20×400 @90	0~6	6~10	0	5K 경주	27
30	0~3	6~8×400 @90	0~6	10~11	0	10km	13
31	0~3	7×400 @90	0~6	8~10	0	5K 경주	27
32	0~3	7×400 @90	0~3	8~10	0	10K 경주!	13

· 경주

10K 목표 : 38분

기본 훈련은 지구력을 기른다.

주	월	화 (자세)	수	목 (자세)	금	토	일 (장거리 달리기)
1~16	0~3km	13~16	3~6	13~16	3~6	0	지난 2주간 제일 많이 뛴 거리에서 20km 될 때까지 주당 1.5km씩 늘린다.

언덕 훈련은 다리 힘을 기른다(57쪽과 161~162쪽 참조).

주	월	화 (자세)	수	목 (자세)	금	토	일
17	0~3km	8~10언덕	3~6	13~16	3~6	0	22
18	0~3	10언덕	3~6	13~16	3~6	0	11
19	0~3	8~10언덕	3~6	13~16	3~6	0	26
20 가벼운 주	0~3	8~10언덕	3~6	6~10	3~6	0	13
21	0~3	8~10언덕	3~6	13~16	3~6	0	29
22	0~3	8~10언덕	3~6	13~16	3~6	0	13

스피드 훈련은 빨리 달리게 해 준다(82~92쪽 참조).

주	월	화 (자세)	수	목 (자세)	금	토	일
23	0~3km	8×400 @85	3~6	13~16	3~6	0	29
24 가벼운 주	0~3	10×400 @85	3~6	6~10	0	5K 경주	10~13
25	0~3	12×400 @85	3~6	13~16	3~6	0	29
26	0~3	14×400 @85	3~6	13~16	0	10K 경주	13
27	0~3	16×400 @85	3~6	10	3~6	5K 경주	29
28 가벼운 주	0~3	18×400 @85	3~6	6~10	3~6	0	13
29	0~3	20×400 @85	3~6	6~10	0	5K 경주	29
30	0~3	6~8×400 @83	3~6	10~13	0	10km	13
31	0~3	7×400 @83	3~6	6~10	0	5K 경주	29
32	0~3	7×400 @83	3~6	6~10	0	10K 경주!	

10. 경주

10K 목표 : 35분

기본 훈련은 지구력을 기른다.

주	월	화 (자세)	수	목 (자세)	금	토	일 (장거리 달리기)
1~15	3~8km	16~18	6~8	16~18	6~8	0~5	지난 2주간 제일 많이 뛴 거리에서 20km 될 때까지 주당 1.5km씩 늘린다.

언덕 훈련은 다리 힘을 기른다(57쪽과 161~162쪽 참조).

주	월	화 (자세)	수	목 (자세)	금	토	일
16	3~8km	5언덕	3~6	10~13	3~5	0	10
17	3~8	6언덕	3~6	16~19	6~8	0~5	22
18	3~8	7언덕	3~6	16~19	6~8	0~5	11
19	3~8	8언덕	6~8	19	5~8	0~5	25
20 가벼운 주	3	9언덕	3~5	10~13	5~8	0~5	13
21	3~8	10언덕	6~8	19	5~8	0~5	29
22	3~8	12언덕	6~8	19	5~8	0~5	13

스피드 훈련은 빨리 달리게 해 준다(82~92쪽 참조).

주	월	화 (자세)	수	목 (자세)	금	토	일
23	3~8km	8×400 @78	6~8	19	5~8	0-5	29
24 가벼운 주	3	10×400 @78	3~5	10~13	0	5K 경주	13
25	3~8	12×400 @78	6~8	19	5~8	0	29
26	3~8	14×400 @78	6~8	16	0	10K 경주	13
27	3~8	16×400 @78	6~8	11	0	5K 경주	29
28 가벼운 주	3	18×400 @78	3~5	10~13	5~8	0	13
29	3~6	20×400 @78	6~8	11	0	5K 경주	29
30	3~5	7~8×400 @76	3~5	13	0	10km	13
31	3~5	7×400 @76	3~5	13	0	5K 경주	29
32	3	7×400 @76	3~5	10~13	0	10K 경주!	

10K 목표 : 32분

기본 훈련은 지구력을 기른다.

주	월	화 (자세)	수	목 (자세)	금	토	일 (장거리 달리기)
1~15	3~8km	19	6~8	19	6-8	0~5	지난 2주간 제일 많이 뛴 거리에서 20km 될 때까지 주당 1.5km씩 늘린다.

언덕 훈련은 다리 힘을 기른다(57쪽과 161~162쪽 참조).

주	월	화 (자세)	수	목 (자세)	금	토	일
16	3~8km	5언덕	3~6	10~13	8	0~5	10
17	3~8	6언덕	3~6	19	8	0~5	22
18	3~8	7언덕	3~6	19	8	0~5	11
19	3~8	8언덕	6~10	19	6~10	0~5	26
20 가벼운 주	3	9언덕	5	10~13	6~10	0~5	13
21	3~8	10언덕	6~10	19	6~10	0~5	29
22	3~8	12언덕	6~10	19	6~10	0~5	13

스피드 훈련은 빨리 달리게 해 준다(82~92쪽 참조).

주	월	화 (자세)	수	목 (자세)	금	토	일
23	3~8km	8×400 @72	6~10	19	6~10	0-5	29
24 가벼운 주	3~8	10×400 @72	5	10	6~10	0-5	13
25	3~8	12×400 @72	6~10	19	6~10	0-5	29
26	3~8	14×400 @72	6~10	19	0	5K 경주	13
27	3~8	16×400 @72	6~10	13	6~10	0	29
28 가벼운 주	3~8	18×400 @72	5	10	0	10K 경주	13
29	3~8	20×400 @72	6	13	0	5K 경주	29
30	3~8	7~8×400 @70	6	13	0	10km	13
31	3~8	7×400 @69	6	13	0	5K 경주	29
32	3~8	7×400 @69	5	10	0	10K 경주!	

10. 경주

자동차

기억하라. 재빨리 대처할 준비를 하라. 맞서지 마라. 받치면 '우선권'이 무슨 소용인가? 살아남는 것이 목표이다.

- **할 수 있으면 보도로 뛴다.** 한적한 주택지, 공원 등을 찾는다. 시골길이나 산책로 등이 물론 더 낫다.
- **길에서 뛰어야 한다면 자동차 오는 방향과 마주 보며 뛴다.** 항상 길턱이나 커브길 등을 알아놓는다. 그곳은 필요할 경우 뛰어오를 곳이다. 추월하는 자동차를 주의하라. 음주운전 차량이나 자동차 흐름과 마주 보며 뛸 때, 뒤에서 나온 추월 차량에 치이는 러너들이 많다.
- **야간에는 빛 반사용구를 착용한다.** 반사 테이프, 반사 신발 끈, 반사 조끼 등을 착용한다.
- **운전자의 심리를 이해한다.** 그 사람이 바쁠지도 모른다. 술을 마셨을 수도 있다. 몸무게가 많이 나가는 사람이어서 잘 빠지고 건강한 여러분을 싫어할지도 모른다. 운전자가 이성적으로 행동하리라고 가정하지 마라.

개

이것은 보통 구역에 관한 문제이다. 문제는 개의 구역을 알아내는 것이다. 당신이 그의 구역 안에 있다면, 짖게 내버려둔 다음 천천히 조심해서 그의 구역에서 벗어난다. 계속 따라오면 몸을 구부려서 돌멩이나 나뭇가지를 줍는다. 대개는 이것만으로도 개가 겁을 먹고 도망간다.

특별히 공격적이면 돌멩이나 나무를 던지고 또 하나를 줍는다. 위험한 개가 있는 지역에는 나무를 가지고 간다. 필요하면 개 코를 향해 던진다. 개 스프레이를 가지고 갈 수도 있다. 일부 우체부들은 개를 쫓아 버릴 수 있도록 강한 고춧물을 사용하기도 한다.

· 경주

11. 마라톤 뛰기
RUNNING THE MARATHON

하루에 5km만 뛰고도······

몇년 전 마라톤 훈련 클리닉을 운영하고 있었다. 질문시간에 마라톤 준비 훈련요령에 대한 질문을 받고 일반적으로 권장하는 프로그램에 대해 얘기했다. 즉, 주간 거리를 100~110km로 늘리고, 매주 32km 한번을 뛰는 사람은 약 4주 후에는 마라톤을 뛸 수 있다.

마라톤하고는 거리가 멀어 보이는 사람이 군중들 속에서 일어나더니, 하루에 5km씩 뛰고 장거리는 42km까지 늘린다면 마라톤 훈련이 된다고 생각하느냐고 물었다. 나는 그것으로는 충분치 않다고 생각했고, 그에게 그렇게 대답했다.

그는 나를 당황하게 하려는 의도는 없었지만, 자기가 이 프로그램을 사용하여 부상 없이 '벽'에 부딪히지 않고, 마라톤을 다섯 번 완주했다고 했다. 나는 내 주당 220km의 권위를 감추고 그에게 이런저런 질문을 했다. 그의 대답은 일리가 있었다. 나는 이 러너를 내 첫 마라톤 전에 만나 얘기할 수 있었으면 좋았었을 것이라고 생각했다.

1963년 18세 때 나는 애틀랜타 마라톤에, 일 주일에 50km를 기본으로 장거리는 25km로 참가했다. 내 주당 거리는 그때 보기에도 적당치 않았지만 다른 사람들은 그나마도 못 할 것이라는 잘못된 생각으로 자위했다.

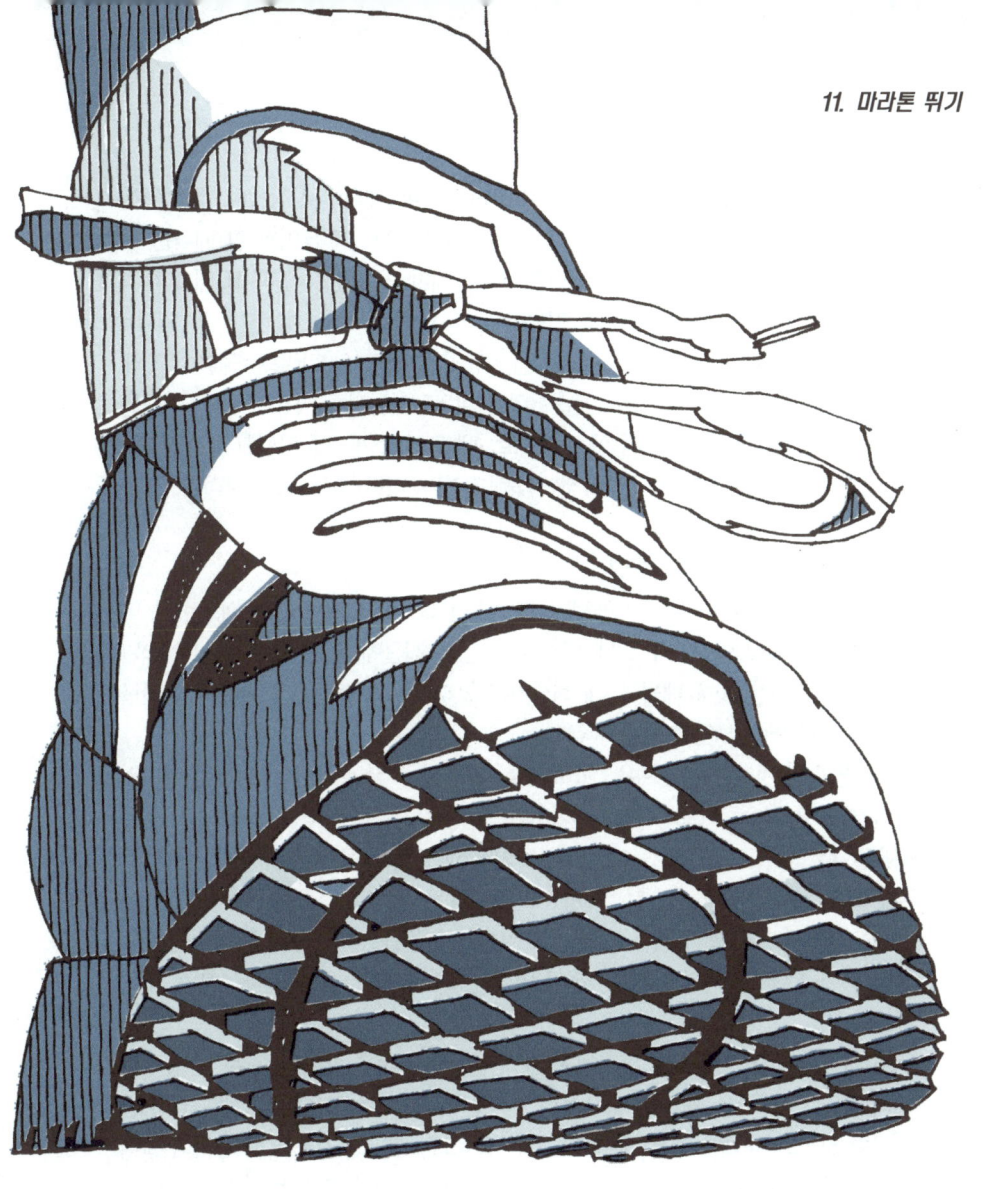

11. 마라톤 뛰기

· 경주

첫 15km는 아주 좋았다. 그러나 25km쯤엔 피로해지기 시작했다. 30km에서 내리막을 빨리 뛰었고, 34km에서는 너무 피곤해서 그만두어야 할 때라는 것을 몰랐다. 마지막 8km 대부분을 걸으며 본능에만 의존했고, 오직 10대의 생기발랄함으로 인해 부상을 방지할 수 있었다.

20년 동안 50여 회의 마라톤을 달린 경험과 수백 명의 마라토너들을 코치해 본 경험을 통해 얻은 지식으로 나는 어디가 잘못되었는지를 이제는 안다. 청중들 속에서 내게 질문한 그 러너가 얘기한 대로, 내 훈련 스케줄에 간단한 보충만으로도 내 마라톤 데뷔는 훨씬 더 성공적이었을 것이다. 바로 오래, 쉽게 달리기.

■ '벽'에 대한 새로운 조명

장거리 달리기의 거리를 더 늘렸더라면, 주당 50km만으로도 내 애틀랜타 마라톤 준비는 되었을 것이다. 그때 나는 우리 몸은 최근에 훈련한 것만큼의 능력만을 가지고 있다는 것을 배웠다. 내 최장거리 달리기는 25km였고, 경주에서 바로 그 거리에서 벽에 부딪쳤던 것이다.

마라톤을 뛰기 위해서는 42.195km를 쉬지 않고 뛰어야 한다. 장거리 달리기를 점차로 42km로—그 이상을 권하지만—늘림으로써 우리 몸이 그것에 가장 잘 적응할 수 있다. 가끔 러너들이 이런 소리를 하는 것을 듣게 된다. "마라톤은 두 경주로 나누어져 있다. 즉, 첫 32km와 마지막 10km." 그들은 32km에서 벽에 부딪친 것이다. 왜냐하면 그들은 그 이상의 훈련을 받은 적이 없기 때문이다. 우리 몸이 전에 그 거리를 가 본 적이 없다면, 그 스트레스를 이겨내는 법을 모르는 것이다.

경주는 가장 먼 장거리를 뛰기에는 가장 적합하지 않은 때이다. 경주 전에 경주 거리를(또는 그 이상을) 뛰어 봄으로써, 여러분의 몸(또는 마음)에 그렇게 멀리 갈 준비를 하라고 경고를 하는 것이다. 그러므로 42km나 그 이상으로 장거리 달리기를 늘리면 우리가 훈련한 페이스대로 뛰게 되고, 벽을 만나는—'부딪치는'이 더 맞는 말일 것 같다—경우를 피할 수 있다(경주를 아침과 저녁으로 나누는 것은 적당치 않다. 왜냐하면 완전한 휴식을 취하지 않으면서 끊임없는 노력이 필요한 것이니까).

■ 부상의 가장 큰 원인

전체 주간거리를 늘리는 것은 지구력을 늘리는 비효과적인 방법일 뿐 아니라 러너들 사이에서 부상의 가장 큰 요인이다. 대부분 마라토너들은 처음에는 일 주

11. 마라톤 뛰기

일에 50~65km로 프로그램을 시작하여, 3~4개월 마라톤 준비기간 동안 주당 80, 90, 100, 110km로 늘리라고 교육받는다. 결국 그들 중 많은 사람들은 그 늘어난 부담으로 인해 무너져 버린다. 예로, 1983년 뉴욕 마라톤에서 16,000명의 러너 중에 약 2,000명이 부상으로 인하여 도중에 기권했다.

장거리 달리기

장거리 달리기를 강조하고 많은 경우에 매일매일의 거리를 줄이고 충분한 휴식을 취하는 이 프로그램은 모든 수준의 러너들에게 다 해당된다. 마라톤을 네 시간 또는 그 이상 끝내기 위해 이것이 사용될 수 있다. 또한 3시간 30분에서 2시간 45분 또는 그보다 나은 기록을 목표로 하는 러너들도 사용할 수 있다(물론 3시간 이하 마라토너에게 일 주일 50km는 너무 적다). 지금까지 이것은 아주 성공적인 프로그램이었다. 모든 수준의 수천 명의 러너들이 그대로 따랐고, 실제로 그것을 정상적으로 끝마친 모든 러너들이 경주를 완주했고 그들의 목표를 달성했다. 훈련 피라미드에서와 마찬가지로 여기서 다시 강조하는데, 부상 없는 달리기의 원칙이 모든 수준의 러너들에게 적용된다.

> **이 마라톤 프로그램의 주요 요소들은;**
> - 매일의 거리를 지금껏 뛰었던 대로 유지한다(어떤 러너들은 줄이기도 한다).
> - 14일마다 장거리 달리기를 1~3km 늘린다. 이것은 모든 수준의 러너들에게 해당된다.
> - 마라톤을 시도하기 전에 42~45km까지 올린다. 이 마지막 장거리를 마라톤 2~3주 전에 한다.
> - 천천히 뛰고 걷기도 하며, 매번 달리기를 즐긴다.
> - **주안점** : 매일 달리기 거리 합계로가 아니라, 장거리 달리기의 거리를 늘림으로써 전체 거리를 늘린다.

■ 가벼운 주간 법칙

매주 장거리를 뛰면 잔여 피로가 쌓이게 된다. 일단 장거리 뛰기가 20km에 도달하면 격주마다 된다. 가벼운 주간에는 그전 마지막 장거리의 절반만 뛴다.

■ 장거리 페이스
  편안한 속도로 뛴다. 의심스러우면 속도를 줄인다. 대부분 러너들은 현재 자기의 10km 경주속도보다 킬로미터당 1~1.5분 줄여야 한다.

■ 걷기
  초 장거리 러너들로부터 배운 바로는 매 25~30분마다 5분간 걸음으로써 스트레스를 덜 받으며, 지구력을 기를 수 있다. 혈액순환이 좋아져서 노폐물 중 일부를 청소하고 보다 긴 거리를 보다 쉽게 뛰게 해 준다. 목표는 미리 정한 거리를 두 발로 서서 들어오는 것이다. 마라톤 몇 번 완주 후에는, 그 다음 번 마라톤에서 걷기 없이 시간 목표를 3시간 20분이나 그보다 더 빠르게 잡는다.

■ 장거리 달리기 준비
  편안히 쉰 상태에서 장거리 달리기에 임한다. 경주, 스피드 훈련, 강훈련 등 후에는 장거리를 뛰지 마라. 경주는 장거리를 뛰지 않는 주말을 택한다. 장거리 달리기에의 도전은 훈련 프로그램에 양념을 가미한다. 하지만 너무 많은 스트레스는 양념에 쓴맛을 더할 것이다.

■ 마지막 손질
  마라톤 약 1주일 전에 시작해서 거리를 30~50% 줄인다. 마지막 7일 전에는 보통 거리의 30% 이상은 뛰지 마라. 마지막 2~3일엔 1~5km만 뛴다. 마지막 주는 말할 것도 없고, 마지막 2주 동안은 몸이 더 나아지지 않는다. 하지만 너무 많이 뛰어서 녹초를 만들 수는 있다. 줄이고 편안히 쉬어라.

■ 자유로이 달리기
  내 친구 중에 나이가 50세에 가까운 사람이 있는데, 최근에 내 마라톤 스케줄을 사용하기 시작했다. 이제 겨우 한번의 마라톤을 뛰었지만, 일 년에 한두 번은 뛰어야겠다고 한다. 경주 자체가 그의 훈련의 주된 동기는 아니다. "나는 장거리 달리기를 좋아한다. 혼자 언덕에서 2~3시간 동안 있는다. 그것은 평화롭다. 신발 한 켤레에 팬티 한 장. 기계나 모터도 없다." 그는 노력하는 데서, 고독에서, 끝났을 때의 피로감에서 기쁨을 찾는다. 그는 꼭 마라톤에 나가지 않더라도 그 프로그램을 따를 것이라고 말한다.
  나는 대부분의 러너가 장거리 달리기에서 그와 같은 태도를 갖기를 바란다. 경

11. 마라톤 뛰기

주가 고정된 목표이든, 아련한 미래 언젠가의 꿈이든, 장거리 달리기는 재미있고, 쉽고, 편안하게, 너무 빠르지 않게 해야 한다. 물론 똑같은 도시의 콘크리트 블럭을 밟으며 뛰는 것보다는 언덕이나 숲, 공원 등에서 뛸 수 있다면 훨씬 더 즐거울 것이다. 하지만 어디서 뛰건 장거리 달리기가 즐거운 경험이 되도록 노력하라. 편안한 마음으로 재미있게 뛰면 자신의 컨디션과 앞으로 성적을 올리는 데 훈련 프로그램의 다른 어떤 요소보다 더 좋다.

마라톤에서 성적 올리기

계속 향상되어 감에 따라 어느 때인가 마라톤 완주 자체가 목표가 아니라, 시간이 목표가 될 때, 몇몇 다른 요소들이 훈련 프로그램에 더해져야 한다. 지구력을 늘리기 위해 마지막 장거리를 경주 수 주일 전에 45~50km로 늘린다. 스피드를 위해서는 마라톤에서 이어지는 피로에 익숙해지기 위해 경주 페이스보다 20~30초 빠른 속도로 1,600m를 반복해서 뛴다.

1,600m짜리 5개로 시작해서(사이사이마다 수백 미터 걷는다), 훈련시마다 1~3km씩 늘려서 경주 2주일쯤 전의 마지막 스피드 훈련에서는 13개의 1,600m를 뛴다('8. 스피드' 참조).

이 훈련들은 무척 힘들어서 격주에 한번씩만 해야 한다. 그러면 하루 강훈련에 6일 쉬운 달리기를 할 수 있다.

장거리 달리기는 지구력을 키워 주고, 반복 달리기는 스피드를 개발시킨다. 그러므로 장거리는 천천히 뛴다. 나머지 날들의 목적은 그 스트레스의 날로부터 회복하는 것이다. 사교적인 달리기, 가벼운 달리기, 좋은 경치 코스 등이 이 중간 훈련시기에 포함될 수 있다.

■ 자세

모든 수준의 러너들은 일 주일에 두 번 자세 훈련—힘들지 않은 가속—을 통해 이득을 얻을 수 있다('13. 자세'에 자세히 설명돼 있다).

■ 경주 중

- **속도**: 처음 뛰는 마라톤에서는 시간에 구애받지 마라. 그냥 완주하라. 42.195km 동안 두 발로서 있는 것만으로도 위업을 달성한 것이다. 한두 번 완주 후

에는 이제 어느 정도 할 수 있을지 아이디어가 서고, 시간 목표를 세울 만하다. 시간 목표가 있을 때에는 일정한 페이스로 뛴다. 첫 25km 동안은 미리 정한 전체 경주의 평균 속도 이상으로 뛰지 마라. 25km 이후 모든 게 괜찮으면 킬로미터당 3초 정도 속도를 올려도 된다.

- **자신만의 경주를** : 마라톤은 자신의 의지와 자신의 능력과의 싸움이다. 특히 경주 초반의 경쟁적 심리에 넘어가지 마라. 초반에 너무 빨리 뜀으로써 대부분의 시간목표가 물 건너간다는 사실을 명심하라.
- **물** : 급수대에서 매번 물을 마셔라. 시원한 날은 한 컵, 더운 날은 두 컵을 목이 마르지 않아도 초반 급수대에서 물을 마셔라. 러너들이 갈증을 느끼기 전에 탈수가 되는 경우가 흔하다.
- **경련** : 마라톤 후반에 다리에서 경련이 일어나면, 급수대나 어디에서든 멈추지 말고 천천히 조깅하며 물을 마신다. 이렇게 되면 근육들이 조화롭게 일을 한다. 갑자기 멈추게 되면 피가 고이고, 혈액순환이 늦어지고, 근육 경련과 뻣뻣해짐이 더 심해질 수 있다.

마라톤 후의 회복

- **경주 바로 직후** : 1,500m를 걷는다.
- **그날 오후** : 5~8km 걷는다.
- **포스터의 법칙을 기억하라** : 42km(26마일) 경주는 26일의 휴식이 필요 (72~73쪽 참조)하다.
- **'휴식기간'이 끝날 때까지** : 보통 날(마라톤 프로그램의 스피드 훈련을 시작하기 전) 뛰었던 시간만큼 걷고 조깅한다.
- **장거리 달리기** : 마라톤 약 10일 후 20~23km, 21일 후 32+km.

> **42.195km?**
> 첫 마라톤은 1896년 올림픽에서 마라톤에서, 아테네까지 약 40km를 달렸다. 그 뒤 올림픽에서의 거리는 해마다 조금씩 다르긴 했지만 거의 같았다. 1908년 런던 올림픽에서는 웨일즈의 공주가 경주에 참가했고, 윈저 궁의 잔디밭에서 출발함으로써 왕실 손자들이 이 출발을 볼 수 있도록 했다. 그리고 윈저 궁에서 셰퍼드 부시 스타디움(Shepherd's Bush Stadium)에 있는 결승선까지의 거리가 바로 42.195km로, 오늘날까지 같은 거리로 남아 있다.

11. 마라톤 뛰기

마라톤 훈련 프로그램

다음의 8쪽에 걸쳐 마라톤 훈련 프로그램이 마련되어 있다. 이것들은 다른 시간목표에 따라 비례적으로 만들어진 훈련 프로그램이다. 이 도표들을 자신의 경험과 능력에 맞게 적용하기 위해서는 이 책의 '훈련과 경주'의 장들에 나와 있는 기본 개념들을 잘 알아야 한다.

여기 각 프로그램의 3단계에 대해 몇 가지 설명을 해 둔다.

■ 기초 훈련
- 여기서는 다음 단계들을 위한 유산소 기초를 천천히 다진다.
- 장거리 달리기뿐 아니라 일일 달리기도 천천히 편안하게 해야 한다. 편안한 페이스로 하고, 의심나면 천천히 뛰어라.
- 표에 나와 있는 15주보다 더 오래 해도 좋다. 각 개인에 달려 있다.
- 자세한 것은 '기초 훈련', 55~56쪽 참조.

■ 언덕 훈련
- 여기서는 스피드 훈련 단계를 위해 다리 힘을 기르기 시작한다.
- 언덕 훈련과 기본 훈련의 단 한 가지 차이는 언덕 훈련은 일 주일에 하루를 한다는 것이다.
- 자세한 것은 '언덕 훈련', 57쪽과 161~162쪽 참조.

■ 스피드 훈련
- 스피드 훈련은 빨리 뛰기 위한 훈련이다.
- '6×1,600 @7½'은 1,600m짜리 6번을 매번 7분 30초에, 그리고 사이사이에 휴식을 취한다는 뜻이다.
- 자세한 것은 '스피드 훈련', 82~92쪽 참조.

■ 자세 훈련
자세 훈련은 일 주일에 두 번씩, 일 년 내내 한다. 화요일과 목요일에는 달리는 동안 4~8번 가속해서 달리며, 좋은 자세에 중점을 둔다. 자세한 것은 153~159쪽 참조.

· 경주

마라톤 목표 : 완주

주	월	화 (자세)	수	목 (자세)	금	토	일
1	0~3km	3	0~3	3	0~3	0	3
2	0~3	3	0~3	3	0~3	0	5
3	0~3	3	0~3	5	0~3	0	6
4 가벼운 주	0	5	0	3	0	0	6
5	5	0~3	6	0~3	5	0	8
6	0~3	5	0~3	6	0~3	0	10
7	6	0~3	5	0~3	6	0	11
8 가벼운 주	0	6	0	8	0	0	13
9	6	0~3	5	0~3	6	0	15
10	0~3	6	0~3	6	0~3	0	16
11	6	0~3	6	0~3	6	0	17
12 가벼운 주	0	6	0	6	0	0	10
13	6	0~3	6	0~3	6	0	19
14	0~3	6	0~3	6	0~3	0	10
15	6	0~3	6	0~3	6	0	22
16 가벼운 주	0	4	0	6	0	0	11
17	6	0~2	6	0~3	6	0	26
18	0~3	6	0~3	6	0~3	0	13
19	6	0~3	6	0~3	6	0	29
20 가벼운 주	0	6	0	6	0	0	14
21	6	0~3	6	0~3	6	0	32
22	0~3	6	0~3	6	0~3	0	16
23	6	0~3	6	0~3	6	0	35
24 가벼운 주	0	6	0	6	0	0	18
25	6	0~3	6	0~3	6	0	38
26	0~3	6	0~3	6	3	0	19
27	6	0~3	6	0-3	3	0	42
28 가벼운 주	0	6	0	6	0	0	21
29	6	0~3	6	0~3	6	0	19 가볍게 또는 5K 경주
30	0	6	0	3	2	0	마라톤!

이 프로그램은 스피드를 위한 것이 아니라, 마라톤에서 부상의 위험을 줄이고 편안히 뛰기 위한 것이다. 그러므로 여기에는 언덕 훈련이나 스피드 훈련이 포함돼 있지 않다. 수천 명의 러너들이 이 프로그램에 따라 훈련했고 성공적으로 마라톤을 완주했다. 보는 바와 같이 이것은 다른 마라톤 훈련 프로그램과는 판이하게 다르다. 다른 데에 없는 특징은 일일 달리기의 거리가 짧고, 격주에 한번씩 장거리 달리기가 들어 있다. 여기 있는 표는 30주 프로그램이다. 이것은 여러분의 지금 장거리가 3km라고 가정한 경우이다. 여러분의 장거리가 그보다 길다면, 그 주부터 시작하면 될 것이다.

11. 마라톤 뛰기

마라톤 목표 : 4시간

기본 훈련은 지구력을 기른다.

주	월	화 (자세)	수	목 (자세)	금	토	일 (장거리 달리기)
1~15	0~3km	6	0~3	6	1~3	0	지난 2주간 제일 많이 뛴 거리에서 20km 될 때까지 주당 1.5km씩 늘린다.

언덕 훈련은 다리 힘을 기른다(57쪽과 161~162쪽 참조).

주	월	화 (자세)	수	목 (자세)	금	토	일
16	0~3km	6~8	0~3	6~8	1~3	0	4언덕
17	0~3	6~8	0~3	6~8	1~3	0	14
18	0	5	0	6	1	0	6언덕

스피드 훈련은 빨리 달리게 해 준다(82~92쪽 참조).

주	월	화 (자세)	수	목 (자세)	금	토	일
19	1~3km	3~5	1~5	6~8	1~3	0	26
20 가벼운 주	0	3~5	0~3	5~10	1~3	0	2×1,600m @8½분
21	1~5	6~8	0~3	6~8	1~3	0	29
22	0~3	3~5	1~5	6~10	1~3	0	4×1,600 @8½
23	1~5	6~8	0~3	6~8	1~3	0	32
24 가벼운 주	0	3~5	0~3	5~10	1~3	0	6×1,600 @8½
25	1~5	5~10	1~5	6~10	1~5	0	35
26	1~5	5~10	1~5	6~10	1~5	0	10K 경주 50~54분에
27	1~5	6~10	1~5	6~10	1~5	0	38
28 가벼운 주	0	3~5	0~3	5~10	1~3	0	10K 경주 48~52분에
29	1~5	6~10	1~5	6~10	1~5	0	42
30	1~5	6~10	1~5	6~10	1~5	0	10K 경주 46~50분에
31	0~3	3~5	0~3	5~10	1~3	0	21 쉽게
32	0	3~5	0	5~10	1~3	0	마라톤!

마라톤 목표 : 3시간 30분

기본 훈련은 지구력을 기른다.

주	월	화 (자세)	수	목 (자세)	금	토	일 (장거리 달리기)
1~15	1~5km	6~8	0~5	6~8	1~3	0	지난 2주간 제일 많이 뛴 거리에서 20km 될 때까지 주당 1.5km씩 늘린다.

언덕 훈련은 다리 힘을 기른다 (57쪽과 161~162쪽 참조).

주	월	화 (자세)	수	목 (자세)	금	토	일
16	1~5km	6~8	0~5	6~8	1~5	0	11
17	1~5	6~8	0~5	6~8	1~5	0	22
18	0	6~8	0	6	1~3	0	13

스피드 훈련은 빨리 달리게 해 준다 (82~92쪽 참조).

주	월	화 (자세)	수	목 (자세)	금	토	일
19	5km	8	0~6	8	1~5	0	26
20 가벼운 주	0	8	0~5	6	1~5	0	2×1,600m @7½분
21	5	8	0~6	8	1~5	0	29
22	5	8	0~6	8	1~5	0	4×1,600 @7½
23	5	8	0~6	8	1~5	0	32
24 가벼운 주	0	8	0~5	6	1~5	0	6×1,600 @7½
25	5	8	0~6	8	1~5	0	35-37
26	5	8	0~6	8	1~5	0	8×1,600 @7½
27	5	8	0~6	8	1~5	0	38-40
28 가벼운 주	0	8	0~5	6	1~5	0	10×1,600 @7½
29	5	8	0~6	8	1~5	0	41-45
30	5	8	0~6	8	1~5	0	11×1,600 @7½
31	0~5	6	0~6	8	1~5	0	13~20 쉽게 또는 5K 경주
32	0	6	0	1~3	1~5	0	마라톤!

11. 마라톤 뛰기

마라톤 목표 : 3시간 20분

기본 훈련은 지구력을 기른다.

주	월	화 (자세)	수	목 (자세)	금	토	일 (장거리 달리기)
1~15	1~5km	6~8	0~5	6~8	1~3	0	지난 2주간 제일 많이 뛴 거리에서 20km 될 때까지 주당 1.5km씩 늘린다.

언덕 훈련은 다리 힘을 기른다(57쪽과 161~162쪽 참조).

주	월	화 (자세)	수	목 (자세)	금	토	일
16	1~5km	6~8	0~5	6~8	1~5	0	11
17	1~5	6~8	0~5	6~8	1~5	0	22
18	0	6~8	0~1	6~8	1~3	0	13

스피드 훈련은 빨리 달리게 해 준다(82~92쪽 참조).

주	월	화 (자세)	수	목 (자세)	금	토	일
19	5km	10	1~6	8	3~6	0	26
20 가벼운 주	0	8	0~6	8	1~5	0	2 × 1,600m @7:10
21	5	10	1~6	8	3~6	0	29
22	5	10	1~6	8	3~6	0	4 × 1,600 @7:10
23	5	10	1~6	8	3~6	0	32
24 가벼운 주	0	8	0~6	8	1~5	0	6 × 1,600 @7:10
25	5	10	1~6	8	3~6	0	35~37
26	5	10	1~6	8	3~6	0	8 × 1,600 @7:10
27	5	10	1~6	8	3~6	0	38~40
28 가벼운 주	0	8	0~6	8	1~5	0	10 × 1,600 @7:10
29	5	8~11	1~6	8	3~6	0	42~45
30	5	8~11	1~6	8	3~6	0	12 × 1,600 @7:10
31	0	6~8	0~6	8	3~6	0	13~20 쉽게 또는 5K 경주
32	0	6~8	0	1~3	1~8	0	마라톤!

마라톤 목표 : 3시간 10분

기본 훈련은 지구력을 기른다.

주	월	화 (자세)	수	목 (자세)	금	토	일 (장거리 달리기)
1~15	3~6km	11	0~6	11	3~6	0	지난 2주간 제일 많이 뛴 거리에서 20km 될 때까지 주당 1.5km씩 늘린다.

언덕 훈련은 다리 힘을 기른다(57쪽과 161~162쪽 참조).

주	월	화 (자세)	수	목 (자세)	금	토	일
16	3~6km	11	0~6	13~14	3~6	0	13 또는 5K 경주
17	3~6	11	0~6	13~14	3~6	0	12~25
18	0~3	8~10	0~5	8~10	1~5	0	13

스피드 훈련은 빨리 달리게 해 준다(82~92쪽 참조).

주	월	화 (자세)	수	목 (자세)	금	토	일
19	5km	11	3~6	11	3~8	0	26
20 가벼운 주	0	10	0~3	10	1~5	0	2×1600m @6:45
21	6	11	3~6	13	3~8	0	29~32
22	5	11	3~6	13	3~8	0	4×1600 @6:45
23	6	11	3~6	13	3~8	0	33~35
24 가벼운 주	0	10	0~3	10	1~5	0	6×1600 @6:45
25	6	13	3~6	11	3~8	0	35
26	5	11	3~6	13	3~8	0	8×1600 @6:45
27	5	13	3~6	11	3~8	0	38
28 가벼운 주	0	10	0~3	10	1~5	0	10×1600 @6:45
29	5	8~10	3~6	8~10	3~8	0	42~45
30	5	10~13	3~6	10~11	3~8	0	12×1600 @6:45
31	0	8~10	1~5	8~10	3~8	0	13~20 쉽게 또는 5K 경주
32	0	8~10	0	1~3	1~5	0	마라톤!

11. 마라톤 뛰기

마라톤 목표 : 3시간 이하

기본 훈련은 지구력을 기른다.

주	월	화 (자세)	수	목 (자세)	금	토	일 (장거리 달리기)
1~15	3~6km	13	0~6	13	3~6	0~8	지난 2주간 제일 많이 뛴 거리에서 20km 될 때까지 주당 1.5km씩 늘린다.

언덕 훈련은 다리 힘을 기른다(57쪽과 161~162쪽 참조).

주	월	화 (자세)	수	목 (자세)	금	토	일
16	3~8km	13~15	0~6	15	3~6	0	13 또는 5K 경주
17	3~8	13~15	0~6	15	3~6	0	22~25
18	0~3	10~13	0~6	10~13	1~5	0	13

스피드 훈련은 빨리 달리게 해 준다(82~92쪽 참조).

주	월	화 (자세)	수	목 (자세)	금	토	일
19	6km	15	3~6	15	6~10	0~6	25~29
20 가벼운 주	1~5	10	0~6	10	3~6	0~3	2 × 1,600m @6:25
21	6	15	3~6	13	6~10	0~6	29~32
22	6	15	3~6	15	6~10	0~6	4 × 1,600 @6:25
23	6	11	3~6	15	6~10	0~6	34~37
24 가벼운 주	1~5	10	0	10	3~6	0~3	6 × 1,600 @6:25
25	6	15	3~6	15	6~10	0~6	37~40
26	5~6	15	3~6	16	6~10	0~6	8 × 1,600 @6:25
27	6	15	3~6	15	6~10	0~6	40~43
28 가벼운 주	1~5	10	0	10	3~6	0~3	10 × 1,600 @6:25
29	5~6	15	3~6	15	6~10	0~6	43~46
30	5~6	15	3~6	13	6~10	0~6	12 × 1,600 @6:25
31	1~5	11	3~6	10	6~10	0~3	13~20 쉽게 또는 5K 경주
32	0	6	0~6	3	1~3	1~3	마라톤!

마라톤 목표 : 2시간 50분

기본 훈련은 지구력을 기른다.

주	월	화 (자세)	수	목 (자세)	금	토	일 (장거리 달리기)
1~15	5~8km	15	3~8	15	3~6	0~8	지난 2주간 제일 많이 뛴 거리에서 20km 될 때까지 주당 1.5km씩 늘린다.

언덕 훈련은 다리 힘을 기른다(57쪽과 161~162쪽 참조).

주	월	화 (자세)	수	목 (자세)	금	토	일
16	3~8km	16~19	3~8	16~19	5~8	0~8	13 또는 5K 경주
17	3~8	10~19	3~8	16~19	5~8	0~8	22~25
18	1~3	10~13	0~6	10~13	1~5	0~5	13~16

스피드 훈련은 빨리 달리게 해 준다(82~92쪽 참조).

주	월	화 (자세)	수	목 (자세)	금	토	일
19	8km	19	10	16	10~13	0~8	26
20 가벼운 주	3~6	10	0	10	5~6	0~5	3×1,600m @6:00
21	8	19	10	17	10~13	0~8	29~30
22	8	19	10	19	10~13	0~8	5×1,600 @6:00
23	8	19	10	19	10~13	0~8	30~33
24 가벼운 주	3~6	10	0	10	5~6	0~5	7×1,600 @6:00
25	8	19	10	19	10~13	0~8	37
26	8	19	10	19	10~13	0~8	9×1,600 @6:00
27	8	19	10	19	10~13	0~8	42~45
28 가벼운 주	3~6	10	0	10	5~6	0~5	11×1,600 @6:00
29	8	19	10	19	10~13	0~8	45~48
30	8	19	10	19	10~13	0~8	13×1,600 @6:00
31	3~8	13	0~6	10	8	0~5	19 쉽게 또는 5K 경주
32	3~6	6	0~6	3	1~3	1~3	마라톤!

11. 마라톤 뛰기

마라톤 목표 : 2시간 38분

기본 훈련은 지구력을 기른다.

주	월	화 (자세)	수	목 (자세)	금	토	일 (장거리 달리기)
1~15	6~10km	15	6~10	15	3~6	0~8	지난 2주간 제일 많이 뛴 거리에서 20km 될 때까지 주당 1.5km씩 늘린다.

언덕 훈련은 다리 힘을 기른다(57쪽과 161~162쪽 참조).

주	월	화 (자세)	수	목 (자세)	금	토	일
16	3~8km	16~20	3~8	16~20	5~8	0~8	13~16 또는 5K 경주
17	3~8	16~20	3~8	16~20	5~8	0~8	22~25
18	1~3	10~13	0~6	10~13	1~5	0~5	8~10

스피드 훈련은 빨리 달리게 해 준다(82~92쪽 참조).

주	월	화 (자세)	수	목 (자세)	금	토	일
19	8~10km	20	10~11	20	10~13	0~8	30
20 가벼운 주	3~6	10	0	10~11	5~6	0~5	3×1,600m @5:40
21	8~10	20	10~11	17	10~13	0~8	34
22	8~10	20	3~6	20	10~13	0~8	5×1,600 @5:40
23	8~10	20	3~6	20	10~13	0~8	39
24 가벼운 주	3~6	10	0	10~11	5~6	0~5	7×1,600 @5:40
25	8~10	20	10~11	20	10~13	0~8	42
26	8~10	20	10~11	20	10~13	0~8	9×1,600 @5:40
27	8~10	20	10~11	20	10~13	0~8	45
28 가벼운 주	3~6	10	0	10~11	5~6	0~5	11×1,600 @5:40
29	8~10	20	10	20	10~13	0~8	48
30	8	20	10	20	10~13	0~8	13×1,600 @5:40
31	5~8	13	0~6	10	8	0~5	20 쉽게
32	3~6	6	3~6	3	3~5	1~3	마라톤!

·경주

12. 수준급 선수
THE ADVANCED COMPETITIVE RUNNER

수준급 선수들을 위한 훈련

최소 4년의 스피드 훈련을 거친 러너들은 종종 최고의 성적을 위해 보다 더 강한 훈련의 필요성을 느낀다. 이 경험 많은 러너들은 더 강한 훈련에 견딜 수 있는 근육과 힘줄들을 가지고 있고, 그들의 오랜 경험은(항상 그렇지는 않지만) 과도한 훈련으로부터 자신들을 지킬 수 있다. 여기 소개되는 원칙들은 앞서의 것들과 똑같다. 즉, 훈련의 종류가 다른 것이 아니라 강도가 다른 것이다.

여기 소개된 훈련을 하려면, '7. 일일 및 주간 거리 프로그램' 의 모든 가이드라인, 특히 가벼운 주간의 개념을 따라야 한다. 자신의 몸을 다른 러너들보다 더 심하게 다루므로, 이 훈련 후의 쉬는 주간은 특히 중요하다.

주간 거리의 노예가 되지 마라. 자신을 목표에 이르게 하는 것은 장거리 달리기, 스피드 훈련, 그리고 자세 훈련이다. 스피드 단계에서의 주간 거리는 중요하지 않다. 필요하기 전에 약간 늦추는 것이 과도한 훈련으로 결국에 가서 고통받는 것보다 낫다.

노트 러너들은 때로는 보다 더 나아지기 위해 희생을 감수해야 한다. 능률 향상 훈련은 직장이나 가족 또는 친구들로부터 빼앗아올 수도 있는 과외의 시간을 요구한다. 이것은 또 자신의 성격을 급하게 하거나, 남들을 사귀기 힘들게 할 수도 있다. 이 문제에 대한 해답이 내겐 없다. 이것은 우선순위에 관한 문제이다. 여러분이 수준급 러너라면, 달리기와 인생의 다른 중요한 요인들 사이의 균형에 대해 생각해 볼 수 있을 것이다. 또 강훈련을 하는 여러분의 친구가 있다면, 아마도 이 장은 달리기 경주에서 요구되는 것을 여러분이 이해하는 데 도움이 될 것이다.

■ **부상 위험 증가**

　수준급 러너들은 때론 무적처럼, 또는 보통의 달리기 문제들에서 졸업한 것처럼 느껴진다. 실제로는 더 많은 경험과 강한 달리기 근육들에도 불구하고, 그들은 보통의 러너들보다 더 자주 부상을 당한다. 그 이유는 단 한 가지, 더 멀리, 더 빨리 뛰기 때문이다.

　불가에 가 본 사람들이 따뜻함의 의미를 알 것이고, 불에 덴 경험도 있을 것이다. 보통 부상 유발 훈련을 해 본 경험이 있는 러너들은 과도한 스트레스의 초기 증세에 민감해지고, 그럼으로써 멈출 때를 알게 된다. 그들은 전략적 휴식의 필요성을 배운 것이다.

■ **휴식의 필요성 증가**

　더 많은 스트레스는 더 많은 휴식의 필요성을 뜻한다. 수준급 러너들은 한 달에 가벼운 2주와 강한 훈련 날이나 장거리를 달린 후의 이틀 휴식은 반드시 지켜야 한다. 회복됐다고 느껴질 때라도 위의 휴식은 지켜야 한다. 피곤이 가시지 않는다 싶으면 인내심을 가지고 하루 더 쉬는 것이 피곤한 상태에서 강훈련을 하루 더 하는 것보다 궁극적인 능률면에서 더 낫다는 것을 명심하라. 휴식은 조만간 닥쳐올 재앙 없이는 타협될 수 없다.

■ **맥박과 체중 유지**

　베테랑 러너에게 맥박과 체중을 매일 체크하는 것은 매우 중요하다. 잠에서 깨자마자, 침대에서 일어나기 전에 맥박을 체크한다. 그리고는 저울에 올라선다. 자세한 것은 64~65쪽 참조.

■ **흔한 실수**

- **페이스** : 수준급 러너들은 매일 달리기를 너무 빨리 뛴다. 장거리는 지구력을, 언덕 훈련은 힘을, 스피드 훈련은 스피드를 개발한다. 매일 달리기는 천천히, 10K 경주속도에서 킬로미터당 1~1.5분 늦게 뛴다.
- **힘빼는 주말** : 같은 주말에 장거리도 뛰고, 경주에도 나가는 일은 하지 마라. 몸에 무리가 간다. 장거리와 경주는 서로 다른 주말에 한다.
- **너무 많은 스피드 훈련** : 스피드 훈련은 10K와 마라톤 도표에 나와 있는 기간 이상 더 해서는 안 된다. 그러지 않으면 피로, 병 또는 부상을 당하게 된다.

■ 한 주에 하루는 쉰다

여러분도 마찬가지! 베테랑 러너들은 강박관념에 사로잡히는 경향이 있다. 일주일에 최소한 하루는, 보통 장거리 뛰기 전날은 강제로 쉬도록 한다. 스케줄에 꼭 넣고 지키도록 한다.

■ 목표

다른 러너들이나 마찬가지로, 베테랑 러너들도 일반적인 기록목표를 가지고 있으나 언제 그 목표를 달성할 것인지에 대해서는 구체적이지 않다. 그들은 한 경기에서는 잘하고, 다음 경기에서는 썩 잘하지 못한다. 특정한 최고의 능률을 계획하고 달성하는 유럽 최고의 장거리 러너들에 비해 그들은 최상을 유지하지 못한다.

최상의 능률 향상을 이루기 위해서는 목표들이 훈련 피라미드(53~59쪽 참조)에 의거, 최소한 6개월 전부터 계획되어야 한다. 경주, 장거리 달리기, 스피드 훈련은 주의 깊게 짜여져야 하고, 최상의 결과를 위해서는 매단계가 전략적으로 이루어져야 한다.

목표가 너무 야심적이어서는 안 된다. 한 목표에서 다음 목표로 자연스럽게 넘어감으로써 다음 성공들로 연결될 성공의 기초를 다지게 된다.

고급 훈련 프로그램

■ 지구력

장거리 천천히 뛰기는 격주마다 해야 한다. 경주거리 이상으로 점진적으로 거리를 늘려간다. 10K를 위한 최고 장거리는 24~27km이고, 하프 마라톤에는 32~35km, 마라톤에는 45~48km이다. 경주거리 이상의 거리는 지구력을 더해 줘서 보다 나은 성적을 확실하게 보장해 준다. 경주거리보다 더 멀리 뛰면, 실제 경주에서는 더 빠른 페이스를 유지할 수 있다. 과외의 거리는 보다 튼튼한 심장혈관계를 가져다 주고, 그것은 스피드 훈련에 도움이 될 것이다.

■ 언덕

베테랑 러너들은 기초 훈련기간 동안 일 주일에 한번씩 언덕 훈련을 할 수 있다. 4~8개의 언덕들을 뜀으로써(57쪽 참조) 아랫다리 힘을 키울 수 있고, 그럼으로써 몸무게를 더 앞으로 옮겨서 앞발을 힘차게 차고 나가게 해 준다. 이것은 스피드를 증가시킨다.

피라미드의 언덕 훈련기간에 베테랑 러너들은 언덕 훈련을 일 주일에 두 번 할 수 있다. 하나는 5K 페이스로 100~200m짜리 8~12 언덕을 뛴다. 두 번째 훈련은 첫 번째보다 빠르게 한다. 1,500m 뛸 때와 같은 노력으로 50~100m짜리 언덕 3~5개를 뛴다. 이 훈련들은 경주와 서로 맞춰져야 한다. 보통 화, 목요일에 언덕 훈련을 하고, 주말에는 장거리나 경주를 한다. 이 훈련 전에 완전히 몸 풀기하는 것을 잊어서는 안 된다.

■ 스피드

베테랑 러너들은 88~89쪽의 스피드 훈련이 그들의 목표를 위한 훌륭한 준비라는 것을 알게 될 것이다. 스피드 훈련의 경험으로 인하여, 각 소구간 사이에는 조깅을(걷는 대신) 할 수 있게 되고, 각 소구간 사이에 보다 적은 휴식(소구간의 절반이나 그 이하)을 취할 수 있게 된다. 적어진 휴식은 우리 몸이 보다 많은 무산소 운동에 적응할 수 있게 해 준다. 주어진 시간 내에 계획된 소구간들을 마치는 데 보다 많은 휴식이 필요하면 그렇게 하라.

둘째, 더 빠른 스피드 훈련은 매주(보통 목요일) 할 수 있다. 여기서 주훈련의 400m 페이스를 5초가량 줄일 수 있다. 이것은 짧은 훈련이고, 각 소구간 사이에 완전한 휴식을 취한다.

예 3~5×400m, 또는 6~8×200m, 또는 2×300m, 1×400m, 2×200m.

더 강한 체력이나 보다 많은 언덕 훈련의 필요성을 느낀다면 두 번째 짧은 언덕 훈련으로 이 두 번째 스피드 훈련을 대체할 수 있다. 주언덕 훈련은 스피드 단계에서는 하지 않는다.

장거리 스피드 훈련의 대체 훈련으로는 짧은 경주 대비 훈련을 들 수 있다. 마라토너는 10K를 위해 디자인된 스피드 훈련을 10K 전문 러너는 5K용을 사용할 수 있다. 지구력은 장거리 달리기를 통해 유지되고, 경주에 필요한 지구력은 강하고 끊임없는 달리기를 통해 잘 조정될 수 있다.

마라토너들은 400m 반복 달리기를(110~116쪽의 10K 훈련 프로그램 참조) 장거리 달리기를 하고 난 후 목요일이나 금요일에, 그리고 다음 장거리 전 화요일이나 수요일에 할 수 있다. 그 반복 달리기는 현재의 10K 목표보다 5~7초 빠르게 뛰고, 점진적으로 그 숫자를 20까지 올린다. 10K 러너들은 최대 12번의 400m까지 뛸 수 있으나, 5K 목표 페이스보다 3~5초 빠르게 뛴다.

12. 수준급 선수

■ 고급 파틀렉 훈련 원칙

이것은 우리의 정신을 훈련시키고, 그 정신이 우리 몸을 조절한다. 트랙에는 목표로 잡을 끝이 없으므로 자신의 한계를 재빨리 알게 된다. 우리는 자신을 한계 가까이까지 몰아붙여서, 그 구간에 머무르고 싶어한다. 파틀렉 훈련에서 성과가 나아짐에 따라 전에는 몰랐던 자신의 잠재력을 배우게 된다. 이 훈련은 실제 경주와 매우 비슷하므로 회복시간이 더 걸린다. 구간 훈련 후에는 하루 가벼운 날을, 파틀렉 훈련 후에는 이틀의 가벼운 날을 갖도록 한다. 매 2주에 이것들 중 하나만 하면 충분하다. 경주에서는 언제 속도가 나아질지 모른다. 중간중간 가속을 하면서, 사이사이 완전한 휴식이 없는 파틀렉은 이러한 상황에 대비해 우리를 준비시켜 준다.

- 거리를 실제 경주거리로 잡는다(최대 20km).
- 첫 1~3km는 천천히 뛰어 몸을 푼다.
- 꽤 빠른 기본 속도로 뛴다. 경주 목표 페이스보다 5~10% 천천히.
- 경주보다 6~10% 빠르게 가속 구간을 뛴다.
- 가속 구간의 거리에 변화를 준다. 50~300m, 400~600m, 800~1,000m. 경우에 따라서는 50m를 빠르게 뛴다. 짧은 거리는 정말 휴식이 필요할 때 회복을 위해 사용한다.
- 매가속 구간 후에 바로 기본속도로 돌아온다. 조깅이 아니다(이것이 힘든 부분이다).
- 마지막 1~3km는 마무리운동을 한다. 강하게 뛴 다음 조깅을 하고 긴장을 푼다.
- 파틀렉은 자유 형태이다. 창조적이 되자. 하고 싶은 대로 자신에게 꼭 필요한 스피드대로 맞출 수 있다. 경주 끝에 먼지 속에 묻힌 자신을 발견하고 싶지 않다면, 훈련 끝부분의 가속에 더 열심히 노력해야 한다. 경주 중반에 다른 러너들이 여러분을 앞질러 나간다면, 훈련 중반 가속 훈련에 치중한다.

■ 고급 구간 훈련

구간 훈련 또한 창조적일 수 있다. 먼저 전체 소구간 수를 늘려 경주거리만큼 되게 하고, 경주 페이스보다 약간 느리게 하여 기초를 쌓는다. 그런 다음 가장 필요로 하는 부분에 집중하여 자신의 훈련을 계획한다.

베테랑들은 각 반복 구간 사이의 휴식을 짧게 가질 수 있다. 각 구간 사이에 빠른 페이스로 조깅을 하면서 회복할 수 있다. 때론 이것은 '쉬는 날들'을 가져야 함을 의미한다. 그러므로 자신의 몸의 이야기를 들어야 한다.

더 긴 소구간은 실제 경주 조건에 가깝게 된다. 400m 20번 대신 800m 10번, 또는 1,600m 5번 등. 처음부터 끝까지 같은 거리를 유지할 필요는 없다. 600m 뛴 다음 1,600m, 그 다음은 400m 등, 요점은 다른 일반 러너들의 경우와 마찬가지다. 6~8×400m로 시작해서, 20×400m로 점진적으로 늘린다. 이 강력한 스피드 훈련을 8주 이상은 하지 마라. 그리고 난 후에는 유산소 기초 훈련으로 되돌아가야 한다.

여기 내게 잘 맞았던 파틀렉/구간 훈련을 소개한다. 1,600m의 반복이 내 기본이다. 내 경주 페이스 목표는 킬로미터당 내 '기본 페이스' 이다. 네 번 반복하는 동안 여러 차례 가속한다. 한번은 500m, 나머지 2~3번은 50~100m. 매가속 후에는 내 기본 페이스로 되돌아온다.

수준급 러너들은 파틀렉이나 구간 훈련 중 하나를 고를 수도 있고, 두 가지를 섞을 수도 있다. 어떤 경우든 이들 스트레스가 많은 두 가지 훈련은 경주와 장거리 뛰기와 주의 깊게 섞어서, 각 훈련들 사이에 알맞은 휴식을 취해야 한다. 일 주일에 경주나 장거리 뛰기를 하나 이상 하면 상당한 부상의 위험이 뒤따른다.

다음의 훈련들은 10K나 마라톤 프로그램에 넣을 수 있는 가이드 라인으로 사용할 수 있다. 이것들은 자세와 스피드를 위한 것임을 잊지 마라. 아래의 표대로 다 할 필요는 없다. 피곤해지거나 지지부진해지기 시작하면 횟수를 반으로 줄인다. 그래도 도움이 안 되면 그만둔다.

샘플 2주 스케줄

주	월	화	수	목	금	토	일
1	쉬운 날	구간	쉬운 날	빠른 자세	쉬운 날	휴식	장거리(24~30)
2	쉬운 날	파틀렉	쉬운 날	빠른 자세	쉬운 날	휴식	쉬운 날(13~24) 또는 경주

■ 가속 훈련

수준급 선수들에게 일 주일에 세 번의 가벼운 가속 훈련은 필수적이다. 이것을 통해 리듬의 빠른 적응이 유지되고, 발전되고, 다른 세세한 스타일이 만들어진다.

단거리 질주는 절대 하지 마라. 자기의 1,500m 기본 페이스로 뜀으로써, 과도한 스트레스도 없고 성적 향상을 위해서는 충분히 빨리 뛰는 것이다. 발걸음이 가볍게, 그러면서 리듬을 증가시킨다. 보폭을 늘리지 말고, 팔 움직임을 크게 하지도

12. 수준급 선수

말고, 어떤 형태로든 무리하지 않는다.

이 가속 훈련들은 언덕이나 스피드 훈련 또는 경주의 준비운동으로, 또는 매일 달리기의 중간에 할 수도 있다. 가속 훈련의 준비운동으로는 10~20분간 가벼운 조깅을 해야 하며, 마무리운동도 알맞게 해야 한다.

■ 맨발로 뛰기

주중의 가속 훈련 중 하나를 맨발로 해 보라. 왜냐하면 신발이 자기 발로부터 되돌아오는 중요한 리듬 중의 일부를 막아 버리기 때문이다. 물론 잘 다듬어진 골프장 같은 알맞은 표면이나, 돌이나 유리가 없는 평평하고, 깨끗하고, 부드러운 표면 등에서 해야 한다. 맨발 달리기에 적응하기 위해 처음에는 50m 질주 한두 번으로 시작한다. 그 다음 주엔 2~3번 등등. 이 훈련도 너무 일찍, 너무 빨리 함으로써 중요한 근육과 힘줄에 부상을 입을 수 있다.

베테랑 맨발 러너들만이 단단하지 않은 모래에서 훈련한다. 거기엔 많은 잠재적 위험이 있다. 모래에서 뛰는 것은 저항이 많기 때문에, 리듬에 맞게 뛰지 못하며, 언덕 훈련을 대체할 수는 있으나 주의를 요한다. 더 강인하게 만들어 주지만, 그만큼 스트레스도 더 준다.

■ 최고조

베테랑들은 다른 러너들보다 더 섬세하게 조정되어야 하고, 그러므로 주의 깊은 최고조의 전략에 따라 최대한의 이득을 얻을 수 있다. 지속적인 향상을 위해서는 100~101쪽에 있는 가이드 라인을 조심스럽게 따른다.

■ 고원 저 너머

베테랑 러너들은 더러 마라톤에서 3시간 5분, 10K에서 38분 등등을 할 수 있을 것 같기도 한데 넘지 못하겠다고 말하곤 한다. 나는 비슷한 불평들을 여러 해에 걸쳐 들어왔고, 그에 대해 생각해 보곤 다음 몇 가지 충고에 도달했다. 고원에 도달했다면(위의 예보다 빠를 수도 있고 늦을 수도 있지만) 새로운 기록 수준으로 나아가기 위해 해야 할 일들이 여기 있다.

- 직장 관련 스트레스를 일시적으로 줄인다. 마라톤 전에 2~3주 휴가를 갖는다. 전화기로부터 멀어진다.
- 실제 경주보다 더 높은 고도에서 훈련한다.
- 더 가벼운 경주용 신발로 바꾼다. 이것은 효과를 개선시키고, 여전히 좋은 쿠션

· 경주

으로 기록 향상에 도움이 된다.
- 몸의 지방을 줄인다(줄일 지방과 몸무게가 있다면). 음식물 섭취량을 일정하게 하고, 거리를 천천히 점차적으로 늘린다.

> **장거리 뛰기에서**
> 대부분의 러너들은 자신의 지구력의 잠재력을 완전히 개발하기 위해서 얼마나 오래 걸리는지 알지 못한다. 종종 2, 3년 또는 4년 뛰고 나서 고원에 도달하며 자기는 더 이상 그 최고 시간을 넘지 못할 것이라고 생각한다. 놀랍게도 사실은 힘과 스피드 그리고 지구력이 달리기에서 잠재적인 최고조에 도달하는 데는 시작하는 나이에 상관없이 10년가량 걸린다.

수준급 선수들을 위한 경기 전략

매스컴들은 우승한 선수들의 경기 전략에 너무 많은 점수를 준다. 내가 보는 바로는, 많은 러너들은 그들의 전략에도 불구하고 우승을 하기도 하며, 그들의 전략을 자기 능력에 맞추지 못해 실패한다. 이러한 예로는 1970년대 초 미국 최고의 5K 러너였던 스티브 프리폰테인(Steve Prefontaine)이 있다. 프리는 미국에서는 무적이었으나, 그의 좋지 않은 전략으로 인해 매해 여름 출전했던 유럽에서는 우승할 수 없었다. 실제로 매번 경주에서는 그보다 재능이 떨어지는 러너들이 결승선에서 그를 제쳤다. 그런 여름들 중 한 번이 지나간 후 그는 내게 자기는 단지 더 많은, 그리고 더 빠른 스피드 훈련이 필요하다고 얘기했고, 그는 그렇게 했다. 다음 여름 유럽에서 2등, 3등, 4등을 한 후, 그는 결심과 강한 스피드 훈련만으로는 빠른 반응 근육섬유를 발달시킬 수 없음을 알았다.

1972년 올림픽 때까지 프리는 자신의 경기 전략을 다시 수정했다. 그는 5K 경주에서 마지막 1,600m를 강하게 뜀으로써 경쟁자들을 산소부족으로 몰아가, 그들을 탈진시켜 버릴 결심을 했다. 계획대로 네 바퀴를 남겨놓고 그는 리드를 잡고는 스피드를 올렸다.

불행히도 그는 자신 외에는 아무도 탈진시키지 못했다. 핀란드의 수퍼스타 라스 비렌(Lasse Viren)은 두 바퀴를 남겨놓고 극적으로 가속했고, 그 어려운 페이스를 끝까지 잘 유지해서 어느 누구보다도 훨씬 빨리 테이프를 끊었다. 프리가 마지막 두 바퀴까지 기다렸더라면 아마 그는 비렌과 함께 좋은 경기를 가질 수 있었을 것이다.

■ **선도주자**

가끔 선도주자가 경주에서 이기기도 하지만 대개는 우승자를 위해 빠른 경주를 만들어 주는 역할을 한다. 선도주자는 선두를 유지하고, 다른 선수들의 사기를 꺾으려 노력하나, 보통 그는 '벽'의 희생자일 뿐이다. 그는 자기 능력보다 훨씬 더 빨리 뛰어나가고, 경주 마지막 $\frac{1}{3}$에서 극적으로 스피드가 느려지고, 일정한 스피드로 뛴 최종 우승자에 의해 추월당한다.

선도주자는 리더가 될 수 있다는 자신감을 갖는다. 이 정신적 에너지와 긍정적 사고 방식은 선도주자에게 강하고, 빠른 경주를 할 수 있게 해 준다. 경험 있는 선도주자들이 자주 우승을 하지는 못하지만 그들은 꾸준히 자기 수준의 그룹에서 상위를 차지한다.

경주 내내 페이스를 밀고 나감으로써 선도주자들은 훌륭한 훈련을 하게 된다. 경주 사이사이에 너무 과도한 훈련만 하지 않는다면, 그들은 매경주마다 실력이 늘고, 계속되는 경주에서 보다 긴 거리를 그들의 빠른 페이스로 뛸 수 있게 된다.

■ **기다리다 차고 나가기(스피드 있는 선수들의 게으른 방법)**

여러분이 타고난 스피드를 가지고 있고, 경주 끝 무렵에도 아직 그 스피드가 남아 있다면, 기다렸다 차고 나갈 만하다. 잘 차고 나가는 러너는 다른 사람들이 페이스를 지키게 한다. 선두 그룹에서 그는 뒤로 처져 에너지를 비축한다.

차고 나가는 선수들의 최대의 문제는 결승선이 보일 때까지 선두 그룹을 유지하는 것이다. 선두에서 너무 멀리 뒤떨어져 있으면 따라잡는 데 너무 큰 정신적 에너지를 소모한다. 선두 그룹의 러너들은 들뜬 기분에서 에너지를 더 얻는다. 그들은 초반에 페이스를 올리거나, 일련의 분발로 차고 나가는 러너들을 떨어뜨리려 한다.

장거리 경주가 모든 수준에서 더 경쟁적이 되어 감에 따라, 더 많은 경주가 '차고 나감'에 의해 결정된다. 능력에 상관없이 모든 러너들은 스피드를 개발해 주는 규칙적인 가속 훈련 프로그램에서 효과를 볼 수 있다. 규칙적인 스피드 훈련과 규칙적인 장거리 달리기를 하는 '차고 나가는' 능력을 가진 러너들을 이기기는 어렵다.

■ **보다 강력히 차고 나가기 위한 강한 팔**

두 러너 사이에 다른 조건이 모두 같다면, 강한 팔과 어깨를 가진 러너가 결승선에서의 질주에서 약간 더 빠르다. 짧은 기간 동안 팔을 더 빨리 움직이면 더 빨리 달릴 수 있다. 짐 라이언은 자기 달리기 경력 내내 역기운동을 했다. 프랭크 쇼터는 최근 말하기를 역기운동은 자기가 10K의 마지막 바퀴를 3초나 빨리 뛸 수 있게 해 줬다고 했다. 그러나 자기는 자기 나이의 상위 그룹에 속하는 장거리 러너들만이 역기운동에서 좋은 효과를 볼 수 있다고 생각한다고 했다.

■ **차고 나가기 개발법**
- 일 년 내내, 일 주일에 두 번 가속 훈련을 계속한다. 리듬을 타고, 발걸음을 빨리 뗀다. 이것을 절대로 최고 속도로 하지 않는다. 현재의 1,600m 페이스로 한다. 더러는 800m 페이스로 하기도 한다.
- 스피드 훈련 단계에서 스피드 훈련 후 가속 훈련을 더한다. 즉, 1×300m, 1×200m, 2×130m 등등. 130m는 트랙의 커브 중간에서부터 트랙의 직선 끝까지 뛰는 거리이다.
- 힘차게 그리고 가볍게 뛴다. 손이 방해되지 않도록 손바닥을 아래로 하고 손목을 편안히 한다.
- 이 스피드 훈련 끝에는 피로하게 됨을 명심하라. 너무 심하게 하면 부상당하기 쉽다. 자신을 주의 깊게 관찰한다. 너무 과하다고 느껴지면 한 걸음 물러선다.
- 최소한 1,500m를 천천히 조깅함으로써 마무리한다.

■ **분발(더러 역효과가 나는 전략)**

경기 종반에 추월당해서 좌절을 맛본 러너들 중에는 더러 차고 나가는 러너들을 탈진시키기 위해 경주 중반이나 막판에 분발(또는 가속)하는 이들이 있다. 원리는 선도주자의 경우와 꼭 같다. 분발 러너와 보조를 맞춤으로써 차고 나가는 러너들은 그들의 빠른 반응 에너지를 다 써 버릴 것이고, 차고 나갈 힘이 줄게 된다. 반대로 보조를 안 맞추면 차고 나가는 러너들은 분발 러너들에게 훨씬 뒤처져, 마지막에 차고 나가도 승리를 얻지 못한다.

이런 원리는, 그러나 실제 경기에서는 거의 작용하지 않는다. 분발 러너들은 보통 장거리 달리기에서의 비효율적인 가속으로 말미암아 탈진한다. 일반적으로 차고 나가는 러너들과 다른 러너들은 분발 러너들을 그냥 가게 내버려둔 다음, 점진적이고 효과적으로 속도를 내어 그를 따라잡는다. 차고 나가는 러너가 그 속임수에 넘어가 분발 러너들의 페이스에 따라붙는 경우는 거의 없다.

주어진 경기에서 한 러너가 최고의 컨디션일 때, 자신을 그 그룹에서 분리시켜 앞으로 나아가기 위해 분발해 나가는 것은 보통 알려진 상식이다. 그렇지 않으면 능률이 개선된 러너들은 더 나은 러너들을 따라붙다가 마지막 끝내기에서 머리 하나 빨리 들이밀 수 있다. '스타'는 때론 중반에 한두 번 분발함으로써 경쟁자들의 기를 꺾을 수 있다.

■ 마지막에서 속도를 낸다

재치있는 러너는 경기 종반까지 같은 페이스를 유지하다가 자기 능력에 가장 적합한 전략을 세운다. 차고 나가는 힘이 부족하다면 내 생각에 가장 좋은 전략은 마지막 1~3km를 지속적으로 뛰는 것이다.

각자의 경기 마지막 단계를 정의하기 위한 실험을 해 본다. 10K에서는 800m~3km 사이가 되고, 마라톤에서는 마지막 1~8km가 될 것이다. 대부분 러너들은 거리가 대충 1.5~2km 또는 그 이하일 때 가장 잘 집중할 수 있다.

그 지점까지는 일정한 페이스가 제일 좋다. 같은 또래의 그룹을 쫓고, 정신적 교감을 유지한다면, 거리가 지남에 따라 그들과 같이 나아가는 자신을 발견할 수 있을 것이다. 그러면 경기의 마지막 부분에 가서 다른 러너들을 따라잡으려는 가중된 에너지와 열정을 가지게 되고, 그것은 또한 경쟁자들의 기를 꺾게 된다.

스피드를 갖춘 경쟁자들을 앞서 차고 나가기 위해서는 일련의 거리를 열심히 뛰어야한다. 점차적으로 가속하고 압박을 가한다. 먼저 너무 앞서가지 마라. 끝까지 지킬 수 없다. 약간 더 힘들게 하라. 마지막 밀어붙이기의 절반에 도달했을 때 좀더 세게 뛴다. 이 긴 몰아붙임은 힘들지만 그런 훈련을 하지 않은 상대방은 더 힘들 것이다. 그들은 또한 여러분이 얼마나 오래 가속할 수 있는지도 모른다. 많은 경우에 그것은 차고 나가는 러너들의 단거리 근육을 탈진시켜서 막판에는 가속을 할 수 없게 만든다.

좋은 것을 너무 많이

내가 앞서 말했듯이 러닝은 중독적인 운동이다. 한번 장거리를 뛰어서 지구력 운동의 자극적인 효과를 경험해 보면 그만두기가 어렵다. 기분이 무척 좋아지고, 절대 그만둘 생각을 할 수 없게 한다. 우리 몸은 매일의 산소 요구량, 늘어난 혈액 순환과 정신을 침착하게 하는 엔돌핀 등에 익숙해진다.

더구나 다른 많은 것들처럼 달리기도 너무 지나칠 수도 있다. 습관으로부터 중독으로까지. 상당히 동기 유발된 열심히 뛰는 사람은 과체중, 의자 생활 습관으로부터 달리기, 경주, 그리고 몸무게 줄이기에 지속적으로 몰두하게 된다. 해결책이 머지않아 문제가 된다.

신체적 징후들이 탈진의 명백한 조기 경고 신호를 보낸다. 운동을 극적으로 증가시키거나, 너무 많은 경기에서 뛰면 부상은 아마도 자신의 주변에 있을 것이다. 너무 멀리 간 데에는 정신적 징후도 있다. 뛰고 싶지 않다든지, 우울해진다든지, 또는 급진적인 행동의 변화를 경험할 수도 있다.

■ 조기 경고 신호

몸은 스트레스를 받는 기간 동안 우리를 보호해 주는 호르몬들을 가지고 있다. 어떤 때는 과도한 스트레스를 받으면 평소보다 오히려 기분이 좋아질 때가 있다. 스트레스의 조기 신호를 알도록 노력한다. 그럼으로써 스트레스가 나타났을 때 한 걸음 물러나서 부상이나 고장으로부터 피할 수 있도록 한다. 여기 그 조기 신호들이 있다.

- **밤에 휴식을 취할 수 없다.**
- **아침에 높은 맥박** : 10% 높으면 거리를 50% 줄이고, 킬로미터당 40초씩 늦게 뛴다. 20% 높으면 3일간 뛰지 않는다.
- **발이 쑤신다** : 일 주일 동안 계속 발이 쑤시면 2~3일간 뛰지 않는다.
- **자신의 '약한 관절'에 통증** : 의심스러우면 하루, 이틀 쉬어서 아무는 과정이 시작되게 한다.
- **식욕이 바뀐다** : 갑자기 더 먹고 싶다든가, 덜 먹고 싶으면 과스트레스일 수 있다.
- **의욕 상실** : 뛰려는 의욕은 처음에는 질질 끌리다가도 보통은 뛰는 동안 다시 불붙는다. 하지만 3일이나 그 이상 불꽃이 다시 붙지 않으면 3일을 쉰다.

12. 수준급 선수

- **달리기 처음과 마지막에 죽을 것 같은 느낌 :** 이 또한 3일 쉰다.

러닝이 더 이상 즐겁지 않고, 일상의 스트레스에서의 해방이 아니고 조울병적 추구일 때에는 가족, 친구, 직장 모두가 고통을 받는다. 어떤 러너들은, 주위에 그런 사람이 있는지 모르겠지만, 너무 뛰는 데만 열중해서 다른 것에는 전혀 관심을 두지 않는다. 아이러니컬하게도 그들은 뛰는 것에조차도 동기를 잃어버리기 시작한다. 비록 매일매일 계속해서 발을 앞으로 내딛기는 하지만. 안됐지만 그들 자신은 그것을 모른다.

내 달리기 인생에서 수많은 탈진자들을 봐 왔다. 이혼, 별거, 절교, 사교적인 접촉 장애, 실직 등등 그 재앙의 그늘은 서로 다를지라도. 이러한 불행한 사태를 피하기 위해 내가 줄 수 있는 최고의 충고는 첫째, 조기 경고 신호, 즉 부상 재발, 우울증, 동기 상실, 신경과민, 병적인 집착 등을 알고 교정에 필요한 행동을 취한다. 둘째, 일들을 조화와 균형있게 유지한다. 달리기가 발전하게 하지만 그것이 여러분을 지배하게 해서는 안 된다.

🏃🏃🏃🏃 · 조율

13. 자세

더 강하게, 더 잘 뛰는 법

13. 자세

내 달리기 인생의 첫 18년 동안 나는 자세에는 관심이 없었다. 웨슬리안 대학시절 친구이자 동료 달리기 선수인 칼 퍼스텐버그(Karl Furstenberg)가 한번은 내게 달리기 자세를 개선시켜 볼 생각이 없느냐고 물었다. 그는 부드럽게 뛰는 사람이었고 기술적으로는 나보다 위였으므로, 친절하게 내 세련되지 않은 스타일을 바꾸는 게 어떻겠냐는 암시를 우아하게 주었을 것이다. 나는 처음에 요점을 파악하지 못했다. 그래서 나는 그에게 목표점에 가장 먼저 도착한다면 자세가 무슨 상관이 있느냐고 대답한 기억이 난다. 나는 각자의 신체는 항상 가장 효과적인 길을 알고, 각 러너는 각자 고유의 기계적 구조에 의해 제한받는다고 믿었다.

그러나 그 후 16년의 달리기 뒤에 나의 그 '게으른' 자세로 인해 문제가 생겼다. 초창기에 나는 본능적으로 발끝을 차고 나갔다. 양쪽 발목을 튕겨서 추진력을 얻기 위해. 나중에 나는 약간 몸을 뒤로 젖히고 발은 따라가게 순항함으로써 종아리 근육을 쉬게 할 수 있음을 발견했다. 이렇게 편안한 자세는 나를, 힘은 훨씬 안 들이고 약간 천천히 뛸 수 있게 해 주었다. 대부분의 연습이나 시합에서 그런 순항 자세에 젖어들게 되자 나는 파워를 잃게 되었고, 시합에서도 지게 되었다. 내가 더 이상 튀어나가고 몰아붙이고 하는 근육을 사용하지 않게 되자, 근육이 강해지지도 않고, 준비도 안 된 상태로 되었다. '순항' 근육은 파워나 가속을 위해 만들어진 것이 아니다. 그리고 내가 그런 목적으로 그 근육을 사용하면 다치거나 삐거나 했다. 내 달리기 자세가 표류하게 되었다.

그러던 차에 아서 리디아드를 만나게 되었고, 그 뉴질랜드 올림픽 챔피언들의 코치는 자세 훈련은 좋은 선수를 훌륭한 선수로 만들어 준다고 믿고 있었다. 나는 그의 조언에 따랐고 나중에는 모든 수준의 러너들이 같은 노력으로 더 잘, 더 빨리 달릴 수 있도록 해 주는 내 고유의 자세 원칙들을 개발했다.

****

책을 통해서(코치를 통해서가 아니고) 자세를 배우면, 한 가지 문제점은 그 세세한 부분까지 모두 읽을 수는 있지만, 실제 뛰러 나가면 그 모든 것을 기억해 내기란 불가능하다는 점이다. 나는 여기서 좋은 자세의 일반적인 원칙들을 나열하려고 한다. 그 중에 어떤 것들은 여러분에게 딱 들어맞을 것이다. 또한 각자 고유의 달리기 자세에서 개선되어야 할 부분들을 알게 될 것이다.

하지만 여기 있는 모든 비결들을 한꺼번에 연습하려 하지 마라. 헛갈리게 할 뿐이다. 다음의 '자세의 요점' 난은 좋은 자세에 대한 전체적인 평론인데, 세밀한 조율이 필요할 때 들여다볼 만하다. 그 다음의 '자세의 세 가지 요령' 난은 꽤 기억하기 쉽고, 즉시 사용할 수 있는 세 가지 기본 원칙들을 나열하였다.

13. 자세

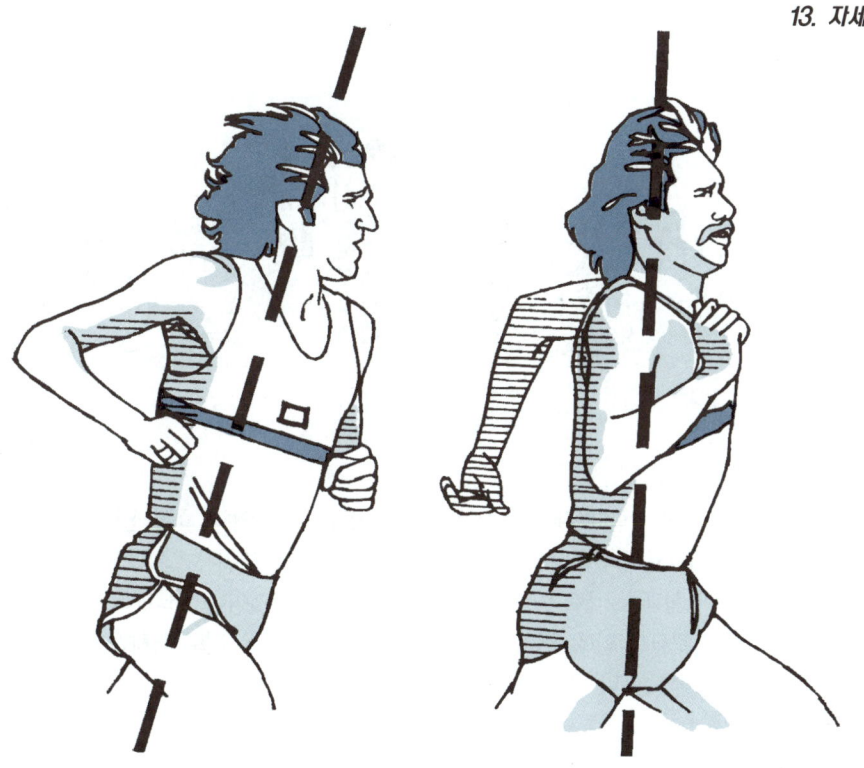

달리기의 가장 효과적인 방법은 머리, 목, 어깨를 오른쪽 그림과 같이 꼿꼿하게 하는 것이다. 왼쪽 그림과 같이 앞으로 숙여서 뛰면 항상 중력과 싸워야 한다.

자세의 요점

사람들은 모두 제각각이므로, 효과적인 달리기에 대한 한 가지 처방이란 있을 수 없다. 여기서 말하는 자세에 관한 관점들은 모든 러너들에게 해당하는 신체구조의 일반적인 원칙들이다. 각자의 신체구조와 능력에 맞아야 하고, 자신에게 잘 맞지 않는 것같이 느껴지는 특정한 러닝 스타일을 고집하면 안 된다.

또 한 가지 좋은 자세란, 모든 러너들—능력이나 경험에 상관없이—에게 통할 수 있어야 한다. 경쟁적 주자들은 그것이 그들이 더 빨리 달리는 데 도움을 주므로, 자연적으로 관심이 있다. 하지만 초보자나 비경쟁적 러너들에게도 좋은 자세란 누구에게나 달리기를 보다 부드럽게, 보다 즐겁게 해 주므로, 이 몇 가지 원칙들을 이해함으로써 효과를 볼 수 있다.

· 조율

■ 꼿꼿한 자세
꼿꼿하고 땅과 중력에 대해 수직인 자세가 가장 효율적이다. 쇼핑 센터의 유리창 밖에서 뛰면서 자신의 자세를 점검해 본다. 신체 각 부위가 일렬로 맞추어져 있다면, 몸이 함께 하나로 앞으로 나아가는 느낌이 들 것이다. 머리, 몸통, 히프, 무릎과 발목 모두가 함께. 머리나 어깨가 너무 앞으로 혹은 뒤로 처지면 가게 유리창이 말해 줄 것이다.

■ 편안한 몸
몸을 꼿꼿이 하여 편안히 긴장을 풀고, 균형이 맞으면 머리, 몸, 어깨 등을 일직선으로 유지하기 위해 힘쓸 필요가 없다. 턱과 얼굴 근육은 함께 출렁거리도록 편안히 뛴다. 상체를 편안히 한다. 그냥 뛰는 대로 가게 해야지, 힘을 이곳에 사용하게 해서는 안 된다.

■ 앞으로 이동
모든 움직임은 똑바로 앞으로만 향한다. 히프, 어깨, 팔, 다리 등은 앞으로 향해야 한다. 좌우로 또는 뒤로 기울어서는 안 된다. 당연한 소리로 들리겠지만, 옆에서 뛰고 있는 사람을 보라. 흔들흔들하고, 뒤로 자빠져 뛰는 것을 볼 수 있을 것이다. 나는 너무 인자해서 아직 자신을 보라고 말하지는 않겠다.

■ 팔
팔의 주기능은 다리와의 조화이다. 팔이 한 번 완전히 흔들리고 나면, 신경 신호가 다리에게 다시 움직이라고 말한다. 팔을 꽤 낮게 몸 가까이 붙여서 편안히 움직이면 팔을 흔드는 데 거의 힘이 들지 않고, 또 다리로부터 더 빠른 반응을 기

13. 자세

대할 수 있다. 하지만 팔을 몸에서 떨어뜨려 움직이면 팔과 어깨가 쉽게 피로해진다.

중력이 팔을 움직이게 하라. 손 옆이 아니라 손등을 올린다. 손목은 편안히 흔들리게 한다. 다리가 움직이고, 팔은 다리의 움직임에 따라가게 한다. 손은 가슴 가운데쯤까지 올리고, 바지 재봉선쯤까지 내린다. 대부분의 팔 움직임은 아래쪽 팔에 두고, 위쪽 팔은 많이 움직이지 않는다. 거울 앞에서 연습한다. 팔로 달리려 하지 말고, 그냥 편안하게 다리의 리듬을 쫓아간다.

■ 팔 움직이는 요령

손가락을 가볍게 편안히 말아쥐고, 손바닥을 아래로 향한다. 손은 매번 흔들 때마다 팬티를 가볍게 스치게 한다. 손과 팔이 긴장되는 느낌이 들면 흔들어서 느슨하게 하고 엄지와 검지를 마주 쥔다. 이렇게 하면 긴장을 두 손가락 사이의 작은 호에 유지할 수 있다.

■ 히프

히프는 머리, 어깨와 일직선이 되어서 앞으로 움직여야 한다. 어떤 사람은 서 있을 때, 걸을 때, 또는 뛸 때 삐뚤어지는 사람이 있는데, 그들은 히프가 뒤로 움직이거나 어느 한쪽으로 기울어져 있는 것이다. 이것은 주요한 연결 부위가 어긋나 있기 때문이다.

■ 다리

단거리 선수는 무릎을 높이 들지만 장거리 선수는 그렇지 않다. 단거리 선수는 최대 보폭과 다리 스피드와 힘을 가져야 한다. 그러나 그렇게 해서는 오래 뛸 수

· 조율

뒤꿈치 닿기
쿠션을 위한 것이고
몸과 일직선이 된다.

발목 구부리기
빨리 앞으로 굽혀서
발목이 강하게 밀어낼
수 있는 위치에 온다.

밀어차기
강하고 빠르게
밀고 나간다.

없다. 또한 발을 뒤로 높이 차지 않는다. 장거리 달리기에서의 스피드는 발목을 빨리 움직이는 동작에서 나온다. 무릎을 높이거나, 발을 뒤로 차는 것은 발목 움직임을 늦게 해서 몸을 앞으로 나아가게 하는 대신 힘을 위로 또는 뒤로 분산시킨다. 아주 약간 무릎이 올라가는 것은 효과적으로 땅을 차는 결과이며, 또 뒤로 차는 것도 그리 높게 하지 않도록 해 준다.

■ 발목 효율

발목은 아주 효과적인 지렛대이다. 종아리 근육을 강화하고, 몸무게를 앞으로 옮겨가게 하는 것을 배움에 따라, 발목은 일을 더 하게 되고, 에너지를 절약하게 된다. 허벅지 근육으로부터 부담을 좀 나누어서, 매걸음마다 종아리 근육을 사용해 차고 나가게 해 보라. 발목의 힘을 어떻게 이용할지 앞의 그림을 참조하라.

■ 보폭

믿거나 말거나, 보폭이 크다고 더 빨리 뛰는 것은 아니다. 경험 많은 선수들은 더 빨리 뛸 때 보폭이 줄어드는 것을 안다. 빨리 뛰기의 열쇠는 얼마나 다리를 빨리 움직이느냐이다. 발이 땅에 떨어지는 속도를 증가시키고, 강하게 차고 나가면 빨라진다. 나와 함께 한 대부분의 러너들은 보폭을 너무 크게 잡고 있었다.

13. 자세

> **역주** 연구에 의하면 엘리트 선수들의 보속은 거의 비슷하여 1분에 180이나 그보다 조금 더 많다고 한다. 빨리 뛰고 늦게 뛰고의 차이는 대부분 보폭의 차이이지 보속이 아니라고 한다. 보속이 느린 사람은 그만큼 몸이 공중에 머무는 시간이 많고 땅에 닿을 때의 충격이 커지는 것이다. 많은 달리기 관련 부상의 원인이 그 충격의 결과인 만큼 노련한 선수들의 보속이 빠른 것은 놀랄 일이 아니다. 보속이 180에서 많이 느리다면 더 짧게, 가볍게 뛰는 연습을 할 필요가 있다. 날 달걀이 깔린 길 위로 그 달걀들을 깨지 않으려고 노력하면서 달린다고 생각하라. 발이 땅에 닿는 소리가 줄어들 것이다. 땅 속으로 뛰는 것이 아니라 땅 위에 가볍게 구르는 것이다.

■ 빠르고 가볍게

땅에서 가볍게 뛰어야 한다. 자세가 나아짐에 따라 발목으로 미는 힘이 증가하기 때문에 발에서 나는 소리가 줄어든다. 세계적인 선수들은 가볍게 뛴다. 왜냐하면 그들은 발목의 반동으로 뛰어서, 안 그러면 허벅지나 그 외의 다른 주요 근육에서 필요로 할 에너지를 절약하게 된다.

일단 달리기를 시작하는 데 따른(그전의) 관성을 타파하고 나면 자세를 교정해서 그 이점을 이용해야 한다. 중력을 이겨내려 하기보다는 그것에 저항하려고 노력해야 한다. 부드럽고 힘찬 발걸음으로 가볍게 내디딤으로써 그것이 가능하다.

■ 심호흡

운동을 하지 않을 때는 폐 능력의 아주 일부만이 필요하다. 그러나 뛸 때는 그보다 훨씬 더 많이 사용하게 된다. 심호흡 또는 '복부 호흡'은 달리기를 쉽게 해준다. 자세가 꼿꼿하면 폐 능력을 더 많이 활용할 수 있다. 가슴을 앞으로 내밀면 심호흡을 더 잘할 수 있다.

가슴을 앞으로 내밀면 어떤지를 알고 싶으면, 숨을 크게 들이쉬고 나서 숨을 내쉰 상태에서(들이쉬었을 때처럼) 가슴을 앞으로 유지하라. 그렇게 하면 폐 능력을 더 많이 사용할 수 있게 된다. 숨을 크게 쉬면 산소를 더 많이 흡수하게 되고, 그렇게 함으로써 숨을 더 적게 쉬게 된다.

> **역주** 호흡법에 대한 언급이 없고 매우 중요한 사안이라 생각되어 설명하고자 한다. 우리는 어려서 코로 숨을 쉬거나, 아니면 코로 들이마시고 입으로 내쉬라고 배웠다. 지금도 그렇게 가르치고 있는 걸로 안다. 그러나 이것은 먼지 구덩이 속을 통과하는 경우가 아니면 별 의미가 없다. 달리기에서 숨을 쉬는 이유는 우리 몸이 필요로 하는 산소를 얻기 위함이다. 폐를 통해 흡입된 산

소는 혈액 속의 헤모글로빈에 의해 세포 속으로 운반되어 영양분을 태움으로써 달리기에 필요한 에너지를 만들어낸다. 더 힘들게 뛸 때 숨을 헐떡거리는 것도 그렇게 함으로써 더 많은 산소를 얻기 위함이다. 빌 바워맨 같은 이는 코, 입뿐 아니라 눈, 귀로도 숨을 쉬라고 한다. 눈이나 귀로는 숨쉴 수 없는 노릇이므로 할 수 있는 한 최대로 들이마시라는 말일 것이다.

대부분의 엘리트 장거리 선수들은 두 번 들이쉬고 두 번 내쉬는 2-2 리듬으로 호흡한다(두 발자국마다 들이쉬고, 두 발자국마다 내쉬는 것이다). 그렇게 하면 일분에 45번가량 숨쉬게 된다. 초반에 덜 힘들 때는 3-3이나 그보다 더 느려도 괜찮다. 막바지에는 1-2나 2-1 리듬을 사용하기도 한다.

자세의 세 가지 요령 : CHP

여기 효과적인 달리기 자세의 세 가지 단계가 있다. 이것들은 주로 기계 구조적 개선에 중점을 두었고, 익히고 나면 어떤 러닝 스타일이라도 향상될 것이다.

노트 나가서 뛸 때 자세에 대한 모든 것을 기억하기란 어렵다. 자세에 관한 모든 것을 잊어버렸다면 이 세 가지만 기억하라. 캘리포니아에서 온 내 친구 하나가 자기는 이 세 가지를 CHP―캘리포니아 고속 순찰대(California Highway Patrol)―로 기억한다고 했다. 그것은 가슴(Chest) / 히프(Hip) / 밀어차기(Push)이다.

1. 가슴을 위로(Chest Up)

가슴을 든다. 숨을 크게 들이마신 다음, 내쉴 때도 그 앞으로 내민 자세를 유지한다. 리디아드는 도르래에 줄을 매어서 가슴에 묶었다고 생각하라고 한다. 도르래의 다른 한쪽은 한 구간 떨어진 3층짜리 건물에 묶여 있다고 생각한다.

뛰기 시작하면 가슴을 들어 앞으로 내민다. 가슴이 앞서가게 한다. 앞으로 숙이지는 말고, 가슴을 들어 앞으로 내밀어라. 그렇게 하면 폐활량이 늘어난다. 어깨나 팔은 하나도 바꾸지 마라. 가슴만 가지고도 더 나은 자세와 폐 효율을 얻을 수 있다.

2. 히프를 앞으로(Hips Forward)

가슴을 앞으로 내밀면 히프는 자동으로 앞으로 나간다. 뛰기 전에 가슴을 위로 하고, 양손을 엉덩이에 얹고 앞으로 밀어라. 어깨, 머리, 히프와 다리가 모두 일직

13. 자세

선이 될 것이다. 이 자세에서 다리에 최대한의 힘이 전달된다. 리디아드는 이 자세를 전형적인 러너의 자세—그가 '양동이에 앉아 있는 자세'라고 부르는—에 비유한다. 히프가 바로 밑으로, 앞으로 나오면 종아리 근육이 사용되는 것을 느끼게 되고, 허벅지 사용을 거의 못 느끼게 된다. 히프가 앞으로 나오면 발걸음이 가벼워지는 것을 느끼게 되고, 더 조용히 뛸 수 있다.

3. 밀어차기(Push Off)

발을 힘껏 밀어찬다. 가슴과 히프를 앞으로 내밀면 발목이 제위치에 오게 되어, 종아리 근육의 작은 일로도 발로부터 밀어차는 힘의 주요 효과를 만들어낼 수 있다.

대부분의 러너들은 뒤로 약간 자빠져서 달리므로, 매 발걸음마다 중력을 이겨내야 한다. 신발 뒤축의 닳는 지점이 그걸 말해 준다. 뒤꿈치로 땅에 닿는 것은 좋지만 거기 머물러 있으면 안 된다. 무릎에 좋지 않다. 무릎뼈는 무릎에 단단히 붙어 있어서 뼈에다 연골을 갈게 된다. 발목이 제 일을 하면 이 무릎에의 장력이 상당히 줄어든다.

자연히 뒤축이 땅에 먼저 닿는 사람이라면 갑자기 발 앞쪽으로 옮기려고 노력하지 마라. 땅에 닿은 다음 몸무게를 발 가운데로 옮기고, 발목의 지렛대를 이용한다. 점차적으로 달리기를 발목 반사운동으로 만들어라. 그러면 쾅쾅 땅을 찧는 대신에 떠서 가는 듯한 느낌을 받을 것이다.

역주 발 앞쪽이 먼저 땅에 닿으라는 얘기가 아니다. 앞의 역주에서 설명한 대로 발 뒤축이 가볍게 닿으라는 말이다.

■ 이 세 가지 요령의 연습

이 세 가지는 함께 하는 것이지 각각 독립된 요소들이 아니다. 이렇게 서는 연습을 해 보라. 즉, 가슴을 올리고, 히프는 앞으로 밀고, 그러면 자신이 발가락으로 구르는 듯한 느낌을 받을 것이다. 몸을 알맞게 일직선으로 만들면 앞으로 나아가는 힘을 만들어 준다. 올바로 일직선을 유지함으로써 쓸데없는 움직임을 줄일 수 있다. 올바른 방향으로 에너지를 이용하고, 힘을 만들어나간다.

· 조율

주간 자세 운동

일 주일에 두 번씩 일년 내내 자세 연습을 하면 달리기가 개선될 것이다. 어느 해 여름 70대의 한 노인이 이것의 가치를 내게 일깨워 줬다. 미겔 도브린스키 박사(Dr. Miguel Dobrinski)는 타호의 달리기 캠프에서 우리와 함께 74세 생일을 맞았다. 그는 인상적으로 활동적이었고, 우리의 모든 연습에 빠지지 않고 참여했다. 하지만 자세 훈련에서 우리가 가속을 하고, 구르고 할 때 그는 땅에서 발을 떼는 것을 힘들어했다. 나는 잘못된 환상을 심어 주고 싶지 않았고, 그래서 솔직히 그에게 그의 다리에 스프링을 달기엔 너무 늦은 게 아니겠느냐고 말해 주었다.

그 다음해 첫 번째 자세 훈련에서 우리는 산에서 껑충껑충 구르는 도브린스키를 보고 놀랐다. 그의 75세 생일 축하장에서, 자기는 규칙적으로 가속 훈련을 해 왔노라고 했다. 그는 30년 분의 구르기를 일 년에 끝낸 셈이었다.

자세 가속 훈련

■ **과정**
- 최소 10분간 천천히 조깅하며 워밍업한다.
- 멈춰 서서 어깨, 팔, 머리를 편안해질 때까지 흔든다.
- 깊이 숨을 들이마시고 내뱉는다. 이때 가슴을 내민 상태를 계속 유지한다.
- 엉덩이에 손을 얹고 히프를 앞으로 내민다.
- 발가락을 굴러서 튀어나간다.
- 이런 식으로 컨디션에 따라 4~8번 뛴다.

■ **왜?**
좋은 자세로의 가속 훈련은 더 빨리 뛸 수 있게 가르쳐 준다. 반복함으로써 자신의 신체 구조와 접촉할 수 있고, 그 접촉을 계속 유지할 수 있다. 그렇게 하면 본능적으로 비효율적인 부분을 알 수 있고, 고칠 수 있다.

■ **언제?**
일 주일에 두 번씩 일 년 내내. 자세에만 중점을 두는 훈련은 따로 이때에 하고,

13. 자세

고, 나머지 때에는 자세에 대해 계속적으로 생각하지 않도록 한다. 늘 자세 때문에 신경 쓸 필요가 없다. 자세 가속 운동은 언덕 훈련, 스피드 훈련이나 경주의 워밍업으로 또는 그냥 평소 달리기 중간에 끼워넣으면 된다. 일반적으로 화요일에 한번, 목요일에 한번, 그렇게 하면 된다.

■ **어디서?**

보통 평지가 제일 좋지만 평평한 곳이라면 어디건 상관없다. 골프장이나 백사장에서 맨발로 뛰는 것이 가장 좋다(그렇게 하고 싶으면 아주 천천히 시작하라. 맨발 달리기를 갑작스럽게 너무 많이 하면 부상당할 수 있다).

■ **얼마나 멀리?**

100~300m.

■ **얼마나 빨리?**

1,500m 경주속도로. 이것은 꽤 빠르지만 탈진할 정도는 아니다. 단거리 달리기같이 빨리 달리지 마라. 점차로 이 속도로 올려서 50~100m 동안 유지하고 나서 천천히 속도를 줄인다.

언덕에서의 달리기 자세

■ **봉대침소**

언덕에서의 훈련은 어떤 도로면에서건 달리기를 쉽게 해 준다. 특히나 언덕 훈련은,

- 종아리 근육과 대퇴사두근을 아주 튼튼하게 하여 스피드 훈련에 대비시켜 준다.
- 리듬을 가르쳐 준다. 아마도 장거리 경주에서 가장 소홀히 하지만, 가장 중요한 요소인 리듬을 가르쳐 준다. 좋은 리듬은 피로한 구간에서 여러분을 구출해 줄 것이다.
- 비교적 작은 땅구르기로 훌륭한 고난도의 훈련을 대체할 수 있다.

 · 조율

■ 꼿꼿한 자세

가슴을 밖으로, 위로 내민다. 좋은 자세는 오르막에서건 내리막에서건 신체 역학에 도움을 준다. 오르막 오를 때나, 내리막 내려갈 때나, 앞으로 숙이거나, 뒤로 젖혀서 뜀으로써 매걸음마다 최대로 발을 올리는 것을 보완하려 하지 마라. 신체의 주요 요소들—머리, 가슴, 히프, 다리 등—이 가상 수평에 대해 수직이 될 때, 매걸음에서 최대의 밀어차기를 얻을 수 있다. 그러므로 그것들은 중력에 도전하기에 가장 적합한 상태인 일직선을 이룬다.

■ 언덕 오르기

몇 가지 원칙만 이해한다면 경주에서 언덕은 커다란 이점을 가져다 줄 수 있다. 다른 경쟁자가 중력과 싸우고 있을 때, 여러분은 에너지를 절약하고, 그 에너지를 자신을 위해 사용할 수 있게 된다. 가파른 경사면 가운데에 있을 때에는 그런 생각을 하는 것이 쉽지 않겠지만, 언덕은 결국 훌륭한 기회가 될 수 있다.

- **평지에서의 리듬을 계속 유지하라.**
- **같은 노력을 기울여라.** 언덕에서 평지와 같은 속도를 유지하려 하지 마라. 그러면 곧 탈진할 것이다. 이것의 좋은 측정법은 숨쉴 때 '같은 수준의 힘듦'을 유지하는 것이다.
- **보폭을 줄인다.** 오르막을 오를 때는 점차적으로 속도를 줄인다. 남아 있는 거리를 위해 에너지를 절약한다.
- **언덕 꼭대기로 다가감에 따라 원래의 리듬을 조금씩 되찾는다.** 어떤 러너들은 팔의 리듬을 조금 빨리 함으로써 이것을 되찾는 데 도움을 주기도 한다. 팔 흔들기의 거리나 힘을 증가시키지 말고, 그냥 리듬만 되찾아라. 이렇게 하면 꼭대기를 넘는 데 도움이 될 뿐 아니라, 언덕 너머의 중력의 이득도 얻게 해 준다.
- **언덕 너머의 달리기를 생각하라.** 거기서 포기하고 싶지 않을 것이다.

13. 자세

■ **내리막 달리기**

언덕 꼭대기에서는 매걸음마다 필요한 노력이 줄어든다. 이 점에 유의하고, 점차적으로 중력이 허락하는 만큼 속도를 증가한다.

- **중력이 일을 하게 하라.** 거의 힘 안 들이고, 중력과 증가된 리듬이 여러분을 끌어내리게 해야 한다.
- **보폭을 조금 증가시킨다.** 너무 보폭이 커지면 컨트롤을 잃게 되고, 천천히 하기 위해 힘을 소비해야 한다. 너무 큰 보폭은 무릎을 무자비하게 쾅쾅 찧게 한다.
- **내리막길에서 보폭 실험을 한다.** 연습을 해 보면 중력을 최대한으로 이용하면서도 자신을 컨트롤할 수 있는 보폭을 알 수 있다.
- **앞으로 약간 숙인다.**

■ **여러분이 평지에 산다면?**

누구나가 언덕이 있는 동네에서 살고 있는 것은 아니다. 대부분의 도심은 평지로 이루어져 있다. 한 가지 대안은 해안이 있다면 모래 위에서 뛰는 것이다(러닝 신발을 신고). 언덕 훈련에서 하듯이 워밍업을 하고 나서, 너무 단단하지도, 너무 부드럽지도 않은 백사장에서 100~200m 달린다. 그외 다른 곳으로는 주차장 건물의 경사면(차들이 많지 않고 매연이 없다면)이나, 스타디움의 계단, 트레드밀, 또는 건물 계단 3~5층 뛰어오르기 등을 들 수 있다. 앞 장에서 언급한 언덕 훈련의 다른 법칙들이 모두 여기에도 적용된다.

문제 해결

좋은 달리기 자세의 원칙들을 알게 되었으므로 자세에 관한 몇 가지 문제점에 더 민감해지게 된다. 가장 보편적인 것들 몇 가지를 여기서 다루려고 한다.

- **어깨 결림 :** 뛰고 난 다음 어깨에 긴장이 느껴지면, 머리나 어깨가 너무 앞으로, 또는 뒤로 기울어졌을 가능성이 크다. 즉, 균형이 안 잡힌 것이다. 달릴 때 히프가 너무 뒤로 빠지지 않았는지 상점 유리창 앞에서 확인해 보라. 히프를 앞으로 내밀어라. 심호흡을 하고 그 자세를 유지하라. 어깨의 긴장은 어깨를 편안히 하지 않고 너무 위로 올려서 힘이 들어갔든지, 몸에서 팔이 너무 밖으로

떨어져 있어서일 수도 있다. 긴장이 쌓이는 느낌이 들면 멈춰 서서 팔과 어깨를 흔들어서 편안히 하라.

- **허벅지 당김** : 아마도 발목, 다리, 종아리를 충분히 사용하지 않는다는 증거일 것이다. 대부분을 종아리에게 맡기고 허벅지는 쉬게 하라. 발을 밀어차라.

- **가쁜 숨이나 옆구리 통증** : 아마도 너무 빨리 뛰고 있는 모양이다. 특히 초반에. 속도를 낮추어도 여전히 심호흡을 할 수 없다면 가슴을 너무 낮추었을 것이다. 위에서 언급한 대로 심호흡하고 가슴을 앞으로 내밀도록 노력하라. 가슴을 계속 앞으로 유지하고, 깊게 천천히 숨쉰다. 그러면 문제가 없어질 것이다. 최상의 해결책은 뛰는 동안 내내 심호흡을 하라는 것이다(계속 문제가 없어지지 않으면 의사를 찾아가 보라).

- **어깨 돌아감** : 상점 유리창 앞을 지나 달릴 때, 어깨가 좌우로 혹은 앞뒤로 돌아가는 게 보이는가? 그렇다면 아마도 팔을 몸 앞뒤로 구르기 때문일 것이다. 팔 윗부분은 많이 움직이지 않도록 한다.

- **뻣뻣한 목** : 머리가 어깨 바로 위에 위치하지 않을 경우이다. 몸이 앞으로 너무 기울어져 있으면, 그것을 보상하기 위해 머리는 뒤로 기울어질 것이다. 가슴을 뒤로 뺀다. 너무 뒤로 젖혀져 뛰면, 머리가 너무 앞으로 나와 있을 것이다. 히프를 앞으로 내민다. 이것도 가게 앞에서 확인해 보라. 뛰고 난 다음에 목을 마사지한다.

■ 자세에 관한 마지막 한마디

러닝의 가장 좋은 점 중의 하나는 자유로운 자세에 있다. 매번 뛸 때마다 자세 훈련을 해서 그 자유스러움을 망가뜨리지 마라. 우리들의 달리기는 대부분 재미있고, 물 흐르듯 해야 한다. 일 주일에 두세 번 자세에 집중하는 동안에는 그렇게 하라. 매걸음을 앞으로만 내딛고, 그외 다른 움직임은 없애고 조용하게 뛴다. 편안히 리듬을 즐기도록 한다.

14. 스트레칭과 근육 강화 운동

편안히 그리고 균형을 맞춰……

· 조율

　　스트레칭(역주 : 준비운동보다는 근육풀기라는 말이 더 맞을 것 같으나, 그 또한 어색한 것 같아 그냥 스트레칭으로 쓰겠다)은 도움이 될 수도 있겠지만 잘못하면 그 때문에 부상당할 수도 있다. 적당한 방법의 스트레칭을 규칙적으로 하게 되면 근육이 뭉치고, 부상당하는 것을 피할 수 있다. 하지만 그것은 양날의 칼과 같은 것이다. 실제로 잘못된 스트레칭은 너무 멀리 달리기와 스피드 훈련에 뒤이어 러너들의 부상 원인 중 세 번째를 차지한다.

　　나는 스트레칭의 위험을 값비싼 대가를 치르고 배웠다. 몇 년 전 스트레칭의 여러 이점에 대한 인상적인 기사를 읽은 후, 나는 16년 동안의 스트레칭 없는 달리기를 단 6개월에 뒤집어 놓으려 하였다. 바로 그때 좌골에 문제가 생겼다. 부드럽게 편안히 하는 대신 '내가 느낄 수 있을 때까지' 스트레칭을 했다. 내가 허벅지 근육에 가한 힘은 실제로 '스트레칭 반항(신체의 자동 보호장치)'을 작동시켜서 근육을 짧게 만들고, 결국 매일매일 근육이 더 뭉치게 되었다. 그것이 좌골에도 문제를 일으켜 한동안 나는 스트레칭을 하지 말아야 했다.

　　그 후 스트레칭을 그만두었고, 4년 후 나는 결혼했다. 내 아내는 체육교육학을 공부했다. 내 생각에 그녀는 활과 같이 뒤로 휘어져서 절룩이는 사람과 노후를 함께 하고 싶지 않았던 모양이었다. 그녀는 내가 스트레칭하는 것을 보고는 비판하는 데 주저하지 않았다. 그녀는 스트레칭은 편안하게 해야 한다는 것을 알았고, 내게 그렇게 얘기했다. 그녀의 도움으로 나는 점차적으로 간단한 운동 프로그램을 할 수 있게 되었다. 그 과정에서 나는 규칙적이고 부드러운 스트레칭이 어떻게 25년간 장거리 달리기로 뭉친 근육과 싸우는지를 배우게 되었다. 스트레칭의 옳은 방법은 달리기 근육의 긴장을 풀어 주고, 부상의 가능성을 줄여 주는 것이다.

　　장기적인 이점으로서의 중요성에도 불구하고, 스트레칭이 달리기를 곧바로 개선시키지는 않는다. 1970년대 중반의 많은 달리기 기사들은 스트레칭은 부상을 줄여 주고, 스피드를 향상시킨다고들 씌어 있다. 그러한 약속된 이점들이 하나도 이루어지지 않기 때문에 실현 가능성 없는 그러한 희망은 러너들에게 그들이 부상당하고, 석양 속으로 뛰어가지 못함에 따라 커다란 절망감을 가져오게 했다.

　　우리 러너들은 희망적인 사고가들이다. 약간의 스트레칭이 좋다고 하면 많은 스트레칭은 훨씬 더 좋을 것이라고 생각한다. '이만큼'의 스트레칭이 좋다고 하면 조금만 더 하면 훨씬 더 좋아질 거라고 생각한다. 그래서 스트레칭 부상이 생기게 되고, 점점 더 늘어나게 된다. 그래서 러너들은 스트레칭이 부상의 세 번째 요인이라는 소리를 들으면 거꾸로 많은 러너들은 스트레칭을 아주 그만둔다.

14. 스트레칭과 근육 강화 운동

사실은 규칙적이고 알맞은 스트레칭은 부상의 위험을 줄인다. 몇몇 기본적인 원칙들을 이해하고 주의를 기울이면 안전하게 몸이 더 유연해질 수 있다. 그러기까지 많은 시간을 들일 필요는 없다.

■ 스트레칭은 왜?

달리기는 몸 뒤쪽의 큰 근육 집단들을 강화시킨다. 종아리, 허벅지, 아래 허리. 이것들이 강해짐에 따라 더 단단해져서 연결 부위들을 잡아당긴다. 정기적이고 부드러운 스트레칭 프로그램을 개발하지 않으면 이 중요한 근육들이 점차적으로 단단해지리라 기대된다. 즉, 부상 원인이 증가한다. 발끝에 손이 닿는 게 거의 불가능해진다.

아래 허리 근육은 엄청나게 강하다. 달리기를 통해 그 근육이 더 강해지면 척추의 곡선을 잡아당겨 가끔 신경을 압박하게 되고, 디스크가 약해지거나 손상을 입게 된다. 알맞은 스트레칭은 척추가 더 휘려는, 또 나이가 들어 유연성이 없어지려는 경향과 싸우게 된다.

무릎 부상은 때때로 너무 많이 몰아붙임으로 인한 구조적 비능률의 결과로 온다. 즉, 강한 허벅지(뒤쪽 윗다리) 근육이 약한 대퇴사두근(앞쪽 윗다리)을 압도해 온다. 정강이 부상(229~233쪽 참조)은 강한 종아리(뒤쪽 아랫다리) 근육이 앞쪽 정강이(앞쪽 아랫다리) 부근의 약한 근육을 너무 압박해서 올 수 있다. 여러 달이 지나면 아마 이 뒤쪽 근육이 점점 단단해짐을 알아채지 못할지도 모른다. 하지만 스트레칭을 안 하면 2~4년 또는 그 이상 기간에 걸쳐 달리기 능력이 현저히 떨어진다.

■ 러너들은 어떻게 스트레칭을 해야 하나?

느슨해진 근육만이 안전히, 편안하게 늘어날 수 있다.

- **부드러운 마사지로 시작한다.** 부드럽게 종아리, 허벅지, 엉덩이, 아래 허리를 주물러서 혈액순환을 증가시키고, 근육을 풀어 준다. 약 5분가량 열 손가락을 사용해서 근육 뭉친 데를 풀어 주는데, 깊이 누르지는 않는다.

- **점진적으로 천천히 스트레칭으로 이어진다.** 힘을 가하지 말고 최소 10~20초 동안 긴장을 풀고 멈춘다. 약간이라도 압박이나 통증 또는 근육 떨림이 시작되면 너무 멀리 간 것이다. 다시 편안해질 때까지 기다린다.

- **마무리는 천천히 가볍게 하도록 한다.**

■ 스트레칭의 원칙

• **정기적으로 한다.** 꾸준하고 정기적인 근육이완을 통해서 효과를 얻는다. 근육 긴장이 여러 해에 걸친 서 있기, 걷기, 뛰기로 왔듯이 여러 달에 걸친 부드러운 근육이완을 통해서만 그것이 아주 점진적으로 풀어진다.

• **당겼다 놨다 하지 마라.** 몇십 년 전에는 러너들은 당겼다 놨다 하는 스트레칭을 했다. 근육에 충격을 주면 필요한 만큼 근육이 늘어난다고 생각했다. 그러나 최근의 연구를 보면 당겼다 놓기는 근육을 짧게, 단단하게 만든다. '스트레칭 반향'이라고 하는 우리 몸의 부상에 대한 자동 방어장치가 작동해서, 근육이 이완되는 것이 아니라 수축하게 만든다.

• **경쟁하지 마라.** 다른 사람이 하는 것만큼 많이 하려고 하지 마라. 모든 사람은 유연성이 서로 다르다. 그리고 어제 최고로 많이 했다면, 오늘도 그렇게 하려고 하지 마라. 어떤 날은 다른 날보다 더 부드럽기도 하고, 더 긴장되기도 한다. 그냥 긴장을 풀고 그날 기분에 따라 편안한 자세로 들어간다.

■ 언제 스트레칭을 하는가?–새로운 접근

• **뛰기 전?** 대부분의 러너들은 뛰기 바로 전에 스트레칭을 해야 한다고 생각한다. 다리를 벤치에 얹어놓고, 건물에 기대어 뛸 준비를 하고 있는 그들을 어디에서나 볼 수 있다. 나는 이것을 권하지 않는다. 뛰기 바로 전에는 근육이 단단해져 있어서 쉽게 삐거나 다칠 수 있다. 특히나 이른 아침 기온이 차고, 혈액순환이 최저일 때는 위험이 높다. 찬 근육, 힘줄, 관절에 힘을 가하면 종종 부상으로 이어진다. 호놀룰루 마라톤에서 네드 프레데릭 박사(Dr. Ned Frederick)의 연구는 달리기 바로 전에 스트레칭을 한 선수들이 부상당할 위험이 훨씬 높음을 보여 준다. 《스트레칭(Stretching)》의 저자 밥 앤더슨(Bob Anderson)은 문제는 스트레칭 그 자체가 아니라 스트레칭을 하는 잘못된 방법이라고 주장한다. 그는 편안하게, 너무 힘들이지 않고 부드럽게 한다면, 스트레칭은 근육이 움직이기 위한 준비를 시킬 것이라고 말한다.

• **뛰고 난 뒤?** 뛰고 난 뒤에 하는 스트레칭도 역시 위험하다. 달리기를 멈췄을 때, 근육은 모든 활동을 중지하지 않는다. 근육은 여전히 운동하며 30분가량은 반응할 준비를 갖추고 있다. 스트레칭은 근육경련이 일게도 한다. 근육이 이렇게 열심히 일할 때 스트레칭은 종종 스트레칭 반향을 일으켜서 그전보다 더 단

14. 스트레칭과 근육 강화 운동

더 단단하게 만들기도 한다.

- **그러면 언제?** 스트레칭하기 제일 좋은 때는 몸이 풀리고 나서 편안하고, 혈액이 돌 때이다. 많은 러너들이 스트레칭을 잘못하고 있으므로, 몸이 더워질 때까지 기다려서 스트레칭하는 것이 가장 좋다. 스트레칭으로 근육이 더워지게 하려 하지 마라. 그렇게 되지는 않는다. 예를 들면 저녁에 스트레칭을 하던가, 아니면 하루 내내 시간 날 때 한다. 내 친구들 중 많은 사람들이 잠잘 준비로 스트레칭을 한다. 스트레칭을 예방관리 차원에서 생각한다. 단기간보다는 장기간에 걸쳐 효과를 준다. 규칙적으로 최소 일 주일에 세 번은 하도록 노력하라. 그렇게 계속하면 달이 지나고 해가 지남에 따라 달리기나 그 외의 지구력 운동에서 근육이 단단해지는 효과를 줄일 수 있다.

■ 달리는 동안 근육경직?

어떤 사람들은 달리는 동안 근육경직을 느끼고, 그러면 멈춰 서서 부드럽게 스트레칭을 하면 도움이 되기도 한다. 때로는 근육을 아주 강하게 경직시켰다가 편안하고 부드럽게 마사지하고, 부드럽게 스트레칭하면 도움이 된다. 너무 스트레칭을 많이 하면 안 된다. 다른 사람들은 가벼운 마사지로 풀기도 하고, 또 다른 사람들은 근육경직을 풀기 위해 몇 분간 걷기도 한다.

러너들의 스트레칭 세 가지

달리기에서는 세 가지 근육 무리들이 강화되고 경직된다.
- 종아리와 아킬레스(무릎 아래 다리 뒤쪽)
- 허벅지(무릎과 엉덩이 사이의 윗다리 뒤쪽)
- 아래 허리(엉덩이와 아래 허리 부분)

좋은 효과를 얻기 위해서는 각 무리들을 독립적으로 스트레칭해야 한다. 이 근육 무리들의 수십 가지 훈련 중에서 러너들에게 잘 통하고, 부상 위험이 아주 적은 세 가지를 골랐다. 만들어지기를 그렇게 만들어 졌거나, 잘못 사용될 가능성이 많거나, 부상의 위험이 높은 것들은 제외시켰다.

🏃🏃🏃 · 조율

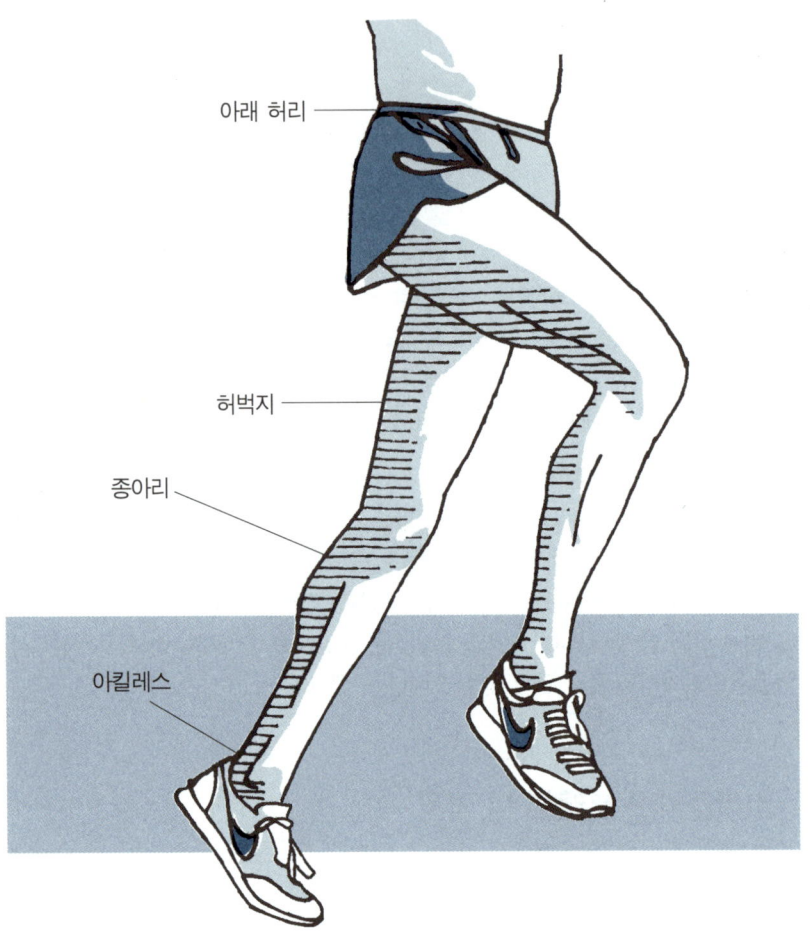

아래 허리

허벅지

종아리

아킬레스

■ **어떻게 하나?**

근육이 '더워졌나' 확인한다. 워밍업이 안 되었으면 각각을 부드럽게 3~5분씩 마사지한다.

- 스트레칭 자세로 편안히 들어간다.
- 각각 스트레칭을 10~20초간 한다.
- 처음에는 일 주일에 세 번 한다.
- 각 스트레칭에 걸리는 시간을 늘린다.
- 필요에 따라 각 근육의 스트레칭 시간을 늘린다.

14. 스트레칭과 근육 강화 운동

각자의 필요에 따라 이 세 가지 기본 스트레칭 외에 다른 것들도 더 할 수 있다. 매번 스트레칭은 5~15분밖에 안 걸린다. 조그마한 시간을 투자하여 아주 큰 결과를 얻을 수 있다.

종아리 스트레칭　　　　　　　　아킬레스 스트레칭

무릎 뒤쪽을 약간 구부린다.

■ **종아리와 아킬레스 스트레칭**

손으로 벽이나 기둥을 잡는다. 뒷다리를 뒤로 뻗고, 앞다리는 구부린다. 점차적으로 몸무게를 뒷다리에 두고, 뒷다리를 '약간' 구부린다. 이렇게 하면 종아리 윗부분 근육이 스트레칭된다. 이제 멈추고 뒷다리 무릎을 더 구부린다. 이렇게 하면 아킬레스건과 종아리 아래 부분을 스트레칭한다. 양쪽 다리 모두 한다. 조심하라. 근육과 힘줄을 늘이되(스트레칭하되) 잡아당기지 마라.

■ **허벅지 스트레칭**

등을 대고 누운 다음 타월을 다리에 건다. 타월이 없으면 바지나 티셔츠를 사용한다. 무릎을 펴지 말고 약간 구부린다. 허벅지를 스트레칭할 때까지 타월을 부드럽게 당긴다. 이렇게 하는 것이 우리가 잘 아는 의자나 기타 다른 물체 위에 다리를 올려놓고 하는 방법보다 허벅지 스트레칭에 더 좋다. 왜냐하면 의자 방법은 너무 과도한 스트레칭을 할 수 있다. 의자에 다리를 놓으면 그 자세 때문에 허벅지에 너무 많은 스트레스를 가한다. 수건을 사용하면 근육이 필요한 꼭 맞는 위치로 움직일 수 있는 유연성이 있다. 양쪽 다리의 허벅지 스트레칭을 끝내고 나면 타월을 계속 사용해서 엉덩이 근육도 스트레칭할 수 있다. 무릎을 더 굽히고 다리를 몸을 가로질러 잡아당긴다.

허벅지 스트레칭

아래 허리 스트레칭

■ 아래 허리 스트레칭

주저앉는 자세를 한다. 아래 허리를 구부리고, 목과 등을 편히 한다. 머리는 앞가슴 쪽으로 구부리고 쉬는 자세를 한다. 일반적으로 발뒤꿈치는 땅에 닿고 아킬레스

14. 스트레칭과 근육 강화 운동

스 힘줄에 스트레칭을 주는 자세가 된다. 여러분도 나처럼 뻣뻣하면 발뒤축이 들린다. 두 번에 한 번씩은 기둥이나 문고리를 잡고 발뒤축을 땅에 둔 채로 스트레칭을 한다.

근육 강화 운동

달리기를 하면 뒷다리 근육이 튼튼해지고, 앞다리 근육은 그냥 뛰게 해 준다. 강한 단거리를 제외한 달리기는 이 앞다리 근육은 별로 개발하지 않아서, 앞뒤 근육 강도의 불균형을 초래한다.

앞다리 근육은 뒷다리 근육이 균형을 유지하는 데 도움을 준다. 앞다리 근육이 약해지면 뒷다리 근육에 의해 과중한 힘이 가해져 무릎, 정강이, 아래 허리 등에 문제를 일으킬 수 있다. 스트레칭은 뒷근육들의 긴장을 줄여 준다. 하지만 앞쪽 근육들의 규칙적인 강화 프로그램이 필요하다. 그것들을 튼튼하게 하고, 앞뒤 균형을 유지하기 위해서 실시한다.

규칙적인 스트레칭과 근육 강화 운동을 함께 하면 달리기하는 우리들의 신체가 잘 조율된다고 믿는다. 스트레칭과 마찬가지로 걸리는 시간은 많지 않다. 규칙적으로 하는 것이 중요하다. 여기 러너들의 근육 강화 운동 중 가장 좋은 네 가지를 소개한다. 그리고 나서 러너들에게 자주 권해지는 잠재적으로 해로운 것 세 가지에 대해 설명하겠다.

■ 러너들의 근육 강화 운동 네 가지

이 강화 운동들을 하려고 헬스클럽에 가입하거나 지하실에 체육관을 차릴 필요는 없다. 역기 같은 것도 하나도 필요 없고, 단지 한 5분 걸릴 뿐이다. 스트레칭에서와 마찬가지로 일 주일에 2~3일 하면 최선의 결과를 얻을 수 있다.

• 대퇴사두근 강화 : 뻣뻣이 다리 들어올리기

무릎 부상은 대퇴사두근(허벅지 앞쪽 근육)이 튼튼하지 않을 때 올 수 있다. 강한 대퇴사두근은 몸무게를 지탱하고, 땅에 닿을 때의 충격을 흡수하는 역할을 한다. 또한 연결 부위를 단단히 함으로써 무릎 뼈의 위치를 유지시킨다.

책상, 벤치, 의자 등에 앉는다. 한번에 한쪽 다리씩 무릎을 고정시키고, 다리를 뻗는다. 각 다리를 5~10번씩 들기로 시작해서 매 2~3주마다 각 다리로

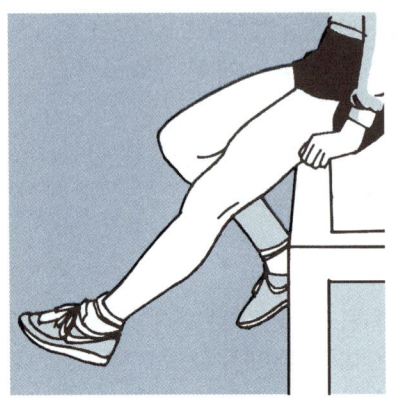
뻣뻣이 다리 들어 내리기

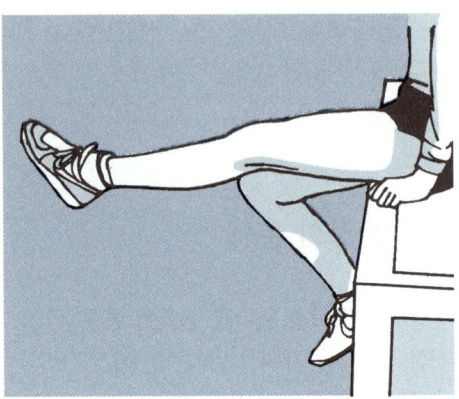
뻣뻣이 다리 들어 올리기

아래위로 들었다 내리기

위로 들어 안으로 틀기

40~50번씩 할 수 있을 때까지 늘린다. 그때 가서 원하면 무거운 것을 다리에 달아도 된다. **무릎을 굽히지 마라.**

- **정강이 근육 강화 : 발 들어올리기**

정강이 문제는 거리를 갑자기 늘리거나, 단단한 지면, 내리막 길 달리기, 또는 새 신발 등으로 인해 온다(229~233쪽에 정강이 문제를 자세히 다뤘다). 지금까지 정강이 문제가 없었다면 재수가 좋았던 것이다. 있었다면 여기 앞쪽 정강이 근육을 다리에 단단히 붙게 해 주는 훈련법이 있다.

테이블이나 의자에 앉아 양동이, 헌 가방이나 기타 무거운 것을 천으로 고리를 만들어 발에 건다. 0.5kg부터 시작한다. 발을 5~10번 두 가지 다른 운동으로 들어올린다. 이것은 발목 운동이다.

- 수직으로 아래위로 움직인다.
- 위로 들어서 안쪽으로 튼다.

14. 스트레칭과 근육 강화 운동

· **발로만 들어야 한다.** '뻣뻣이 들어올리기'처럼 전체 다리를 사용해서는 안 된다. 천천히 숫자를 증가시켜 30~50번으로 늘리든가, 0.5kg에서 1~2kg으로 무게를 늘린다. 발 바깥쪽이 땅에 닿는 러너들은 발을 들어 바깥쪽으로 틀어서 바깥쪽에 있는 작은 근육들을 강화시킬 수 있다. 이것은 발목이 접질리거나 삐는 것을 방지하는 데 도움이 된다.

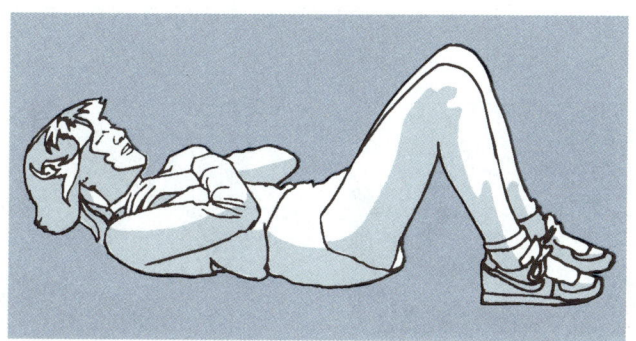

등을 대고 누워 무릎을 굽힌다.

머리를 25~30cm 올린다.

· **배 근육 강화 : 무릎 구부린 몸통 올리기(Sit-Up)**

허리 문제는 종종 배 근육을 강화시켜서 방지할 수 있는데, 강한 배 근육은 강한 등의 당김을 조정하고, 척추와 그 주위의 신경에 압력을 줄인다.

등을 대고 누워서 무릎을 구부린다. 발을 바닥에 붙이고, 천천히 어깨를 30° 가량(25~30cm) 올린 다음 되돌아간다. 30° 이상 올라간다고 근육이 더 잘 발달되는 것은 아니다. 오히려 허리 문제를 야기시킬 수도 있다. 빨리빨리(또는 갑자기) 하지 마라. 그렇게 하면 배 근육을 사용하지 않는다. 천천히 하라. 손은 가슴에 팔짱을 껴서 그 힘을 이용하지 않게 한다.

여러 해 동안 나는 발을 어디다 끼우지 않고는 이것을 할 수 없었다. 내 아내의 권고로 발을 끼우지 않고 하루 저녁에도 몇 번씩 노력했는데, 처음에는 바닥에서 일어날 수도 없었다. 하지만 계속 반복한 결과, 한 달쯤 지났을 때 비로소 나는 도움 없이 하나를 할 수 있었다. 이제는 30회나 그 이상도 할 수 있다.

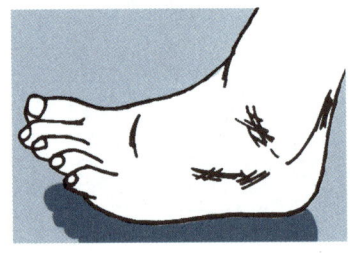

발가락 펴기

오므리기

- **발 강화 : 발가락 오므리기**

아침에 발가락이 아픈 것(좀 걷고 나면 없어지는)은 발 근육이 약하기 때문일 수 있다. 달리기는 이 근육을 강화시키지 않는다. 더 큰 문제는 발바닥인데, 몸무게와 쾅쾅 찧는 충격이 발뒤축에서 발 움푹 파인 데까지에 있는 강한 인대에 부상을 준다. 발가락 오므리기는 이 인대를 지탱해 주는 근육을 강화시켜서 발이 더 큰 힘으로 차고 나가게, 몸무게를 더 잘 지탱할 수 있게 해 준다. 또한 발바닥 힘줄을 스트레칭시켜 주어서, 발등의 힘줄을 잡아당기는 근육들의 당기는 효과와 균형을 유지시켜 준다.

발가락을 편 다음 매우 강하게 7~10초 동안 발가락을 구부린다. 그리고는 편안히 편다. 하루에 걸쳐 5~10번 한다. 처음 할 때 근육에 쥐가 난다든지 해도 놀라지 마라. 이것은 단순히 근육이 약해져 있고, 운동이 필요하다는 신호일 뿐이다.

14. 스트레칭과 근육 강화 운동

주의! 다음 것들은 해로울 수도 있다

■ **의자 위의 장애물 경주**

이 잘 알려진 스트레칭은 허벅지를 너무 압박해서 많은 근육 문제를 일으킨다. 타월로 하는 허벅지 스트레칭이 더 적은 위험으로 똑같은 일을 한다.

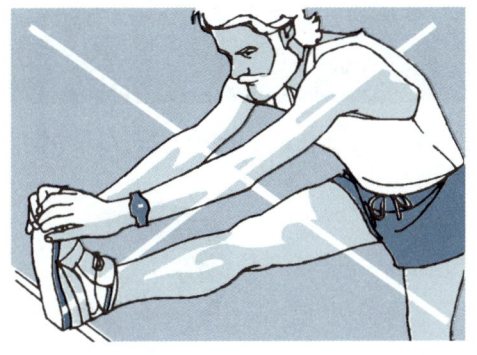

■ **쟁기질**

발과 다리를 몸 너머로 가게 하는 것으로 중력이 너무 가해지고, 목과 허리를 너무 많이 압박한다. 몇 년 동안 아무 문제없이 해 왔을 수도 있지만 역시 위험하다. 허리 스트레칭은 아무 위험 없이 허리를 부드럽게 스트레칭할 수 있다.

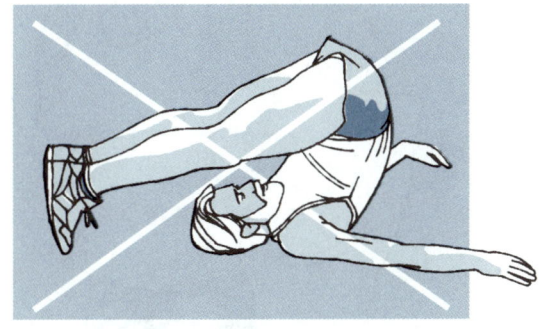

■ **무릎 구부려 펴기**

보통 체육관 역기 벤치에서 하는데, 다리에 추를 달고 구부린 상태에서 뻗는다. 이것은 뻣뻣이 다리 들기에서처럼 대퇴사두근을 강화시킬 수 있지만, 무릎 문제를 더 심각하게 만들 수 있다. 위험 부담이 너무 크다. 뻣뻣이 다리 들기는 위험 요소 없이 같은 근육을 강화시킬 수 있다.

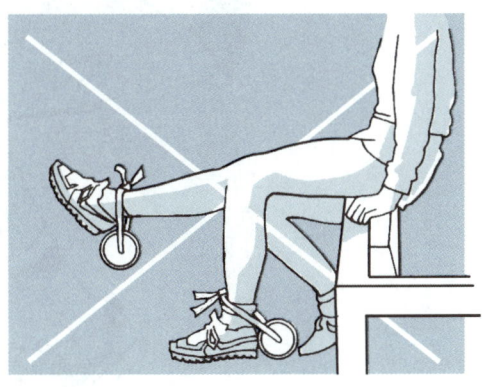

177

· 조율

15. 달리기 보조 운동과 훈련

근육을 강화하고 자세를 교정하는 법

15. 달리기 보조 운동과 훈련

달리기 훈련은 지구 곳곳의 훌륭한 코치들에 의해 계속되어 왔다. 1977년 아서 리디아드는 내가 달리기를 개선하는 데 굉장히 도움이 된 특별한 종류의 운동을 내게 보여 줬다. 아서는 유럽에서 이 운동을 보았고 자신에게 처음 실험해 보고 나서 자기의 젊은 올림픽 선수들에게 가르쳤다. 그는 이것들이 중요한 달리기 근육을 강화시키고, 리듬을 개선시킨다고 믿는다. 나도 동의한다.

이 위대한 뉴질랜드 코치는 이 운동들을 캘리포니아에 있는 우리의 레이크 타호 산악 달리기 훈련장에서 내게 보여 주었다. 나는 아서의 선수들의 기록을 보고서야 그가 왜 이 운동들이 세 번이나 금메달을 딴 피터 스넬(Peter Snell) 같은 선수를 '훌륭한(good)'에서 '굉장한(great)' 선수로 만들 수 있다고 믿는지를 알게 되었다. 타호의 캠프에서 나는 이 운동들의 숨은 원리를 배웠다. 그것들은 내 자신의 달리기 자세와 이론에 지대한 영향을 주었을 뿐 아니라, 모든 수준의 러너들을 도와주는 데 있어 내게 좋은 도구가 되었다.

****

언덕 훈련(57쪽 참조)은 스피드 훈련과 여기 보여 줄 네 가지 운동에 필요한 주요 추진 근육들을 준비시킨다. 이 운동들은 특별히 아랫다리 근육, 대퇴사두근, 히프 근육들을 개발시키고 달리기 반사능력을 개선시킨다. 아랫다리가 튼튼해짐에 따라 더 많은 체중을 지탱할 수 있게 되고, 발목이 아랫다리 근육의 힘을 극대화할 수 있도록 해 준다. 이 운동들은 발이 차고 나가는 것부터 다리의 움직임까지 완전한 일련의 달리기 움직임을 모두 커버한다.

다른 모든 훈련에서처럼 이 운동들도 몇몇 근육들을 잘 개발해서 달리기 연습과 경주 내내 우리를 지고 갈 만큼 충분히 강하게 해 준다. 필요하면 자세를 교정해 줄 수 있도록 누군가가 도와준다면 좋다. 실습 교정 클리닉이 가장 좋은 가이드를 제공한다.

이것들이 바로 익숙해지지 않는다고 실망할 필요는 없다. 내 경우 이 훈련들의 효과를 느끼기 시작하는 데 일 년의 강훈련이 필요했다. 모든 신경, 근육 등 서로 연관된 것들이 함께 조화를 이루는 데는 시간이 걸린다. 최상의 결과를 위해서는 이 운동들을 부드럽게 규칙적으로 해야 한다. 그것들이 여러 신체기관들과 함께 운동하고, 원하는 결과를 이루어낼 수 있도록 훈련시킨다.

■ 달리기 운동과 훈련의 법칙
① 시작 전에 최소한 1,500m의 조깅으로 몸을 풀고, 끝난 후 최소한 가벼운

1,500m 달리기로 마무리한다.
② 어떤 과격한 변화도 시도하지 마라. 운동이 힘을 조금씩 바꾸게 하도록 하라.
③ 바로 이 운동으로 뛰어들지 마라! 천천히 들어간다. 처음에 각각을 2~3번씩만 한다.
④ 각 운동을 약 50~100m씩 일 주일에 2~3번 천천히 한다.
⑤ 이것은 스트레스를 받는 운동이 아니다. 하는 데 쉽지 않거나, 힘이 굉장히 든다면 뭔가 잘못하고 있거나, 할 준비가 안 됐거나, 아니면 너무 많이 하는 것이다.
⑥ 최상의 결과를 위해서는 이 운동들을 일 주일에 두 번 한다. 몸풀기를 충분히 한 다음에 이것들을 자세 가속 훈련과 섞어서 한다. 언덕 훈련, 스피드 훈련 또는 경주를 위한 준비운동으로 한다.

■ 재빨리 무릎 올리기 : 얼음 위에서 걷기
- 목적 : 아랫다리 근육, 대퇴사두근, 히프 근육, 엉덩이 추진 근육들을 강화시키고, 러닝 리듬을 개선하는 데 도움을 준다.
- 짧은 보폭으로 무릎을 허리까지 올린다.
- 발 앞쪽으로 나아간다.
- 빠르고 가볍게, 마치 얼음 위를 걷는 것같이 한다.
- 긴 보폭은 피하고 빨리 나아가지 않는다. 이것은 무릎 올리기와 빠른 반사작용을 위한 것이다.

■ 차고 나가기(Kick Out) : 마칭 밴드
- 목적 : 발목 움직임과 좋은 다리 움직임을 개발한다.
- 처음에는 걷는다.
- 무릎을 허리께로 들고, 발을 엉덩이 밑으로 거의 닿게 들어올린다.
- 앞발을 앞으로 차고 나간다.

15. 달리기 보조 운동과 훈련

차고 나가기

- 앞발을 차면서 뒷발은 발목에서 힘껏 밀어낸다.
- 차고 나갈 발이 45°가량 각도가 되면 몸 아래로 바로 내려딛는다.
- 밀어낸 시간부터 차고 나가는 시간까지 발의 움직임을 빨리 한다.

• **'차고 건너뛰기'** : 이것은 이 운동의 리디아드식 변형으로, 발목으로 차고 나간 다음 같은 발을 땅에 닿게 함으로써 건너뛴다. 다른 발로 같은 것을 반복한다.

■ **언덕 튀어오르기(Hill Springs)**
• **목적** : 히프, 다리, 발의 근육 강화와 발목이 제 일을 할 수 있도록 몸의 위치를 움직이는 것이다.
- 적당한 언덕을 정한다(10% 경사 정도).
- 한 발로 뛰어올라서 앞 무릎을 들어올린다.
- 마지막 순간까지 공중에 머문다.

언덕 튀어오르기

- 앞다리를 재빨리 내려서 땅에 닿은 다음 다리를 거의 펴서 튀어오른다. 여기서 발목이 제 할 일을 하는 것이다.
- 튀어오르는 다리를 완전히 펴서는 안 된다. 무릎 뒤쪽의 약하고, 낫는 데 오래 걸리는 근육이 다치는 것을 피하기 위해 무릎을 약간 구부린다.
- 떠서 자세를 유지하는 데에만 신경 쓰도록 보폭을 짧게 한다.
- 처음에는 몇 번 튀어오르는 걸로 해서 점차 50~100m까지 늘린다.
- 무릎 올리는 것에 대해서는 염려할 필요가 없다.

■ 경중경중 뛰기(Bounding)
• 목적 : 대퇴사두근과 추진력을 더 강화시킨다. 경중경중 뛰기는 언덕 튀어오르기와 아래 것만 다르고 다 같다.
- 무릎을 더 높인다.
- 보폭을 더 크게 한다.

15. 달리기 보조 운동과 훈련

겅중겅중 뛰기

꼿꼿이
서서 뛰기

- 평지나 약간 오르막에서 한다.
- 언덕 튀어오르기에서의(짧은 보폭만 제외하고) 요령을 따른다.
- 매걸음마다 더 많은 힘을 쓰게 되고, 보폭을 넓히고, 종아리 근육을 발달시킨다.

■ **꼿꼿이 서서 뛰기**

  이것은 종합적인 운동이다. 이 훈련들을 모두 모아 뛴다. 무릎을 높이고, 몸을 꼿꼿이 하고, 강하게 차고 나가고, 다리를 엉덩이 밑에 붙였다 재빨리 발을 움직이고, 가슴을 꼿꼿이 세워 앞으로 내민다. 10k 페이스보다 빨리 뛰지는 마라. 잘 통제하여 모든 요소들이 함께 조화되도록 한다.

· 조율

16. 의지력
WILL POWER

훈련 없이 더 빨리 뛸 수 있는 법

16. 의지력

지금 하는 것보다 더 빨리, 더 멀리, 그리고 더 잘 뛸 수 있다. 불러만 낸다면 더 빨리, 더 재미있게 뛸 수 있는 힘과 강인함의 원천이 여러분의 손가락 끝에 있다.

■ '괴물'을 풀어놓는다

연예인이자 비경쟁적 '초'마라토너인 딕 그레고리(Dick Gregory)는 우리 모두에게 내재한 힘의 깊은 저수지에 대해 얘기한다. 그는 그것을 '괴물'이라고 부른다. 고등학교와 대학 달리기 선수 시절 그는 불안정성과 불확실성과의 싸움에서 자신을 도울 수 있도록 그 괴물을 불러냈다.

나는 이 괴물들이 일하는 것을 실제로 여러 번 보았다. 1972년 뮌헨 올림픽 미국 예선에서 중거리 선수인 데이브 와틀(Dave Wottle)은 짐 라이언(Jim Ryun) 등 캔사스 출신들을 포함한 미국 최고의 800m 선수들을 모두 꺾었다. 우리가 올림픽 게임 준비를 위해 노르웨이를 여행할 때, 데이비드는 가시지 않는 무릎 통증을 호소했다. 곧바로 중지해야 했던 몇 번의 곤혹스러운 스피드 훈련 후 데이브는 2~3주 쉬었다.

하루는 내 룸 메이트 덕 브라운(Doug Brown)과 내가 숲 속에서 가벼운 러닝을 시작할 때, 우리는 희망에 가득 찬, 강훈련을 다시 시작할 준비가 된 와틀이 그의 휴식을 끝내고 처음 뛰어나가는 것을 보았다. 우리가 조금 뛰고 돌아왔을 때, 눈물을 흘리며 다리를 저는 데이브를 만났다. 휴식은 그의 무릎에 아무런 도움도 못 되었다. 그는 자기가 최고조에 도달했던 것처럼, 자기의 달리기 인생도 끝이 났다고 생각했다. 그러나 며칠 더 계속된 휴식과 실망 후에 우리는 식탁에서나 트랙에서 새로운 와틀을 보기 시작했다. 자기 문제에 대해 농담도 하며, 그는 뛸 수 있을 때 뛰었고, 무릎을 혹사하지 않고도 최소한 약간의 훈련을 하기 위해 즉흥적으로 운동하기도 하였다.

우리가 첫 예선을 위해 뮌헨에 도착할 무렵 와틀은 오랜 휴식으로 약해지긴 했으나, 시합에 임할 수 있을 정도로 뛸 수 있게 되었다.

예선 첫 라운드에서 그는 그룹의 맨 끝에서 떨어지지 않으려고 애썼다. 그가 마지막 바퀴에서 끝으로 돌자, 우리는 몰려나가 지금은 훨씬 더 컨디션이 좋은 다른 선수들을 따라붙은 용기를 칭찬해 줄 준비가 되어 있었다. 하지만 어찌된 일인지, 그는 무리 속을 뚫고 나와 3등으로 들어왔고, 다음 라운드에 나갈 자격을 얻었다. 그는 그 다음 두 라운드도 비슷하게 뛰었다. 뒤떨어지지 않으려고 애쓰다 마지막 자격을 얻곤 하는 모습으로. 우리는 놀랐다. 와틀이 800m 결승 진출 자격을 얻은 것이다.
　뮌헨 스포츠 스타디움에서의 어느 밝고 맑은 날 오후, 세계 최고의 800m 선수들이 출발선에 섰다. 총성과 함께 그들은 각자 위치와 전략적 유리함을 찾아 튀어나갔고, 와틀은 제일 느린 선수들 틈에 끼어 뛰었다. 선수들이 마지막 바퀴를 돌 때, 우리는 데이비드가 그룹의 맨 뒤쪽에 끼어 있는 것을 보았다. 우리의 스포츠 캐스터들은 그의 노력을 그가 메달권에서 벗어나게 할 불운한 전략으로 치부하였지만, 우리는 그가 꼴지 바로 앞으로 들어오더라도 행운이라는 것을 알고 있었다.
　그런데 갑자기 무슨 일인가가 일어났다. 모든 러너들이 근육에 노폐물을 과도하게 쌓으며 온갖 힘을 짜내어 달리는, 경기 중 가장 힘든 시간에 데이브는 숨은 에너지의 원천을 찾아낸 것이다. 그의 몸은 한계에 도달했다. 하지만 정신이 그를 앞으로 끌어내고 있었다. 그는 밖으로 디뎠다, 안으로 디디며 두 선수 사이를 재빨리 비집고 나와 꼴지를 면하려고 자신을 몰아세웠다. 바로 이때 다른 러너들은 초반에 너무 빨리 뛰어서 느려지기 시작했다. 데이비드는 다른 선수들에 비해 펄펄 나는 자신을 발견했고, 마침내 테이프를 끊었다. 금메달!
　데이브 와틀의 이야기는 극적이지만, 내가 하고자 하는 얘기는, 우리 모두는 지금 당장 더 잘 뛸 수 있다. 힘이 불려내지기를 기다리며 거기에 있다는 것이다. 괴물은 숨어 있다. 데이브는 자신 속에 들어가 자기 내면의 기량을 모두 끄집어낸 것이다. 마찬가지로 우리 각자는 숨은 저수지에서 힘을 끄집어낼 수 있다.

■ 몸과 마음

　마음은 우리의 몸을 그 한계 밖으로 끌어내는 데 큰 영향을 줄 수 있다. 불행히도 우리 대부분은 보통 부정적인 방향으로 경험한다. 마음이 지정된 활동 코스로부터 우리를 끌어내려 하면, 우리는 괴롭힘을 당해서 비생산적이고 파괴적인 활동으로 이어진다. 달리기에서 그러한 부정은 우리가 목표를 달성할 능력이 없다고 믿게끔 만든다.
　몸과 마음이 함께 일할 때, 몸과 마음의 일체감이 없는 다른 강한 러너들보다 더 경쟁력을 갖게 된다. 훌륭한 팀웍을 가진 팀이 능력은 뛰어나나 각 개인간 조화가 없는 팀을 이길 수 있는 것처럼, 한 부분에는 더 능력이 있으나 함께 일하지 못하는 다른 사람들에 비해 더 잘할 수 있다. 마음은 우리 몸의 선장이어서 각 신체기관과 끊임없는 대화를 통해 서로 조화롭게 일하고, 강력히 앞으로 나아갈 수 있도록 해 준다.

16. 의지력

■ 문제 해결

나를 가장 괴롭혔던 문제들은 내가 종합적으로 대처하지 않았던 것들이었다. 가장 힘든 적은 문제 그 자체가 아니라, 그에 따르는 혼돈이다. 1973년 보스턴 마라톤 전에 나는 내 일생에서 최고의 컨디션에 있었다. 너무 기분이 좋았고, 훈련에 잘 반응하였으므로 무적의 느낌을 가졌다. 나는 훈련계획 따위의 필요성을 느끼지 않았고, 매일매일 기분에 따라 뛰었다.

두 번 연속의 스피드 훈련과 힘든 언덕 훈련에도 피곤한 줄을 몰랐다. 그러던 중 갑자기 보스턴 마라톤이 8일밖에 남지 않았다는 것을 알았다. 내 일요일의 24km는 당연히 가볍게 뛰기로 바꾸어야 했었다. 하지만 나는 너무 컨디션이 좋았다. 별 생각 없이 그 연습 러닝을 실전과 같이 뛰었고, 집으로 걸어 들어오면서 그 거리에서의 내 최고 기록으로 뛰었다는 것을 알았다. 나는 너무 기쁘고 들떠서 곧 닥쳐올 경주에 대한 주의력 없음을 탓할 겨를이 없었다. 그 다음 주 내내 다리에 납을 매단 느낌이었다. 나는 보스턴에서 잘 뛰었다(5등). 하지만 내가 계획했던 것만큼은 못했다.

우리가 문제에 집중하지 않으면 문제들이 우리를 헛갈리게, 걱정되게 만들고 때로는 문제가 더 심각해진다. 이것을 깨닫게 되자, 나는 문제를 바라보는 그리고 그것을 해결하는 법을 개발했다. 기분 좋게 느낄 때 한 발짝 물러서는 법이라든지, 썩 좋지 않을 때 더 강하게 밀어붙이는 것이라든지.

나는 보통 3단계를 시도한다.
- 문제를 정의한다.
- 내 힘을 분석하고, 외부의 도움이 필요한지를 결정한다.
- 문제를 공격한다.

■ 문제 정의

자신을 괴롭히는 것이 무엇인지를 찾아낸다. 불편, 지루함, 적은 에너지, 피로, 확신이 안 서는 것. 때로는 그저 편안치 못하게 느껴지고, 그 원인을 추적해 들어가는 것만으로도 훨씬 기분이 좋아진다. 일반적인 불편한 느낌보다는 어떤 특정한 것에 대해 접근하는 것이 훨씬 쉽다. 부정적 느낌의 시작에 민감하게 되면 그것을 공격할 수 있다. 내가 1973년 보스턴 마라톤 전에 내 훈련을 정말로 분석했었더라면 질질 끌리는 피로의 원인과 경기 전 시합에 대한 들뜸 등을 알아냈을 것이다. 그러한 이해가 있었다면 나는 보다 부드럽게, 스트레스 없는 접근 방식으로 시합에 임할 수 있었을 것이다. 그런 반면, 나는 훈련 중에는 그렇게 잘 나가던 내

· 조율

몸이 시합날 날 배신한 것에 대해 그 후 몇 주 동안 걱정해야 했다.

■ 힘을 분석하고 필요할 때 도움을 받는다

문제를 확실하게 알면, 보통은 해결책을 찾을 수 있다. 있는 줄도 몰랐던 힘의 도움을 구하는 법을 배울 것이다. 여전히 때로는 우리 모두 도움이 필요하고, 존경하거나 믿을 수 있는 사람에게서 충고나 도움을 구하는 일에 주저해서는 안 된다.

■ 문제 공격

계획하는 자체만으로도 확신을 갖게 된다. 자기 자신의 힘을 믿고 다른 믿을 만한 사람으로부터 도움을 받는다면, 문제에 대한 직접적인 접근법을 알 수 있게 되고 곧바로 문제 극복에 착수하게 된다. 이것을 반복적으로 함으로써 자신감을 얻게 된다. 문제 해결의 시스템을 구축함으로써, 자신이 좌절을 극복하는 데 필요한 능력을 가지고 있고, 그것을 극복할 수 있다는 것을 보여 줄 것이다.

■ 긍정적 러닝의 힘

마음은 우리를 미혹시키거나 멈칫거리게 할 수 있는 것같이, 우리를 앞으로 나아가게 할 수도 있다. 생각이 부정적이면 더 나쁘게 되고, 속도도 더 느리게 되고, 러닝에 대한 나쁜 감정까지 가지게 된다. 하지만 긍정적인 면을 강조하게 되면 페이스를 유지하거나, 스피드를 더 낼 수도 있고, 또 기분도 더 좋아진다. 여러 해 동안 뛰면서 경주 때나 기타 계속하고 싶지 않을 때, 그 부정적인 생각을 돌려놓는 데 도움을 줄 수 있는 내가 개발한 몇 가지 기술을 소개한다.

- **무시** : 기분 나쁠 때, 그 기분이 그냥 지나가도록 노력한다. 부정적 생각이 지나가 버리면 긍정적인 생각이 돌아온다.

- **정신 흩트러뜨림** : 힘든 달리기 마지막엔 기분이 나쁘다. 힘들고, 덥고, 그만 뛰고 싶고, 다리는 아프다. 더 이상 달리기엔 상관도 없다고 느낄 수도 있다. 누구나 이런 메시지를 받는다. 선두에 있는 사람도 마찬가지다. 그렇게 실천하지 않는 한 이것들은 실제 문제가 되지 않는다. 예로, 내가 피곤할 때 내 주위에 있는 것들에 집중함으로써 내 기분을 잊는다.
뭐든 좋다. 지나가는 차, 집, 길 위의 차선. 나는 물체를 보고 내 자신에게 묘사한다. "파란 색 쉐비 차, 아마 1978년형이지. 왁스를 먹여야겠는걸. 오른쪽 앞 펜더에 조그마한 상처가 있는데……." 특정한 것에 집중한다. 안 그러면 다른 것으로 이어질 수 있는 것에 초점을 맞춘다. 전봇대의 연속, 다음 러너, 거리 표지판 등 정신을 흩트러뜨리는 것의 연속이다.

- **투영(Projection)** : 처음에는 현실적인 목표에 집중하고, 그 다음엔 자신을 그 속에 투영한다. 투영은 매우 강력한 가상이다. 너무 강력해서 실제로 일이 일어나게 만든다. 벌써 목표를 달성했다고 가정하면, 정말 그렇게 된다. 이것은 우리에게 확신을 줄 수 있다.

4~6개월의 훈련기간 동안 자신을 '세뇌'시킬 수 있다. 이 기간 동안 정신적으로 자신의 목표를 설정하고, 그것이 자신의 일부분이 되게 한다. 훈련이 끝났을 때 자신의 몸을 훈련한 목표대로 가게 내버려둔다. 그러면 원했던 시간이나 거리대로 뛸 수 있다.

또 경주 그 자체를 통해 자신을 투영함으로써 부정적 생각을 무찌를 수 있다. 결승선 가까이 왔고, 모든 것이 정상이라고 상상한다. 시계의 시간 기록을 볼 수 있다. 이것은 리듬을 유지하게 해 주고, 거기까지 가는 데 필요한 페이스를 유지하게 도움을 준다.

■ 긴장을 푼다

긴장을 풀고 편안한 마음을 가지면, 에너지를 더 잘 보존하고 자신의 목표를 달성할 기회가 많아진다. 긴장은 보통, 잘 통제되지 않을 것이라는 두려움에서 나오므로 최선의 방어책은 자신에게 자신이 잘 통제되고 있다고 말하는 것이다. 나는 긴장되거나 피로할 때 내 자신에게 세 가지 단어를 반복한다. **미끄러지듯, 긴장을 풀고, 힘을 낸다.** 이것은 내 생각이 올바른 궤도로 들어가는 데 도움을 준다. 이 단어들을 더 많이 말할수록, 그것이 뜻하는 바를 보여 줄 수 있다고 내 자신에게 더 확신을 준다.

■ 자신이 배의 선장이다

우리가 현실적이고, 긍정적이고, 편안하다면, 우리의 몸에서 최대한의 것을 뽑아낼 수 있을 것이다. 뛰는 동안에 열, 언덕, 부상 등 문제가 나타나면, 우리의 마음에 부정적인 생각이 없다면 그 부상들을 정확하게 평가할 수 있게 된다.

자신에게 적합한 시스템을 구축한다. 이 정신 에너지의 저수지를 두드림으로써 기대치 않았던 힘과 안정성을 얻게 되고, 다음에 그것이 필요할 때보다 더 잘 컨트롤할 수 있게 된다.

조율

17. 여성들의 달리기

바바라 갤러웨이 씀

내 아내 바바라는 수년 동안 매우 열성적인 러너였다. 사실 우리는 그녀가 플로리다 주 여자 달리기팀에 있을 때 플로리다의 트랙에서 처음 만났다. 그녀는 체육학 석사학위를 가지고 있고, 미국 여러 곳에서 남녀를 위한 달리기 클리닉을 운영하고 있었다. 그녀는 여성들의 달리기, 특히 임신 중의 달리기에 대한 특별한 훈련에 대해 자주 질문 받았다. 결과적으로 그녀는 연구를 했고, 그 주제에 대해 훌륭한 생각을 가지고 있었다. 이 책의 모든 다른 장은 남녀 모두에 해당되나, 이 장은 여성의 생식기관과 달리기와의 관계에 대해 그녀가 배운 것과 '손님(태아)과 함께 달리기'에 관한 자기 자신의 경험 등을 쓴 것이다. - 제프 -

거북하네! 이것이 여성 달리기에 대해 처음 얘기할 때 내가 느끼는 기분이다. 내 대학과 대학원 시절의 훈련과 생리학에서 배운 바로는 '여성들은 훈련에 대해 남성과 똑같은 반응을 보인다.'였다. 30분짜리 강의를 채우기 위한 '여성만을 위한' 정보를 찾는 것은 몹시 어렵다.

그 후 한번 임신에 나는 매우 다른 것들이 있다는 것을 배웠다. 깊은 곳의 근육세포와 심장혈관계에는 성 차별이 없을지라도, 우리의 생식기는 남성들이 걱정할 필요 없는 몇 가지 문제들에 직면하게 한다.

■ 여성의 구조적 차이

생리학자들은 같은 능력을 가진, 같은 운동 경력을 가진, 같은 훈련 프로그램을 한 남성과 여성은 같은 산소운반 능력을 가지고, 훈련에 대해서 같은 혈액순환계의 개발과 같은 근육세포 개발 능력을 가진다는 것을 발견했다. 그렇다면 왜 남자가 더 빨리 뛸까?

17. 여성들의 달리기

· 조율

　한 가지, 남성들은 태아를 키우는 데 필요한 보다 유연하고 넓이가 큰 히프를 가지고 있지 않다. 남자들의 골반과 히프는 스피드와 힘에 더 효과적이게 디자인되어 있다. 같은 노력으로 남성은 여성보다 더 빨리 달릴 수 있다. 여성들도 그들의 근육의 크기와 힘을 키울 수는 있으나, 이런 종류의 개발의 유전적 능력은 남성이 앞선다.
　그러나 장거리에 들어서면 저울은 여성 쪽으로 기울기 시작한다. 예로, 80km에서 스피드와 근육은 더 이상 이점이 되지 못하고, 오히려 짐이 된다. 마라톤과 초 장거리 달리기의 성적은 많은 부분 몸의 지방 태우는 능력에 근거한다. 여성은 이 보통은 원치 않는 품목을 더 많이 가졌을 뿐 아니라, 그것을 남성에 비해 더 쉽게 신진대사시킬 수 있다. 물론 나는 이러한 초 장거리 경주(42km 이상)는 권하지 않는다. 왜냐하면 그것들은 근육을 아주 오랫 동안 망가뜨리기 때문이다. 그것을 시도했던 여성 선구자들은 그 경주에서는 큰 성공을 할지 몰라도 낫는 데 오래 걸리는 부상의 위험에 직면한다.

■ 시작
　대부분 여성들은 충분한 운동 배경 없이 달리기 프로그램을 시작한다. 지난 세대의 어머니, 아버지들은 어린 여자애들이 땀을 흘리면 녹아 버릴지도 모른다고 암시했다. 말괄량이들(tomboys)은 뛰어다니는 것과 그렇게 세차게 노는 것을 그만두지 않으면 남자를 얻을 수 없을 것이라는 경고를 받았다. 같은 또래의 남자아이들은 나무에 기어오르고, 온 힘을 다해 뛰어다니고, 로프 그네를 타고, 볼을 던지고, 쫓아가고 해도 부모의 전적인 지지를 받았다.
　여성들은 근육만 약한 것이 아니라, 연결 힘줄, 인대, 뼈 등도 강한 훈련에 대비되어 있지 않다. 이것은 건강 사슬의 약한 부위이다. 대부분의 여성들은 남성들보다 더 천천히 시작해야 하고 운동량을 늘릴 때에는 더 많은 주의가 필요하다. '3. 시작'의 충고들은 남성들 뿐 아니라 여성들, 모든 수준의 사람들에게 해당된다. 걷기부터 시작하여 점차적으로 자신의 프로그램에 달리기를 넣는다.

■ 몸무게 빼기
　달리기는 지방을 빼고, 뺀 상태를 유지하는 데 가장 좋은 방법 중의 하나이다. 다이어트보다 훨씬 더 나은 방법이고, 일생 지속될 건강을 가져다 주는 이점도 있다. 어린시절 여자아이들은 몸에 지방이 별로 없다. 틴에이저 시절에는 에스트로겐이라는 여성 호르몬이 지방 축적을 포함한 많은 변화를 가져온다.

남성들은 보통 근육 밖에 지방을 저장한다. 그것들은 금방 눈에 띈다. 하지만 여성들은 지방을 보기 좋게 잘 정리한다. 근육 자체에 저장한다. 이러한 지방 축적은 처음에는 잘 나타나지 않는다. 왜냐하면 몸 전체의 근육세포 사이사이로 넣었기 때문이다. 하지만 근육이 일단 그 내부 저장고를 모두 채우고 나면 지방은 히프, 가슴과 온몸에 얇은 층을 이루며 저장된다.

지구력 운동은 지방을 태우는 근육을 자극해서 낮이고 밤이고 일하게 만든다. 이 근육세포들은 지방세포보다 무겁기 때문에 몸무게가 줄어들지 않을지 모른다. 어쩌면 약간 늘어날지도 모른다. 운동을 통해 혈액의 양이 늘어남으로 인해 또 몸무게가 는다. 하지만 동시에 허리 둘레가 몇 센티미터 줄고, 드레스 사이즈가 줄고, 해로운 지방이 준다('22. 지방 태우기' 참조).

하지만 몇 달간에 걸쳐 운동량을 늘리고도 몸무게가 늘고 옷 사이즈가 줄지 않으면, 칼로리 소비량을 관찰할 필요가 있다. 가장 나쁜 것이 먹는 지방이고, 그 다음이 설탕이다.

저울의 노예가 되지 마라. 다이어트나 금식의 체중감소는 대부분 수분이다. 이것은 탈수를 야기시키고, 병으로 이어질 수 있다. 상당 기간 동안의 운동은 몸무게 조절의 최선의 방법이고, 또한 건강 증진의 이득도 가져다 준다.

여성의 운동에서 주의해야 할 네 가지

아이 가지기를 원하건, 원치 않건, 우리의 생식기가 달리기에 미칠 영향에 대해 생각하는 것은 자연스러운 것이다. 어린아이를 갖기로 결정한 사람들은 뱃속의 아기를 보호해야 하고 아기의 자연적 발달과 건강 개발에 최고의 컨디션을 원할 것이다.

애틀랜타에 있는 여성 생식 생리학의 전문가인 에드윈 데일 박사(Dr. Edwin Dale)는 여성 생리기간과 임신시 운동의 영향에 관한 권위자가 되었다. 1970년대 후반 달리기 붐이 일었을 때, 여성들이 그들의 의사가 대답할 수 없는 질문들을 의사들에게 던졌다. 전문가들이 데일 박사에게 상담할 때, 그는 연구가 되어 있지 않은 것을 발견했다. 마침내 데일은 자신이 연구를 시작했다. 수백 명의 여성들과 함께 일하고, 다른 전문가들의 논문과 비교했다. 그에 따르면 운동에 관해 여성들이 고려해야 할 주요 부분이 네 가지 있다.

· 조율

■ **월경불순**

왜 그런지에 대해서는 아직도 많은 의문이 있으나, 장거리 달리기는 일부 여성들에게서 월경주기의 방해와 정지에 상관이 있는 듯이 보인다. 최근의 연구에 따르면 뇌의 특정 부위, 시상하부는 몸 전체의 지방과 스트레스를 가까이 관찰하여, 그 사람이 '너무 많은 신체적 스트레스'를 받으면 에스트로겐 생산을 차단한다. 한 여성의 몸의 지방이 시상하부가 판단하기에, 임신을 감당할 만한 수준 이하로 떨어졌다고 판단하면 에스트로겐 생산을 중단한다. 이것은 우리 선조들이 여성기(출산 가능 연령기)에 사용한 보호장치가 아니었나 싶다.

희소식은 이 불임이, 비록 다시 가능하게 되는 데 시간이 걸리기는 하지만, 영구적이라는 근거는 어디에도 없다는 것이다. 그러나 이것을 피임법으로 이용해서는 안 된다! 월경불순이나 무월경이 불임을 보장하는 것이 아니고, 많은 러너들은 자신들의 임신 사실을 알고는 놀란다.

정상적인 월경을 원하는 여성 러너들에게 데일 박사는 다음 것들을 권한다.

- 매일 균형 잡힌 단백질, 곡물, 지방, 신선한 야채, 과일, 비타민과 미네랄을 섭취한다. 복합탄수화물이 많고, 지방과 단백질이 적은 식사가 모든 러너들에게 중요하다(일정량의 콜레스테롤이 에스트로겐 생산에 필수적이다).

- 스트레스를 줄이고 호르몬 생산을 자극하기 위해 달리는 거리를 50%나 그 이상 줄인다. 일 주일간 줄이는 것으로는 충분치 않다. 여러 달 동안 줄어든 상태를 계속 유지하는 것이 필요할 것 같다. 그 여분의 운동으로는 수영을 하라. 무슨 이유에서인지, 세계적인 수준의 수영선수들조차도 월경 문제는 거의 없다. 이것은 아마도 몸무게로 누르는 스트레스가 없기 때문인 것 같다.

- 위의 것들로도 해결되지 않으면 의사를 찾는다. 의사는 이 케이스를 조사해서, 중요한 병의 가능성을 배제하고, 호르몬 주사를 처방할 수 있을 것이다. 하지만 대부분의 여성에게는 더러는 위험한 부작용으로 인하여 호르몬 주사보다는 달리기 프로그램을 줄이는 것이 낫다.

노트 1984년 초, 캘리포니아 주립대학 샌프란시스코 의대의 의학 연구자들은 월경이 멈출 정도로 운동을 하는 여성들은 노인 여성들에게서 볼 수 있는 것과 비슷한 뼈 조직 손실을 경험할 수 있다고 보고했다. 실험에 참가한 여성 10명은 50세 미만이었고, 심한 운동으로 월경이 멈췄고, 거의 지방이 없으며, 상대적으로 낮은 수치의 에스트로겐을 가지고 있었다. 과학자들은 이 소실험 그룹에서 발견된 뼈 손실(이 경우는 정상보다 22~29% 적었다)이 정상

17. 여성들의 달리기

인들보다 더 이른 나이에 골다공증(뼈가 쉽게 부러지는 증상)의 조기 증세가 아닌가 우려한다. 이 주제에 대한 앞으로의 실험과 연구를 지켜 볼 필요가 있다. 이 상태를 예방하기 위해 적당한 칼슘 섭취가 식사에 포함되어야 한다.

■ 여성 이미지

데일 박사에 따르면 여성들이 신경 써야 할 다른 부분은 운동이 새로운 러너의 인상을 어떻게 바꿀 것인가 하는 것이다. 늘 그런 것은 아니지만, 운동은 이제 여성들의 생활의 자연스런 일부로 간주된다. 남성들과 여성들 모두에게 바람직하고 필요한 것이다. TV 광고, 영화, 신문과 잡지는 여러 분야에서 건강하고, 격렬히 운동하는 여성 선수들을 보여 준다. 패션 디자이너들은 '땀복'을 매력적이고, 여성스럽게 만든다. 이미지가 바뀌고 있다.

■ 가슴 받쳐 주기

많은 여성들은 뛸 때의 가슴 출렁거림이 유방에 해가 되지 않을까 걱정한다. 데일 박사는 유방이 처지거나, 어떤 방법으로든지 부상을 입게 되는 어떠한 증거도 알려진 바 없다고 보고한다. 그러나 대부분의 여성들은 정기적인 러닝 프로그램, 특히 장거리 러닝에서 가슴을 받쳐 주면 훨씬 더 편안하다고 한다. 신축성이 좋은 끈이 달린 가벼운 브라들이 많은데, 신축성도 좋고 매일매일의 착용에는 적당하지만 달리기에는 알맞지 않다. 잘 받쳐 주는, 늘어나지 않는 어깨 끈이 달린 것이 좋다. 속에 철심이 들어 있는 것도 피해야 한다.

스포츠 브라 생산업자들이 많은 여성들에게 맞는 브라를 개발했다. 100%면에 호크가 없고, 넓은 신축성 끈이 뒤에서 교차되는 것이다. 이것은 단단히 고정시켜 줘서 불편한 출렁거림을 없애 준다. 어떤 여성들은 '미니' 브라를 선호한다. 그것은 '분산(출렁거림의)'과 받쳐 주기를 위해 특별히 디자인된 것이다.

역주 중국과 미국의 월드컵 여자축구 결승전에서 한 미국 선수가 페널티킥을 성공시킨 후 벗었던 유니폼 속의 스포츠 브라를 누구나 기억할 것이다. 요즘에는 브라뿐 아니라 좋은 재질로 된 좋은 운동 용품들이 많이 나와 있다. 나는 인터넷 또는 경주 전날의 엑스포를 통해 내게 필요한 것들을 구입한다.

■ 여성기

달리기로 인해 요도가 고장났다는 몇몇 연구되지 않은 기사들의 경고에도 불구하고, 데일 박사에 따르면 어디에도 그런 상태의 알려진 의학적 증거는 없다고 한다(방광이나 자궁에 구조적인 취약함이 있었다면, 달리기가 그것을 더 악화시킬 수는 있을 것이다). 어떤 여성들은 달리는 동안, 특히 심한 러닝이나 경주 중에 소변이 새는 경우가 있다. 이것은 다시 러닝을 시작하기 전에 골반 바닥을 강화시켜야 한다는 신호이다(케겔 운동 201쪽 참조).

임신 중 달리기

임신 중인 여성들을 위한 달리기 책은 거의 없다. 그러한 이유로 내 경험과 그 문제에 관한 여러 전문가들과의 이야기를 통해 내가 배운 바를 중심으로 얘기하고자 한다. 시작하는 데 세 가지 짚고 넘어갈 중요한 것들이 있다.

- 엄마의 운동이 태아에 미치는 영향에 대해 별로 알려진 바가 없다. 머지 않은 장래에 더 많은 연구가 이루어지기를 기대한다.
- 나는 임신하기 전 여러 해 동안 러너였다. 임신기는 러닝 프로그램을 시작하기 엔 좋은 때가 아니다. 달리기와 임신을 함께 시작하면 등, 히프, 무릎, 기타 다른 관절과 근육에 너무 많은 스트레스를 주게 된다. 운동을 시작하고 싶으면 임신 에어로빅 프로그램이나 수영을 하도록 한다. 이미 뛰고 있었다면 계속 할 수 있을 것이다. 다만 임신이 진행됨에 따라 자신이 어떻게 느끼느냐, 또 의사의 권유에 의해 운동량을 조절할 수는 있을 것이다. 임신한 경험이 있는 러너의 경우를 따르는 것이 좋겠다.
- 특히 임신 중인 여성은 조깅이라도 시작하기 전에 튼튼한 골반바닥과 복부근육의 받쳐 줌이 있어야 한다. 가능한 빨리 이 문제에 대해 의사에게 진찰을 받는다. 임신이 이 두 근육 무리에 큰 압박을 주므로, 대부분 여성 러너들은 5개월 후부터는 조깅을 포기한다. 다시 한 번 의사와 이 문제에 대해 상의하길 권한다.

■ 임신(무릎 부상에 감사하며)

이상하게 들릴지 모르겠으나, 우리는 무릎 부상으로 인하여 아기를 가지게 되었다. 4년의 결혼 생활 후, 제프와 나는 아이를 가지기로 하였다. 하지만 결정이 현실로 나타나기까지는 2년이 걸렸다. 건강한 상태에서 우리는 수태가 빨리 되고

17. 여성들의 달리기

간단할 줄로 알았다. 내 10년의 달리기 경험과 17번의 마라톤, 수백 번의 경주가 우리가 부모가 될 수 없는 이유가 될지 모른다는 것을 알고 쇼크를 받았다.

우리가 '시도'하기 1년쯤 전의 월경불순이 내 생식기관이 제대로 동작하지 않는다는 경고 사인을 보냈다. 주당 거리를 40km에서 65km로 증가시키자 월경이 불순해졌다. 주당 80km 이상으로 늘어나자 완전히 멈춰 버렸다. 일 년 동안 다음 월경을 기다렸으나 헛수고였다. 고정적인 속박에서 벗어났다는 생각에 일부 기쁘기도 했지만. 그러나 몇 개월이 지나자 자연의 균형이 영원히 깨져서 앞으로 다른 문제가 생기는 게 아닐까 하는 걱정이 생기기 시작했다.

연구를 해 본 결과, 걱정할 필요가 없다는 확신이 섰다. 사실 이것은 자연적 피임법이었다(절대 안전한 방법은 아니지만). 임신 가능성의 확인을 위해 나는 주당 거리를 줄였다. 비록 예측할 수 없을 정도로 불규칙하긴 했지만 내 월경은 되돌아왔다. 주기는 40~50일로 경우에 따라서는 완전히 없기도 했다.

의사는 내게 월경이 없을 때조차도 배란은 할지 모른다고 했다. 나는 데일 박사의 여성 러너들에 대한 연구에 참가해서 일 주일에 50km 이상 뛰면 생식 호르몬의 분비가 감소된다는 사실을 알고 있었다. 일 년 넘게 노력했으나 우리는 성공하지 못했다. 그때 무릎 부상을 가장한 축복이 내렸다.

6개월에 마라톤 5번은 복합적인 실수였다. 내 최고 기록에서 3분 이내로 마지막 3개 마라톤을 끝냈으니까. 처음에는 이따금 무릎에 통증이 왔고 어떤 때는 무딘 통증을 가지고 뛰었다. 몇 개월 뒤, 매 발자국마다 아파하는 자신을 발견하고 나는 거리를 주간 15km로 줄일 수밖에 없었다. 이제 의사는 내게 이 6주의 거리 감량으로 중요한 호르몬이 재생되었다고 말해 주었다. 마침내 아기를 임신할 수 있었다!

■ 손님(아기)과 함께 달리기

처음 임신했을 때, 나는 러닝을 포기해야 할까 봐 두려웠다. 그것은 임신으로 인한 무드 변화와 다른 감정적 변화에 대처하는 내 방식 때문이었다. 하지만 내 무릎은 비록 일 주일에 15km만 뛸지라도 여전히 날 괴롭혔고 다가오는 달들이 두려웠다.

마침내 나는 모든 달리기를 중단하였고, 약간의 운동을 하고 칼로리를 소모하기 위해 에어로빅 댄스 교실에 등록했다. 그런데 갑자기 무릎 부상이 없어지고 다시는 나타나지 않았다. 의심의 여지없이 줄어든 거리로 인해 아물기 시작한 것이다. 정형외과 의사는 갑자기 통증이 없어진 것은 임신 호르몬 생산으로 인한 것이라

· 조율

고 말해 줬다(임신한 여성이 출산시 이 자연 약물로 인해 통증에 덜 민감한 것은 흔한 일이다). 나는 우쭐해져서 다시 정상 달리기를 시작할 결심을 했다.

재고(再考)는 더 신중한 법이다. 내 평소 거리로 되돌아가고 싶었지만, 점점 이상한 기분이 늘어만 가는 아기를 배 안에 넣고 다녀야 했다. 매주 몸무게가 눈에 띄게 늘었고, 뛸 때마다 무게 중심이 장난을 쳤다. 자주 있는 내부 변화도 나를 당황케 했다.

장거리 달리기나 빨리 달리기를 하기엔 시기가 적당치 않다는 것을 깨닫고는, 모든 달리기를 임신 전의 수준으로 낮추었다. 일 주일에 90~110km이던 것이 이제 70km를 넘지 않았다. '시간'이 가까워 올수록 거리는 짧아졌다.

5개월째부터 8개월째까지는 일 주일에 55km로 고정시켰다. 그 뒤로 출산 때까지 주당 30~35km로 줄였다. 마지막 몇 번에서는 그 중 일부는 걷기도 했다.

■ 예방책

이미 뛰고 있다면 멈출 필요는 없을 것이다. 여러분의 의사가 에어로빅 운동에 대한 이해가 있다면 그의 자문을 구하라. 만약 뛰거나 운동하지 말라는 얘기를 들었고 그 이유가 타당하지 않다고 생각되면, 다른 임신한 여성 러너와 얘기해 보든지, 운동에 더 익숙한 전문가를 찾는다. 두 번째, 세 번째 의견을 듣는 것이 나쁠 것은 없다. 많은 여성들이 별로 그럴 필요가 없는데도 러닝이나 운동을 그만둔다. 그들은 필요한 긴장 완화, 산소 주입, 스태미나 개발 등의 훌륭한 공급원을 잃는다. 물론 어떤 여성들은 뛰지 말아야 할 대단한 이유가 있을 것이므로 의사의 말을 들어야 한다.

- **몸을 늘 시원하게** : 임신 중에 달리면 태아에게 손상을 줄 수 있으므로 체온이 너무 올라가지 않게 한다. 너무 더우면 다시 시작하기 전에 걸어서 열을 식힌다. 땀 흘리는 것은 열을 식히는 최고의 방법이므로 기회 있을 때마다 물을 마신다. 너무 덥거나, 너무 추운 것은 피한다. 분별력 있게 하고, 경우에 따라 조절한다면 보통은 뛰어도 괜찮을 것이다. 체온에 미치는 영향 때문에 임신 중, 특히 초반에는 뜨거운 목욕이나 사우나는 피해야 한다.

- **걷는다. 뛰어야 할 필요는 없다!** : 지구력 운동의 생리적, 육체적 효과는 일 주일에 30분짜리 세 번에 걸쳐 맥박수를 올리는 데 기초를 두고 있다. 대부분의 임신한 여성은 맥박수를 올리기 위해 뛸 필요는 없다. 빠르게 걸어라. 뛰고 싶으면 짧은 거리를 뛴다.

17. 여성들의 달리기

몇몇 연구는 에어로빅 운동은 태아에게 미치는 악영향은 없는 것으로 되어 있지만, 무산소 운동(42~43쪽에 정의되어 있다) 기간에 태아에게로의 혈액의 흐름과 산소의 영향에 대해서는 알려진 바가 거의 없다. 그래서 임신 중에 달리기를 할 때는 항상 에어로빅 상태(유산소 운동 상태), 즉 대화를 나눌 수 있는 상태로 있어야 한다. 숨차서 얘기도 못 할 정도면 속도를 늦춰라.

- **뛰는 거리에 대해서는 걱정 마라** : 임신 기간 중 일 주일에 세 번씩, 한 번에 30분씩 걸을 수 있다면 몸매를 유지할 수 있고, 기분도 나아질 것이다. 자신을 스트레스로까지 몰아붙여서는 안 된다. 뛰게 되면 재미있게 하라. 스트레스의 징후가 나타나면 걷는다. 기억하라. 사람은 모두 다르다. 다른 사람의 운동 프로그램을 따르려 하지 말고 자신 고유의 것을 만든다.

- **조기 예방한다** : 임신했다고 생각되면 특별한 주의를 기울인다. 태아에게 이 초기의 몇 주는 아주 중요하다. 이 장의 모든 '경고'는 특히나 과도한 열과 무산소 운동은 임신의 가능성이 있다면 조심해야 한다.

- **몸의 변화에 주의하라** : 몸무게가 늘어남에 따라 무게 중심이 변한다. 꽤 큰 짐을 지고 다니는 것이므로 등이 아프고, 근육을 다칠 수도 있다. 몸에 귀를 기울이고 운동 프로그램을 매일 조절한다.

■ 기분은 어떤가?

나는 달리기에서 세 가지 유형의 불편함을 느꼈다. 뛸 때 굼뜬 느낌을 느꼈다. 대부분 러너들은 처음 1 내지 3km에 굼뜬 느낌을 느낀다. 내 경우에는 최소한 5km는 갔다. 6~10km에서 종종 나는 즐거웠고, 초반의 불편함을 보상받고도 남았다. 이러한 느낌은 자연히 페이스를 늦췄다. 그러나 달리기의 전체적인 효과는 너무 좋았고, 초반의 굼뜬 느낌이 내 열정을 꺾지는 못했다. 나는 그 후 활기찼고 그날 나머지 시간 내내 기분이 더 좋았다.

태아가 자라감에 따라, 달리기는 골반에 더 많은 압박과 구조적 스트레스를 가했다. 인대는 탄력을 잃었고 더 단단해졌다. 특히 압박은 엉치뼈로부터 자궁과 복부를 지탱해 주는 복막까지 띠를 이루었다. 달리면서 이 부분은 매우 단단해지고, 부상이 생기는 듯한 느낌이었다.

내 임신 시절 달리기가 거의 끝날 무렵에는 이것이 너무 압박을 가하고 겉보기에는 심각한 문제 같아 걱정했다. 많은 여성들이 이 무렵(4개월)부터는 달리기를 그만둔다는 것을 안다. 내 자신의 출산시 늘어진 배 근육이나 인대를 상상하곤 그

분야의 책들을 있는 대로 읽고, 의사와 상의하니 내 두려움이 차차로 사라졌다. 나는 계속 뛰었지만 대부분의 여성들은 한 4~5개월째의 이러한 문제들을 달리기를 그만두는 신호로 받아들이고 걷기나 수영으로 대체한다.

■ 마지막 1/3 동안 달리기

브랙스톤-힉스(Braxton-Hicks) 수축이라 불리는 가상 수축이 정상 임신의 후반기에 나타날 수 있다. 나는 6~7개월 되어서 뛸 때 가볍고 산발적으로 수축이 일어나는 것을 경험했다. 8~9개월째에는 이것이 점점 강해지고 힘들어서 걱정하지 말라는 의사의 말에도 불구하고 나는 길에서 뛰다가 아이를 낳게 될 거라는 생각이 들었다. 자연분만 교실에서 배운 숨쉬기 운동이 도움이 되었다. 물론 나는 수축이 진행되는 동안에는 걷거나 서서 휴식을 취했다.

노트 많은 의사들은 수축을 경험할 때는 뛰지 말라고 한다. 산발적으로 수축이 일어나고, 운동에 의해 악화되지 않는다면 괜찮다. 하지만 더 악화된다면 속도를 늦추고 멈춰 서거나 다른 운동으로 바꾼다. 다시 얘기하지만 의심나면 의사와 상의하라. 얘기했듯이 대부분의 여성들은 이 단계가 되기 전에 달리기를 그만둔다.

• **숨이 넘어가게 뛰지 마라** : 7~8개월째로 접어들면 산소 요구량이 10% 정도 늘어난다. 이것은 달리는 동안 무산소 상태로 되기가 무척 쉽다는 얘기다. 그러므로 속도를 늦추고 걸어야 한다.

매사추세츠 케임브리지의 산모와 소아 건강 센터 소장인 엘리자베스 노블(Elizabeth Noble)은 정상 호흡을 해야 하며, 호흡이 끊어지는 것을 피할 필요가 있다고 강조한다. 그녀는 산소 공급의 방해는 태아에게 생리적인 영향뿐 아니라 심리적으로도 영향이 있을 수 있다고 한다.

또 얘기지만, 러닝에 대한 내 로맨스는 모든 사람에게 해당되는 것이 아니다. 의사와 자신의 몸에 귀를 기울여라. 이것은 다른 많은 여성들같이 균형에 문제가 있어 넘어지려는 경향이 있는 사람이라면 특히 중요하다. 물론 무슨 건강상의 특별한 문제가 있으면 몹시 중요하다.

출산 후의 몸매 되찾기

아이를 낳고 난 후 다시 운동으로 돌아가기가 생각보다 힘들었다. 내 몸의 생식과 관련된 부분은 휴식을 필요로 하였다. 하지만 나는 모든 것을 내게 의지하는 아기를 기르는 본능적 책임감에 대처하며, 내 달리기에서의 '마음의 휴식'이 다른 어떤 때보다 필요했다. 당황스러운 기간이 있었다. 약 4개월간 내 몸과 감정은 균형을 잃었다.

- **휴식을 취해야 한다** : 출산으로 인한 엄청난 육체적 소모와 수면 부족으로 약해진 몸은 평소만큼 빨리 회복되지 않는다. 출산 과정은 몸의 안팎으로 엄청난 부담을 주므로 회복하는 데 오랜 시간이 걸린다. 휴식이 가장 중요하며, 좋은 영양과 운동도 필요하다.

- **뛰기 전에 걸어라** : 대부분 여성 러너들은 출산 후 2주 정도 지나면 뛰기 시작할 수 있다. 평지라 할지라도 처음에는 천천히 한다. 피로하면 언제라도 멈춘다. 기분이 좋더라도 한 발짝 물러난다. 몸에 무리를 주어 산후 회복을 느리게 할 수 있다. 일 주일에 세 번 30분씩의 걷기 프로그램은 건강을 유지하고, 스트레스를 줄여서 회복하는 데 도와준다. 며칠 조리하고 나서 걷지 못할 여성은 거의 없다.

- **운동** : 배 근육은 임신 동안 늘어나 있다. 산후 무릎 굽혀 윗몸일으키기를 일찍 시작하는 것이 배 근육을 다시 쌓는 데, 또 허리 문제를 예방하는 데 무척 중요하다. 머리를 들고, 어깨를 25~30cm 정도 들었다 내린다(175쪽 참조). 또 '케겔 골반 바닥 운동'을 권한다. 많은 여성들, 특히 30 이후에 아이를 낳은 여성은 달릴 때 무의식적인 요실금 현상을 경험한다. 이러한 현상을 설명하는 말이 '스트레스성 요실금' 이다. 임시적인 한 가지 해결책으로는 달리는 동안 기저귀나 패드를 착용하는 것이다. 다른 방법은 소변을 컨트롤하는 회음 근육을 강화시키는 방법이다. 《자유로운 달리기》에서 조앤 율리어트는 알맞은 근육들을 강화시키는 자세한 법을 적어 놓았다. '방광의 목과 질을 둘러싸고 있는 회음부 근육'을 쥐었다 놓았다 하는 것이다. 방광 괄약근 자체를 쥐었다 놓았다 해서 강화시킬 수도 있다. 소변을 볼 때 소변을 끊었다 보냈다 해 본다. 이때 사용하는 근육이 괄약근이다. 이 운동은 아무 때나 할 수 있다. 1초 동안 세게 수축한 다음, 완전히 이완시킨다. 한번에 이 운동을 10번 반복한다. 그런 다음 10번씩 20번을 하도록 한다.

• **수분 섭취** : 탈수에 대해 매우 신경 써라. 충분한 양의 물, 주스, 또는 우유를 마신다. 많은 양을 가끔 마시는 것보다 적은 양을(120~240mℓ) 매시간 마신다. 소변이 항상 옅은 노란 색이어야지 짙은 색이어서는 안 된다.

■ 도움을 청한다

남편이 처음 1~2주 동안 엄마와 아이와 함께 할 수 있도록 시간을 낼 수 있다면 강한 가족관계와 자연적인 상호 의존관계를 이루는 데 도움이 될 것이다. 그에게 도움을 청하는 데 부끄러워할 것 없다. 너무 많은 엄마들이 남편을 둥지에서 일찍 몰아낸다. 그가 경험의 한 부분이 되고 의무를 나누어 가진다면, 그는 여러분의 문제들, 특히 여러분의 달리기에 대한 필요성을 잘 알아내기가 쉬울 것이다.

달리기를 원하는 초보 엄마들의 두 가지 큰 문제는 시간을 내는 일과 베이비시터 구하는 일이다. 출산 전에 이 문제를 해결하도록 한다. 남편이 도와줄 수 없으면 친척, 친구, 또는 어린애 봐주는 프로그램을 찾도록 한다. 30~60분간의 운동 시간을 설정해 놓는다. 운동에 중독된 엄마가 하루의 일정량을 가질 수 있으면, 인생은 누구나에게 좋은 방향으로 흐를 것이다.

****

■ 출산 후의 운동 프로그램

• **첫 2~4주** : 골반 바닥과 배 근육 운동. 할 수 있거든 매일 조금씩 걷거나 뛴다. 문제가 있는지 의사와 상의한다.
• **그 다음 4~8주** : 최대로 이틀에 한 번씩 뛴다. 초보자들과 마찬가지로 짧은 거리를 조깅하는 것으로 시작한다. 점차 거리를 늘린다.
• **그 다음 4주** : 점차적으로 자신의 정상 달리기 프로그램으로 들어간다. 초보자이면 초보자 플랜에 따른다(32~35쪽 참조).
• **회복기 어느 때고** : 무슨 이유에서든 기분이 안 좋으면 중단한다. 뒤로 물러서는 것을 두려워하지 말고, 전날이나 전주보다 더 많이 휴식하고 덜 뛴다. 한 걸음 내 딛고 한 걸음 쉬고 싶은 느낌이 들 수도 있다. 작은 전진이 전혀 없는 것보다 낫다. 다시 말이지만 몸에 귀기울여라!

노트 제왕절개를 한 여성들은 물론 더 많은 회복 시간이 필요하다.

17. 여성들의 달리기

■ 모유를 먹이면
여러분이 아기의 유일한 영양 공급원일 때는 특별히 주의를 기울여야 한다.
- 모유의 양과 질이 떨어지면, 최소 3일 또는 젖이 정상으로 나올 때까지 달리기를 중지한다. 또한 음료수 마시는 양을 늘린다. 깨어 있는 시간마다 한 컵의 음료수를 마신다.
- 뛰기 바로 전에 젖을 먹인다.
- 과외의 칼로리가 필요하다. 임신 때보다 400~500kcal가 더 필요하고 러닝이나 운동을 위한 과외의 칼로리가 필요하다.
- 받침이 뛰어난 브라를 사용한다. 흘러내리는 것을 흡수할 수 있는 흡수 패드를 사용한다.
- 낮잠을 아기와 같이 잔다. 잘 수 있는 대로 자둔다.

■ 몸매를 되찾고 지방을 줄인다
임신 중에 얻은 지방은 없어지지 않는다는 옛 여인들의 이야기를 알고 있는가? 결심만 한다면 조금씩 계속해서 줄일 수 있을 것이고, 결국에는 그 무게를 모두 줄이게 된다. 서두르지 말아라.

노트 '12. 수준급 선수'의 장에 '좋은 것을 너무 많이' 라는 부분이 있다(146~147쪽). 그곳에서 강하게 밀어붙이려는 야망과 경쟁적 본능은 러너를 즐거움과 건강의 단계를 넘어 훈련이나 경주에 묶어 버린다고 했다. 같은 것이-다른 자로 재지만-임신한 경쟁적 여성 러너들에게도 일어난다. 그녀는 달리기의 좋은 효과에 매료되어 운동에 너무 집착하게 되고, 태아가 속에서 자랄 때 몸이 필요로 하는 자연 관리 시스템의 일부를 무시할 수도 있다. 출산에 관한 여러 가지 책의 저자 엘리자베스 노블은 러너들이 그들의 활동에 중독되더라도, 다음의 것을 배우게 되면 새로운 세계가 그들의 인생 앞에 펼쳐질 것이라고 지적한다. 즉, "명상과 자기 반성과 임신 중에 자연적으로 일어나는 스피드 감소와 함께 거스르지 않고 흘러간다. 우리 몸의 자연적 현명함과 교류할 시기이다. 여성들은 몸의 신호와 증상들에 신경 쓰고, 그들의 자연적 본능을 믿기를 권고한다."

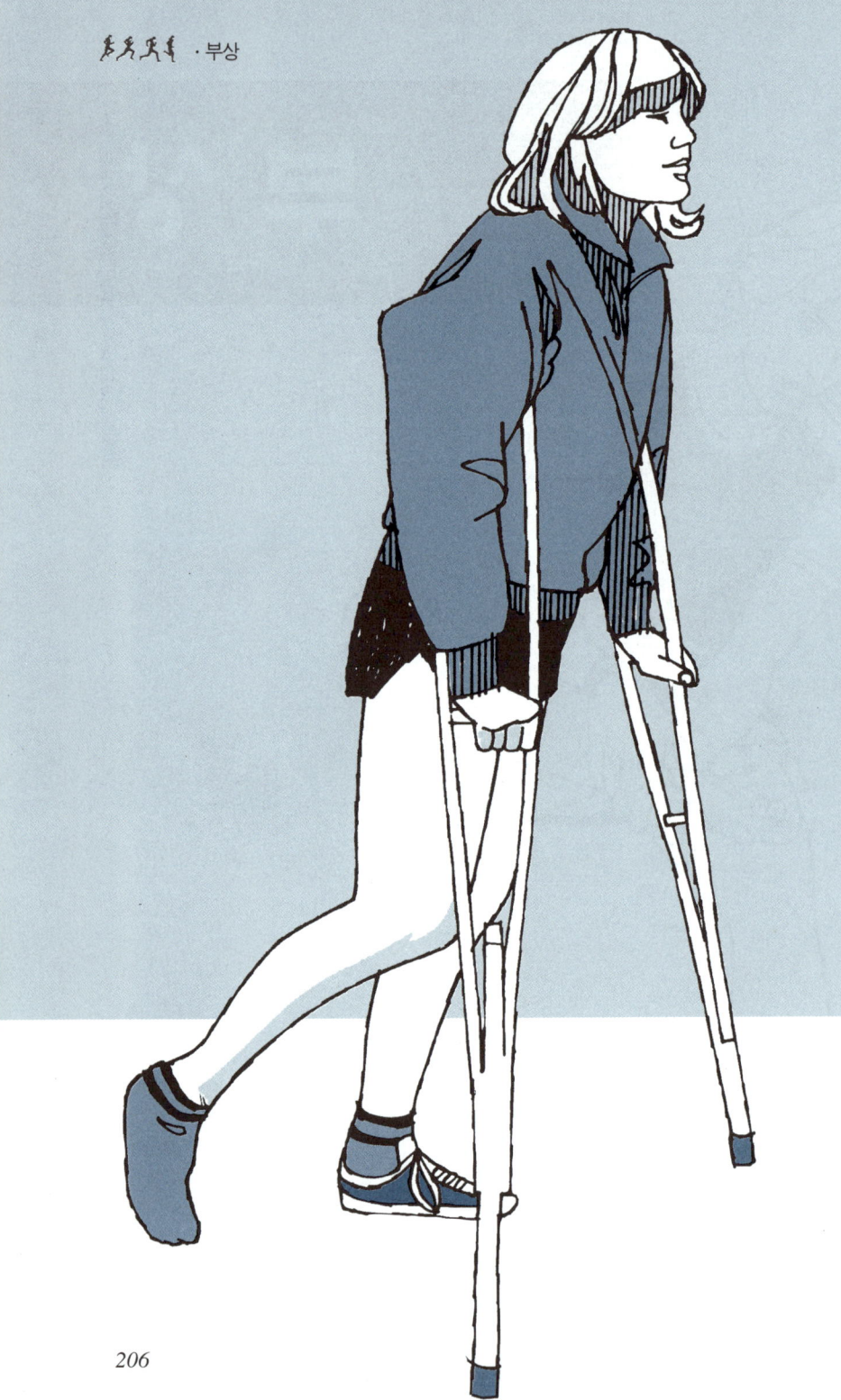
· 부상

18. 부상으로 인한 걷기

부딪쳐 보자. 달리기는 중독이다. 일단 매일의 규칙적인 유산소 운동, 개선된 혈액순환, 모세혈관 자극 등을 얻게 되면 너무 기분이 좋아져서 멈출 수가 없게 된다. 하지만 부상이 발생하게 되어 더 이상 뛰지 못하고 걸어야 한다면, 한 가지 문제에 직면하게 된다. 얼마나 오래 쉬어야 다 낫게 되는가?

조만간 모든 러너는 부상을 당하게 마련이다. 3~4주 이상 가는 부상은 거의 없다. 알맞은 조치와 일찍 치료한다면, 대부분의 부상은 러닝 컨디션을 잃지 않고도 며칠이면 없어진다.

노트 나는 의사가 아니라 의학적인 충고를 할 자격이 없다. 하지만 지난 25년이상을 계속 달려온 사람으로써 거의 모든 가능한 부상을 다 당해 봤다. 아킬레스건 부상, 근육 부상, 정강이 부상 등등. 그 부상에서 회복되고 내 중독(달리기)으로 되돌아가는 과정에서 나는 함께 나누고 싶은 좋은 방법들을 배웠다. 이 장과 다음 장에 나와 있는 내용들은 여러 러너들로부터의 충고를 모은 것들이다. 의학적 권위자의 충고는 아니다. 여러분이 부상에 대한 의심이 조금이라도 있다면 의사를 찾아라.

■ 언제가 부상이냐?

어떤 러너들은 매일 조금씩 통증이 있는데, 이들 대부분은 일시적인 것이다. 이들 매일의 통증은 약한 조직이 망가지고 점진적으로 더 강한 것으로 바뀌는 것을 말한다. 경험을 통해서 지나가는 통증과 부상의 차이를 알 수 있을 것이다. 여기 그 둘을 구분하는 데 도움이 될 만한 가이드 라인 몇 가지를 적는다. 부상은,

- **기능상** : 자연적인 방법으로 달리기를 못하게 되거나
- **계속적** : 일 주일 이상 가거나
- **향상성** : 점점 더 나빠지거나
- **붇는다** : 양쪽 무릎, 발목 등을 비교해서 어느 한쪽이 부어 있거나
- **아프다** : 통증은 우리 몸이 우리에게 주의해 달라고 말하는 것이다. 뉴욕의

발 전문의 리차드 슈스터 박사(Dr. Richard Schuster)는 "고통과는 함께 뛰지만 통증과는 함께 뛰지 말라."고 한다. 약을 먹는 등의 몸의 신호를 억제하는 인공적인 조치를 사용하며 계속 뛰어서는 안 된다.

의심스러울 때는 달리기 의사와 상의하라. 발 전문의(발과 발로부터 파생되는 문제만을 다루는 의사)나 정형외과 의사(발, 다리, 기타 수족을 치료하는 의사)와 상의하라(217쪽 참조).

■ 하루나 그 이상을 쉰다

부상 상태에서 뛰면 문제를 더욱 악화시키고 회복 시간을 더 더디게 할 뿐이다. 항상 보수적이 되고 부상이 의심되면 안전을 위해 하루나 이틀을 쉰다. 아무 것도 잘못된 것이 없더라도 하루나 이틀을 쉰다고 전체적인 몸의 운동수준에 악영향을 줄 것도 없고, 나중에 강제로 몇 주나 몇 달을 쉬어야 할지도 모르는 상태를 미연에 방지하게 해 준다.

■ 부상 치료

좋은 의료가 부상 치료의 첫걸음이다. 러너들을 치료하는 동네 의사를 소개할 수 있는 사람들이 있을 것이다. 달리기를 오래 해 온 사람들과 얘기해 보라. 모든 부상은 특별한 치료를 요한다. 비슷한 문제를 많이 성공적으로 다뤄 본 경험이 있는 전문가를 찾는 것이 중요하다.

■ 의사를 만나기 전에

의사를 볼 때까지 자신이 해야 할 몇 가지 가이드 라인을 소개한다. 무릎, 아킬레스건, 발뒤꿈치, 정강이의 통증에 특히 민감하라. 이 부위들은 회복에 오랜 시간이 걸리는 문제들을 일으킬 소지가 있다.

- **며칠간 뛰지 마라** : 거의 모든 러너들은 며칠간 쉼으로써 회복 효과를 본다.
- **배울 수 있는 만큼 배워라** : 비슷한 증상을 경험한 러너들과 얘기해 보라.
- **부상 부위에 얼음찜질을 하라** : 얼음은 붓기를 내리고, 혈액순환을 돕는다. 혈액이 '얼음찜질' 부위에 도달하면 많은 양이 흐르게 된다. 얼음 주머니나 언 콩을 넣은 주머니나(이것은 고르지 않은 부위에 아주 좋다) 또는 약국에서 파는 얼음찜질용 주머니를 사용하여 부상 부위에 갖다 댄다. 10분 동안 그 부

위를 굉장히 차게 하고, 20분 동안은 얼음을 떼고 덥힌다. 그리고 나서 다시 얼음찜질을 한다.

- **압박** : 부어오르면 그 부위를 단단히 감는다. 너무 단단히 감아서 지혈대와 같이 혈액의 흐름을 끊어서는 안 된다. 두근거리거나 압박 부위 주변의 색깔이 변하면 너무 단단하게 감은 것이다. 낮 동안에 붓기가 커지면 압박을 느슨하게 하는 게 필요하다. 처음 몇 분 동안 발을 올려놓은 다음 심장에서 먼 곳으로부터 가까운 곳으로 압박한다. 압박은 멀리 떨어진 붓기를 심장 쪽으로 펌프하는 역할을 한다. 이것과 얼음찜질은 아물 때 상처가 남게 되는 혈액 고임을 방지한다.

- **다리 올리기** : 부상 부위를 머리나 혹은 최소한 바닥으로부터 할 수 있는 한 올린다. 이것은 부상 부위에서 혈액을 몰아내서 신선한 피가 더 많이 흐를 수 있도록 해 준다.

> ICE : 위의 세 가지 치료 방법을 ICE [얼음찜질(Ice), 압박(Compression), 다리 올리기(Elevation)], 또 휴식(Rest)을 더 넣어 RICE라고 하기도 한다.

- **비타민 C 보충** : 비타민 C는 아물게 하는 데 도움을 준다. 하루에 250~500mg씩 3번 먹으면 적당하다(더 많은 양의 천천히 녹는 알약은 일반적으로 흡수가 낮은 작은 창자에서 버려진다). 칼슘 또한 아무는 데 중요하다. 식사를 통해 섭취하도록 한다.

- **부상 부위를 스트레칭하지 마라** : 의사가 하라고 권하지 않는 한. 많은 부상은 실제로 힘줄이나 근육 또는 다른 조직이 찢어진 것이다. 스트레칭은 그 문제를 복잡하게 만들 뿐이다.

- **아스피린은 붓기와 통증을 줄인다** : 위장장애만 없으면 하루에 몇 알씩 식사와 함께 하면 된다. 아스피린은 타이레놀보다 붓기를 줄이는 데 더 효과적이다. 하지만 너무 많은 섭취는 위험하다. 잘 뛰는 내 친구 하나는 부상 때문에 하루에 8알씩 아스피린을(어떤 때는 공복에) 먹었다가 위장 출혈을 일으키기도 했다. 드문 일이지만 일어나는 일이다.

대체 운동 : 육체적으로 건강을 유지하고 정신적으로 건실하게 하는 법

부상을 당하면 진짜 문제가 있다. 우리는 매일매일의 유산소와 지구력 운동에 익숙해져 있다. 안 뛰면 게으르고 까다로운 사람이 되고 만다. 쾅쾅 찧으며 달리는 것은 기계적으로 몸에 스트레스를 많이 주고, 종종 우리가 할 수 있는 것 중에 제일 나쁜 것이기도 하다. 다행히 대부분의 부상은 다른 운동으로 대체할 수 있다. 중력을 줄이거나 땅을 찧는 힘을 최소한으로 할 수 있으면 부상을 아물게 하고 몸매도 유지할 수 있다.

우리 러너들은 나쁘게 길들여져 있다. 다른 어떤 운동도 달리기처럼 그렇게 단순하거나 편하지 않다. 이제 부상을 입었으니 무슨 기구를 사용하거나, 체육관이나 수영장에 가서 열심히 해서 얻은 건강을 유지해야 한다. 중독으로 인한 대가란 뛰는 것보다 훨씬 복잡하다.

뛸 수 없을 때

대체 운동 효과(달리기의 심장혈관 계통과 근육 강화 효과의 모의 훈련)

수영장에서의 달리기	90~100%
실내 자전거 타기	60~80%
경보	50~80%
크로스컨트리 스키 또는 노젓기	50~80%
수영	30~60%

노트
퍼센트는 달리기와 비슷한 강도와 시간으로 하였을 때를 기준으로 하였다. 숫자들은 내 개인적 경험과 다른 러너들의 의견을 종합했다.

■ 수영장에서 달리기

이 운동은 다른 어떤 운동보다도 달리기와 비슷하고, 좋은 몸의 컨디션을 유지하게 해 준다. 3~4주 동안 뛰지 못한 많은 선수들이 풀장에서 나와 그전보다 더 좋은 성적을 낸다.

말들은 이런 식으로 뛰도록 훈련받는다. 물의 저항을 거슬러 달릴 때, 무릎을 높이 들게 되고, 또 똑바로 뛰게 된다. 불균형이 있으면 물이 다리의 움직임을 과장되게 만든다. 그러므로 부상당하지 않은 러너들에게도 이것은 훌륭한 훈련이 된다.

18. 부상으로 인한 걷기

이 운동을 하는 방법에는 두 가지가 있다.
- 무릎과 히프의 중간쯤 되는 허벅지까지 올라오는 물에서 달린다. 이것이 부상 부위에 압박을 가하면, 발이 바닥에 닿는 한 더 깊은 물에서 한다.

  노트 수평으로 발을 차는 것이 아니라, 수직으로 달려야 한다.

- 튜브나 부표를 잡고 깊은 물에서 뛴다. 어떤 사람들은 부표 없이도 빠른 발 움직임과 팔운동으로 계속 떠 있을 수 있다.

우리의 목표는 달리기 조건에 가급적 근사한 모의 훈련을 하는 것이다. 달리기 때와 같은 다리운동을 할 수 있으면 훌륭하다 할 것이다. 달릴 때와 같은 시간만큼 물 속에 있는다. 계획된 스피드 훈련일에는 정해진 구간 거리를 뛰는 것과 같은 시간 동안 매우 빠르고 강하게 다리를 움직여 스피드 훈련을 한다. 가급적 실제 달리기와 비슷하게 모의 훈련을 한다.

우리 몸이 이 새로운 운동에 얼마나 빨리 알맞게 적응하는가를 보고는 놀랄 것이다. 달리기에서 일정한 수준의 훈련에 익숙해져 있어 그 비슷한 강도의 훈련량을 곧 알게 된다.

■ 실내 자전거 타기

이것은 달리기 모의 효과 면에서 그 다음으로 좋은 운동이다. 실제 이 운동은 대퇴사두근을 강화시켜, 무릎에 가해지는 압력을 줄여 준다. 아랫다리 뒤쪽은 달리기에서처럼 사용되지는 않는다. 그러나 발가락 끼우개를 사용하면 달리기와 보다 비슷한 운동을 할 수 있다. 자전거 타기는 쾅쾅 찧는 달리기의 중력 강도를 만들어내지 않으므로 대부분 부상들을 심화시키지 않는다.

실내 자전거는 여러 면에서 실제 자전거 타기보다 낫다. 안전하고 신호등이나 내리막길 등의 방해 없이, 지속적이고 조절된 속도를 유지할 수 있다. 집에서도 할 수 있으며, 책을 보거나 텔레비전을 보면서 할 수도 있다.

열이 많이 나므로 선풍기를 틀어놓거나, 바람이 잘 통하는 곳에서 하는 게 좋다. 풀장에서의 달리기 때와 마찬가지로, 자전거 타기도 장거리 달리기나 스피드 훈련을 모의할 수 있다. 같은 결과를 가져오기 위해서는 매번 20~40%의 시간을 더 해야 한다.

■ 경보
　이 훈련은 부상을 심화시키는 일은 거의 없으나, 혹시 심화되는 것 같은 낌새가 있으면 그만두어야 한다. 히프를 돌리며 다리를 빨리 옮긴다. 한 다리는 늘 땅에 있어야 한다. 이것은 달리기 때의 쾅쾅 찧는 것을 줄이며, 똑같은 근육들과 또 다른 근육들을 사용한다. 역시 달리기의 모의 훈련이 된다. 같은 효과를 위해서는 달리는 만큼의 거리를 커버해야 한다. 물론 시간은 더 걸린다.

■ 크로스컨트리 스키나 노젓기
　눈이 오는 곳에 살면 크로스컨트리 스키를 할 수 있다. 안 그러면 헬스클럽에 있는 스키나 노젓기 기계를 이용한다. 이 두 운동은 달리기를 훌륭히 대체한다. 또 상체도 강화시킨다. 달리기를 모의하기 위해서는 길에서 뛸 때와 같은 양의 시간을 소비한다.

■ 수영
　훌륭한 심장혈관계 운동이긴 하지만, 수영은 다리를 달릴 때와 같이 사용하지 못한다. 얼마나 열심히 하느냐에 따라 다르지만, 달리기 때의 심장 강화와 대략 같은 양의 훈련을 위해서는 30~60% 더 많은 시간을 보내야 한다.

아무런 운동도 할 수 없다면

　5일을 아무런 운동도 안 하고 쉼으로써 얼만큼의 컨디션을 잃는지 알게 된다면 놀랄 것이다. 그 후로는 매주 운동 수준의 25%를 잃게 되고, 한 달 후에는 초보자의 수준에서 다시 시작해야 한다.

■ 대강의 법칙
　대체 훈련을 할 수 없다면, 부상당하기 전 수준으로 조심스럽게 돌아가는 데 최소한 쉰 주의 두 배 정도의 시간이 필요하다.

18. 부상으로 인한 걷기

얼마나 컨디션을 잃는가?	
아무 운동 없이 쉰 시간	컨디션을 잃는 대강의 비율
1~5일	0~1%
7일	10%
14일	35%
21일	60%
28일	85%
35일 또는 그 이상	100%

노트
이것은 부상으로 100번 이상을 쉬었던 내 경험을 기초로 한 것이다.

다시 길 위로

낫는 단계에 접어들고 치료에 효과를 보이면, 의사는 통증이 완전히 가시기 전에 뛰기 시작해도 된다고 얘기할 수도 있다. 확실히 회복되는 게 보이면 가볍게 뛰기 시작할 수 있으나, 그 부상에 굉장히 신경 써야 한다. 심화되는 기미가 보이면 즉시 그만두고 더 쉰다. 보수적이어야 한다. 며칠 더 쉬는 게 전 과정을 처음부터 반복하는 것보다 낫다.

그 부상 부위가 갑자기 100% 괜찮은 느낌이 들더라도 완전히 나은 것이 아니다. 상처 조직에서 충분한 양의 세포가 아물고, 새 것으로 바뀌고 나면 튼튼하게 느껴진다. 하지만 여전히 많은 망가진 세포들이 있고, 상처 조직은 아직 약하다.

운동 재개에는 인내와 적당한 휴식이 필요하다. 한 걸음 전진에 두 걸음 후퇴와 같이 보일 것이다. 실제로는 한 걸음 전진에 두 걸음 답보이다. 한 걸음도 못 가는 것보다는 물론 낫다.

오랫동안 휴식을 취하더라도, 전에 얻은 컨디션을 모두 잃어버리는 것은 아니다. 근육의 강도, 질, 능률은 뛰지 않으면 잃지만, 깊은 곳의 심장혈관계의 개선은 다시 얻는 데 어려움이 없다. 운동근육을 재조정하고, 깊숙이 있는 배수관을 다시 여는 데 얼마간의 시간이 필요하다. 처음에 시작할 때는 실망스럽겠지만, 일단 기본 컨디션을 회복하고 나면 그 개선의 속도가 빠르고, 곧 정상으로 되돌아온다. 되돌아오는 동안 계속해서 대체 운동을 하라. 그렇게 하면 재조직되는 힘든 기간 동안에 여러 가지 다양성을 가져다 줄 것이다.

훈련 재개

쉬는 동안 정상 달리기 때와 비슷한 강도와 빈도로 대체 운동을 계속 했다면, 첫째 주에는 '초보자' 수준의 가벼운 주를 보내고, 그 뒤 2~3주는 과도기적으로 보낸 다음 부상 전의 훈련으로 되돌아갈 수 있다. 전혀 운동을 못 했거나 일 주일에 3일 이하의 대체 운동을 했었다면, 점차 부상 전 훈련수준으로 돌아가는 데 최소한 쉰 주의 두 배가 필요하다. 두 경우의 가이드 라인을 여기 소개한다.

■ 일 주일에 4일 이상 대체 운동을 했다면
- 첫 주에는, 하루는 가볍게 조깅하고(필요에 따라 걷기도 하고), 다음날에는 걷는다.
- 그 뒤 2~3주 동안의 과도기에는 부상 전보다 천천히 이틀에 한번씩 뛰며, 필요에 따라 걷는다. 안 뛰는 날은 걷는다. 매주 멀리 뛰기(일 주일에 하루만)의 거리를 800~1,500m씩 늘린다.
- 다음 달부터는 점차 달리는 날을 늘리며 원래의 스케줄에 복귀한다.
- 부상 부위에 신경 쓰고 재부상의 느낌이 오면 즉시 중단한다.

■ 일 주일에 3일 이하의 대체 운동을 했다면
- 일 주일에 3일씩 30~40분을 비워 놓아라. 걷기에 100~300m의 짧은 조깅을 끼워넣는다. 절대 너무 심하게 할 생각은 하지 마라. 다시 뛰는 게 완전히 준비될 때까지 걸어라.
- 몇 주에 걸쳐 걷기를 느린 조깅으로 바꾼다. 일 주일에 3~4일 계속한다.
- 다음 달 동안 달리는 날을 늘리며 점차로 원래 스케줄에 복귀한다.
- 부상 부위에 민감하라. 재부상의 느낌이 오면 즉시 중단한다.

무엇이 잘못되었나?

실제로 부상에서 교훈을 얻을 수 있다. 무엇이 잘못되었나를 분석해 보면, 같은 부상뿐 아니라 다른 부상의 재발도 방지할 수 있다. 대부분의 부상들은 다음과 같은 일반적인 원인들을 가지고 있다. 너무 빨리 거리를 늘렸다든지, 힘든 훈련일 사이에 충분히 쉬지 않았다든지, 스피드 훈련에 앞서 충분히 몸을 풀지 않았다든

18. 부상으로 인한 걷기

지, 빠른 속도로 너무 멀리 나갔다든지. 나는 탈수도 중요한 숨은 부상 원인 중에 하나라고 믿는다. 운동세포에 생명수가 부족하면 그것들은 일찍 망가지고, 회복하는 데 더 오랜 시간이 걸린다. 깨어 있는 매 시간마다 120~180m ℓ 의 물을 마심으로써 이 가능성을 최소화시킬 수 있다.

일단 길에서 몇 주(또는 몇 달) 벗어남으로써, 자신의 훈련 프로그램에 몇몇 부상 방지 대책을 넣는 큰 동기가 될 것이다. 어떤 면에서는 부상하게 만든 그 실수들은 여러분 달리기 인생에서 가장 좋은 배움의 경험이 될 수 있다.

19. 부상 분석과 치료

19. 부상 분석과 치료

부상이 발생하면 전문가의 조언을 대체할 만한 것은 없다. 초기에 잘 진단하면 합병증을 피할 수 있을 뿐 아니라, 회복으로 바로 접어들 수도 있다. 일반적으로 얘기하면 러너들을 많이 보는 의사가 최선이다. 다른 러너들이 그런 의사를 찾는 데 도움이 될 것이다(의사가 러너라면 더없이 좋겠지만, 필요 조건은 아니다).

다리나 발에 부상이 생기면 두 가지 의사를 생각할 수 있다. 발 전문의나 정형외과 의사.

■ 발 전문의

발에 관한 외과의나 수술의로 훈련받은 사람들이다. 다리나 무릎 부상이 발과 관련된 것일 때도 발 전문의가 치료할 수 있다. 예를 들어, 무릎 문제는 종종 양발이 잘 맞지 않아서 생길 때가 있는데, 그때는 발 전문의가 발 교정용 기구를 처방해 고칠 수 있다. 대부분 발 전문의들은 하체의 구조에 대해 완전한 지식을 갖고 있다.

■ 정형외과 의사

수술 훈련을 받은 의학박사들로서 뼈와 근육의 전문가들이다. 대부분은 주로 수술의들이고, 생체학적 구조에는 별 관심이 없다. 하지만 러너들의 치료로 잘 알려진, 또 부상의 구조에 관심을 가진 정형외과 의사를 만난다면 도움이 된다.

문제가 발에 있거나 그 원인이 거기에 있으면 양쪽 전문의 아무나 좋다. 문제가 다리나 발에 있고, 그 원인이 발에 있는 것 같지 않으면 정형외과 의사를 찾아보라.

수술은 조심하라. 정형외과 의사는 수술 수련을 받은 사람들이고, 종종 그런 치료법을 선호한다. 일단 칼이 들어가면 그 부위는 전보다 잘 작동하지 않을 위험이 크다. 최후의 선택으로 좋은 수술의를 찾아 맡기는 게 좋지만, 그전에 다른 의견들을 들어 보고 가능한 다른 방법들을 다 해 본다. 또한 같은 수술을 여러 번 성공적으로 수행해 본 경험이 있는 의사를 찾는 것이 최선책이다.

수술을 피할 수 없다면, 관절경 검사법을 생각해 봄 직하다. 관절경 검사법이란 살균된 작은 금속 튜브와 섬 광원을 사용하여 절개 없이 몸 속을 들여다보는 방법이다. 보통 진단용으로 사용되나 수술도 관절경을 사용해서 할 수 있다. 제대로만 사용되면 관절경 검사법은 운동선수에게 외상을 최소로 하여, 운동으로의 빠른 복귀를 가능케 해 줌으로써 도움을 준다.

■ 왜 부상이 생기는가?

부상의 가장 분명한 원인들에 대해 생각하고 그 보완책을 만들어라. 닳은 신발이 때로는 원인이다. 전문가를 찾기 전에 신발 안팎을 살펴보라. 또 다른, 보통 간과하는 원인 중에 도로면 경사가 있다. 달리는 표면이 한쪽으로 또는 다른 쪽으로 경사져 있어서 부상의 원인이 되기도 한다. 예를 들어, 차들과 마주보고 뛴다면 길의 경사가 바깥쪽으로 향하므로 일반적으로 왼쪽 발이 오른쪽 발보다 낮다. 이것은 왼쪽 무릎에 더 많은 스트레스를 준다. 이러한 분명한 문제들을 피하기만 해도, 의학적 치료 없이 회복할 수 있게 해 준다.

진단과 치료

앞 장에서는 일반적인 부상에서의 표준 치료와 회복 프로그램을 소개했다. 네 가지 가장 흔한 문제 부위들—무릎, 아킬레스, 발뒤꿈치와 정강이—의 치료에 대한 다음 설명을 읽기 전에 그것(앞 장)을 먼저 읽어라.

무릎 부상

모든 종류의 스포츠에서 뛰다 얻는 부상 중 가장 흔한 것이 무릎 부상이다. 히프 조인트는 소켓에 볼이 들어가 있는 구조로 여러 방향으로 움직일 수 있는 데 반하여, 무릎은 한 방향만으로의 경첩 조인트이다. 네 개의 뼈가 무릎에서 모여 있어, 일차로 양쪽 인대에 의해, 이차로는 무릎 앞쪽의 연결 근육 조직에 의해 서로 붙어 있다.

대퇴골(넓적다리뼈)은 양끝이 둥글고 가운데가 움푹 파였다. 무릎뼈가 이 홈에서 아래위로 움직인다. 아랫다리에서 정강이뼈—체중을 받는 베어링 뼈—가 올라와 무릎에서 넓적다리뼈와 만난다.

다리 바깥쪽으로는 허벅지 외(外)힘줄이라는 두껍고 강한 힘줄이 기타의 인대와 무릎을 밖에서 지지하는 이두근이라 불리는 근육과 서로 섞여 있다. 안족의 약한 힘줄과 인대는 무릎 회전이나 바깥쪽에서 무릎에 주는 힘으로 인하여 쉽게 부상을 입을 수 있다.

무릎 앞쪽에는 무릎뼈가 있다. 그 위쪽으로 허벅지 근육, 일명 대퇴사두근에 붙

19. 부상 분석과 치료

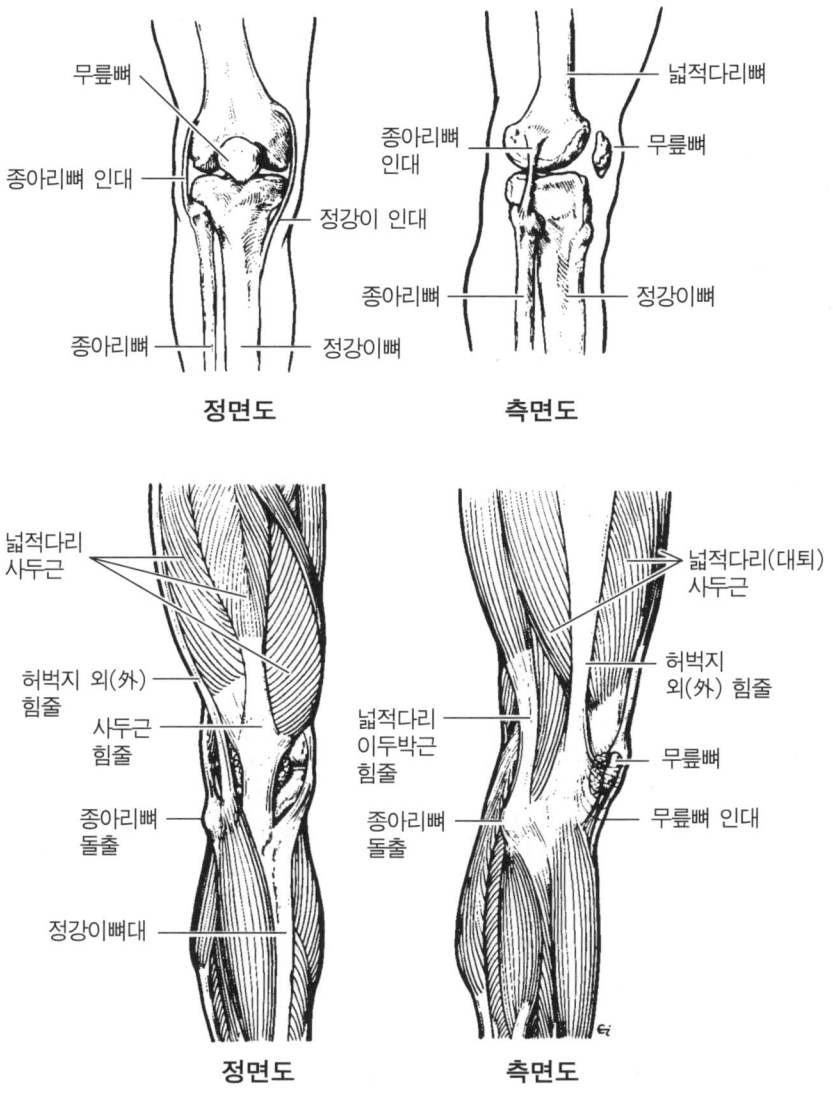

어 있다. 이 근육이 튼튼하면, 이 근육은 무릎뼈를 홈 속에 붙잡아 둔다. 무릎뼈의 아래쪽에는 무릎뼈 힘줄이 붙어 있어 정강이뼈와 연결시켜 준다.

 발이 정상 위치에 있으면 무릎은 히프와 발 사이에서 조화 있게 일직선을 이룬다. 몸무게가 실제로 무릎을 '정상'에 위치하도록 도와준다. 강한 대퇴사두근이 무

· 부상

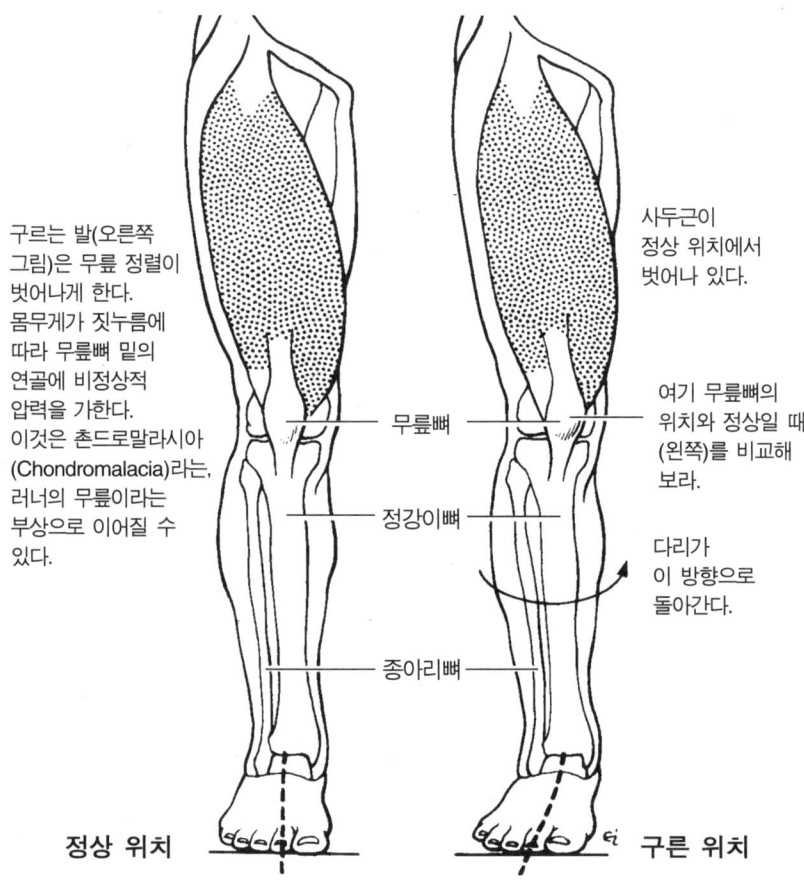

구르는 발(오른쪽 그림)은 무릎 정렬이 벗어나게 한다. 몸무게가 짓누름에 따라 무릎뼈 밑의 연골에 비정상적 압력을 가한다. 이것은 촌드로말라시아 (Chondromalacia)라는, 러너의 무릎이라는 부상으로 이어질 수 있다.

사두근이 정상 위치에서 벗어나 있다.

여기 무릎뼈의 위치와 정상일 때 (왼쪽)를 비교해 보라.

다리가 이 방향으로 돌아간다.

무릎뼈 — 정강이뼈 — 종아리뼈

정상 위치   구른 위치

릎뼈를 단단하게 제위치에 붙잡고 있을 때에는 특히 더 그렇다.

발이 바깥쪽에서 안쪽으로 구르는 것은 달릴 때의 충격을 흡수하는 장치이다. 하지만 평발이라든지, 발뒤꿈치가 뒤틀렸다든지 해서 구르는 정도가 심하면 발과 다리를 너무 많이 사용하는 문제가 생긴다. 무릎은 때로 중간에서 약한 위치로 쏠리게 되고, 일직선 정렬이 흐트러진다. 잘 정렬되지 않은 무릎에 몸무게가 떨어지게 되면 문제가 발생한다.

■ 무릎 부상 원인

뻣뻣한 발(rigid foot)의 러너들은 강하게 차며 발을 앞뒤로 움직이는 경향이 있다. 그래서 종종 무릎 바깥쪽에 문제가 생긴다. 허벅지 외힘줄은 광장히 강해서 웬만해서는 문제가 생기지 않지만, 발이 너무 바깥쪽으로 돌아가면 붇거나 염증이 생기기도 한다. 허벅지 외힘줄(무릎 바깥쪽의) 통증의 원인은 보통 다음 것들과 연관이 있다.
- 닳은 신발(특히 중간 창이 바깥쪽으로 많이 닳은 경우)
- 너무 많은 거리(장거리)
- 갑자기 거리를 늘린 경우
- 알맞지 않은 신발 쿠션

뻣뻣한 발의 러너들은 차고 나가고 땅에 떨어지고 하는 것이 세어서 그 충격이 제대로 흡수되지 못할 수 있다. 처음에는 세게 차고 나가게 되는 발바닥에서 먼저 압력을 느낀다. 여기에 물집이 생기고, 그 뒤 두꺼운 못이 박히기도 한다. 반복되는 무리에 그 충격이 무릎으로 옮겨진다.

까딱발(floppy foot)의 러너들은 한쪽에서 다른 쪽으로 구르는 경향이 있다. 신발 뒤축의 바깥쪽과 앞축의 안쪽이 닳는다. 까딱발의 러너들은 무릎 안쪽이나 무릎 자체에 문제가 있다(260~261쪽에 뻣뻣한 발과 까딱발을 구별하는 방법이 나와 있다).

■ 무릎 부상의 종류

- **러너의 무릎(Runner's Knee)** : 첫 번째 증상은 보통 뻣뻣함이다. 특히 오래 앉아 있은 다음에. 무릎 속과 주위에 일반적인 통증이 있다. 이러한 증상은 까딱발이 안쪽으로 굴러서 무릎의 안쪽과 가운데에 많은 압력을 줌으로써 발생한다. 다리는 돌고 무릎뼈는 정상 위치보다 밖으로 움직여서 연골이 닳는다. 시간이 지나면 연골이 약해져서 와해되기 시작하는 촌드로말라시아(Chondromalacia)라는 진짜 의학적인 문제로 진전될 수도 있다. 그 촌드로말라시아의 초기 증상은 조인트가 '삐걱' 거리는 것 같은 느낌이 들고, 무릎뼈 밑이 거친 듯한 느낌이 든다.

- **힘줄 부상(Tendonitis)** : 무릎 안쪽이나 바깥쪽에 통증이 있다. 힘줄은 근육과 뼈를 연결하는데, 직접적인 부상이나 과도한 사용으로 염증이 올 수 있다. 까딱발은 안쪽에, 뻣뻣한 발은 바깥쪽에 부상이 오는 경향이 있다.

- **무릎뼈 힘줄 부상** : 무릎뼈 바로 밑, 또는 정강이뼈와 연결되는 바로 밑의 부드러운 조직에 통증과 염증이 있다.

- **주름살 증후군**은 구르는 발에 간혹 나타나는 또 다른 것이다. 무릎 관절의 세포막이 접히고 구겨지고 해서 생기는 것이다. 증상은 촌드로말라시아와 비슷해서 관절 가운데나 뒤쪽에 통증이 온다. 하지만 항상 무릎뼈 밑에 오는 것은 아니다. 짤까닥하는 느낌이 올 수 있는데, 그것은 관절 안에 있는 충격 흡수 장치인 초승달 구조의 손상을 의미한다.

■ 무릎 부상의 치료
- 얼음찜질. 얼음주머니 등을 냉동실에 보관한다. 하루에 두 번, 10분 하고 20분 쉬고, 다시 10분 얼음찜질을 반복한다.
- 아물기 시작할 때까지 최소 2~3일 동안은 뛰지 않는다. 더 심한 부상은 더 오래 쉰다.
- 다시 뛰기 시작 할 때는 처음에는 이틀에 한 번 매우 천천히 뛴다.
- 최소한 2주 또는 시린 기운이 없어질 때까지 스피드 훈련이나 언덕 훈련은 삼간다.
- 무릎 부상은 계속 사용하기 때문에 더 악화되고, 회복하는 데 보통 시간이 많이 걸린다.
- 나은 것 같아 보여도 또 2주를 계속 얼음찜질하고, 거리를 줄이고, 속도나 언덕 훈련은 피한다.

■ 무릎 부상의 원인 교정
다음 단계들은 부상 경험이 있는 러너들에게 도움이 되어왔고, 훌륭한 의사의 충고와 함께 사용할 수 있다.

■ 신발
- **뻣뻣한 발** : 헌 신발은 버리고 쿠션과 유연성이 좋은 신발을 고른다.
- **까딱발** : 보다 단단한 신발을 고른다. 보드를 마지막에 댄 신발이 슬립을 마지막에 댄 신발보다 더 잘 지탱해 준다(259쪽 참조). 구름 방지 물질이 들어 있는 신발이 좋다. 그렇게 해도 충분치 않으면 발 전문의에게 각자 발에 맞도록 주문 제작되는 신발 깔개에 대해 상의해 보라.

■ 발 지지대
까딱발의 문제는 아치(발 안쪽 움푹 파인 곳)를 단단히 지지해 주는 것이 최선의 치료라는 것을 발견했다. 그것이 충분치 않으면 신발 깔개(아치 지지대가 안창에 붙어 있거나, 때로는 뒤축을 감싸기도 한다), 또는 코르크나 천으로 만든 안창을 사용한다. 아치 밑에 넣어서 아치를 단단히 지탱할 수 있고, 압력을 균등 분배할 수 있을 때까지 여러 층을 계속 댄다. 많은 러너들은 발을 지지하고 구름을 최소화하기 위해 뒤축이나 발 앞쪽(엄지발가락 관절 밑)에까지 연장해서 깔기도 한다(엄지발가락 조인트에 염증이 있으면 발 앞쪽은 사용하면 안 된다).

■ **확실한 교정**

무슨 일이 일어났는지 알고 난 후에 그 문제에 현명히 대처하라.

■ **무릎 부상 방지(발생하기 전에)**

자, 이제 무릎 부상을 당했다(안 그러면 이것을 읽지도 않을 테니까). 우리는 자연히 다시 부상당하지 않도록 하는 데 관심이 있다. 다른 친구들은 길에서 열심히 뛰는데 혼자 조심조심 걸으며 날짜나 세고 있는 자신보다 더 답답한 것은 없을 것이다. 하지만 회복하고 나면(믿거나 말거나 여러분은 회복된다) 몸무게를 더 잘 지탱하고, 이 중요한 부분에 가해지는 압력을 줄일 수 있는 적당한 근육을 만들 기회가 된다.

달리기는 다리의 뒤쪽 근육들—종아리와 허벅지—을 강화시킨다. 오래 뛰면 뛸수록 이 근육들은 더 강하고 힘차게 된다. 강한 대퇴사두근은 무릎뼈가 제자리에 있게 하는 데, 무릎을 지탱하는 데, 강한 뒷다리 근육의 뛰는 힘을 유지하는 데 필요하다. 달리기 자체는 대퇴사두근에 그리 큰 역할을 못 한다. 그러므로 무릎 부상 방지의 주요 운동은 대퇴사두근을 강화시키는 것이다. 뻣뻣이 다리 들어올리기(173쪽 참조), 자전거 타기와 실내 자전거 타기(211쪽 참조) 등을 한다.

아킬레스건 부상

아킬레스는 그리스 신화에 나오는 가장 위대한 전사 중 하나이다. 그가 아기였을 때, 그의 어머니는 전장에서 불사신이 되게 하기 위해 그를 스틱스 강에 담갔다. 그러나 그녀는 그의 발꿈치를 잡아서, 이것이 그의 약점으로 남게 되었다. 결국 그는 독화살에 뒤꿈치를 맞아 최후를 맞게 된다.

우리는 이런 의미의 스틱스 강물에 담가지지는 않았으나 여전히 아킬레스건 문

· 부상

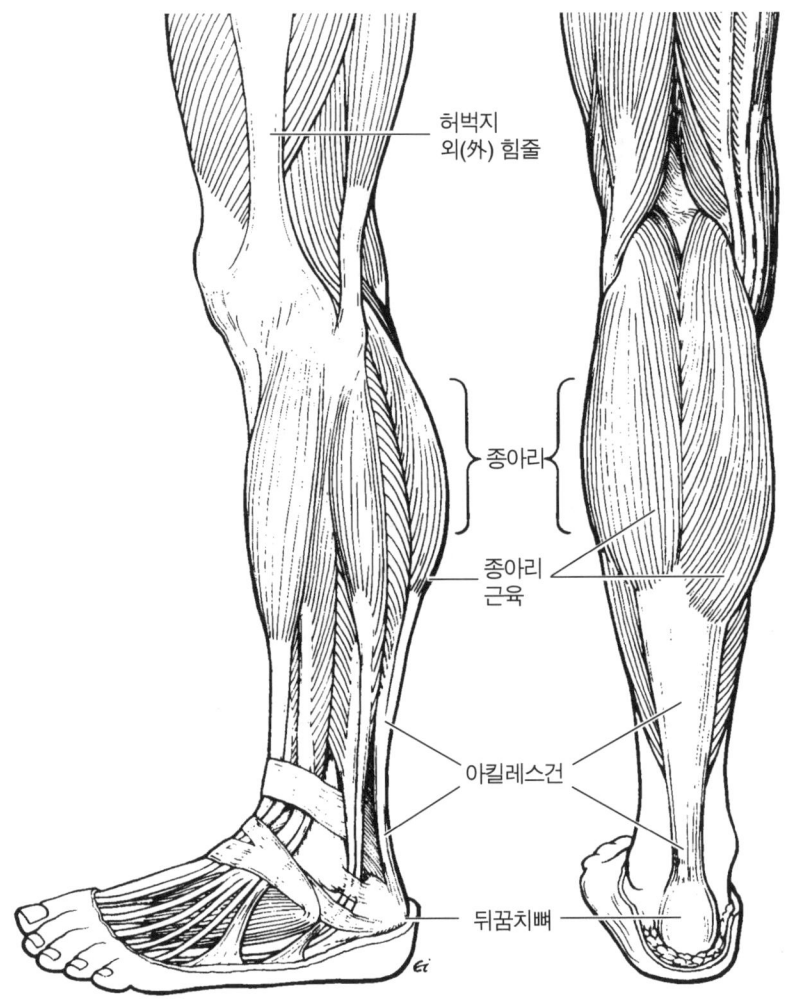

제에 취약하다. 최근의 달리기 관련 부상 조사에 따르면 아킬레스건 문제는 발생 빈도에서 무릎 부상 다음으로 많았다. 이 문제는 구르는 발과 뻣뻣한 발 모두에서 생길 수 있다.

아킬레스건은 우리 몸에서 가장 강한 힘줄이다. 발뒤꿈치뼈 뒤쪽과 연결되어서 복숭아뼈 뒤로 얇아지고, 밖으로 퍼져 나가면서 종아리 근육 무리와 이어져 있다.

19. 부상 분석과 치료

■ 달리기의 기본
종아리 근육이 수축하면, 아킬레스가 뒤꿈치뼈를 강하게 위로 잡아당기고 발 뒷부분이 들려지게 되어 강하게 '차고 나갈' 준비를 한다. 달리는 힘은 차는 데서 나온다. 허벅지와 같은 다른 근육 무리들도 간여를 하지만 종아리와 아킬레스건이 주 동력원이다.

- **뻣뻣한 다리**의 러너들(또는 아치가 깊은 러너들)은 발을 강한 지렛대로 이용하여, 강하게 차고 나가는 경향이 있다. 이것은 아킬레스건 전체에 스트레스를 준다.

- **구르는 다리**의 러너들은 아킬레스건 안쪽에 대부분의 압력을 가한다. 구르는 힘이 다른 부분에도 스트레스를 줄 수 있다. 언덕, 스피드 훈련, 내리막 또는 낮은 뒤꿈치 신발들은 모두 아킬레스에 더 많은 스트레스를 준다.
아킬레스건은 파라테논막(Paratenon Sheath)이라는 막에 의해 싸여 있다. 그 둘은 너무 가까이 붙어 있기 때문에 하나의 문제는 또 다른 것의 문제를 유발하기도 한다. 여기서는 그 둘을 같은 문제로 취급한다. 가장 흔한 통증 부위는 뒤꿈치뼈에서 2.5~4cm 높이에 있는 아킬레스건의 가장 좁은 부분이다. 이 부위에서 파라테논 막은 아킬레스건을 감싸며 양쪽 복사뼈에 붙어 있다.
문제는 보통 힘줄 염증과 힘줄 파열이라는 두 가지 형태로 나타난다.

■ 아킬레스건 염증
달리기의 일반적인 스트레스로 인하여 아킬레스건 조직에 작은 미세 파열이 일어난다. 보통 이것들은 빨리 아문다. 그러나 너무 많은 스트레스를 가하거나, 너무 적은 휴식을 취하면 아물지 않고 한 부위로 모여져서 염증이 생긴다.

- **진단** : 염증은 보통 힘줄의 가장 좁은 부분, 파라테논 막에서 일어난다. 힘줄과 막 사이의 체액이 팽창한다. 드물지만 힘줄이 움직일 때 깨지는 소리가 나기도 하고 쑤시기도 한다.

■ 아킬레스 파열
힘줄이 이미 약해져 있을 때는 언덕 훈련, 스피드 훈련이나 단순히 파인 곳을 잘못 디디는 등의 가중된 압력에 부분적으로 찢어질 수 있다. 완전 파열은 훨씬 심각하고, 고통스러운 부상이다. 때로는 수술을 해야 하는데, 다행스러운 것은 아킬레스 부상의 2%만이 건 파열이다.

- **진단** : 서서 발가락을 올리지 못하면 파열일 수 있다. 아래 종아리에 덩어리가 있고, 건이 찢어진 데는 틈이 있다. 피부 위로 이것을 느낄 수 있다. 파열의 의심이 가면 아킬레스 문제에 정통한 의사를 찾아라.

■ 아킬레스 부상 치료

• 아킬레스 염증
- 하루에 최소 두 번 10분간 얼음찜질을 한다(208쪽 얼음찜질 참조).
- 뒤꿈치 높임—천이나 코르크 등으로 만든—을 달리기 신발이나 일반 신발에도 넣어 건에의 압력을 줄인다.
- 위장에 괜찮고, 의사도 괜찮다고 하면 식사나 우유와 함께 아스피린을 복용한다. 일 주일 정도 규칙적으로 복용해 효과가 있는지를 본다. 붓기를 내려 준다.
- 얼마나 쉴지 의사와 상의한다.

• 아킬레스건 파열
- 부어오른 아킬레스에 얼음찜질과 뒤축 높이기를 한다(앞 내용 참조).
- 붓기가 내리고 아물기 시작하도록 최소 4~6주간(또는 의사가 지시하는 만큼) 뛰지 마라. 초기 단계에 멈추면 '휴식 기간'은 몇 주면 되지만, 힘줄을 이 상태에서 너무 심하게 사용하면 몇 달을 쉬어야 될지도 모른다. 의사와 상의하라. 다시 시작할 때는 그 후 4~6주간 또는 기분에 나은 것 같고, 정상 기능이 되돌아올 때까지 이틀에 하루씩 뛴다.

노트 코티손이나 다른 스테로이드제 주사는 조심해야 한다. 그것들은 건을 약하게 하거나 해체시킨다. 그런 주사를 맞기 전에 다른 여러 가지 의견들을 들어 보라. 몇 달, 몇 년 또는 영구히 쉬어야 할 경우도 있다.

발바닥 근육과 뒤꿈치 문제들

뒤꿈치 통증은 때로는 오랜 시간이 걸리는 문제일 수 있다. 다른 부상에서와 마찬가지로 이 문제 역시 일찍 발견해야 장기간의 휴식을 피할 수 있다.

발바닥 근육(연결조직 구조)은 발가락에서 아치를 거쳐 뒤꿈치뼈에 세 군데(바깥, 가운데, 안쪽)로 연결되어 있다. 보통 발이 앞으로 구를 때 스프링 역할을 한다. 또 발의 아치를 지탱해 준다. 발바닥 근육은 발이 좌우로 움직이지 않고 똑바

19. 부상 분석과 치료

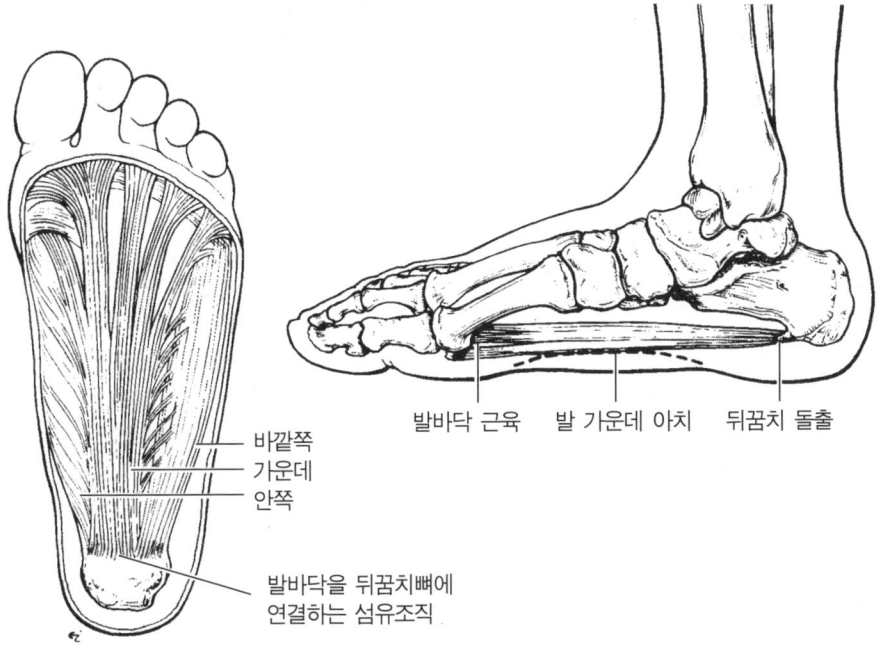

바깥쪽
가운데
안쪽

발바닥을 뒤꿈치뼈에
연결하는 섬유조직

발바닥 근육   발 가운데 아치   뒤꿈치 돌출

로 나가게 하는 데 도움을 준다. 발이 너무 안쪽으로 구르면 발바닥 근육은 그것을 안정시키려고 노력하고 과도히 구르는 것을 방지한다. 어떤 때는 안쪽, 어떤 때는 가운데가 스트레스를 너무 받아서 그 연결 부위에서 떨어져 나온다.

그 첫 번째 신호는 보통 아침에 일어날 때 뒤꿈치 통증이다. 걸으면 통증이 잦아들었다가 다음날이면 다시 생긴다. 붓기와 쑤시는 증상은 오래도록 통증을 무시하고 계속 남용한 결과이다.

뒤꿈치뼈 돌출은 뒤꿈치에 받쳐 주는 것이 없을 때 오랜 부상 끝에 올 수 있다. 발바닥 근육은 뒤꿈치뼈에 작은 섬유질로 연결되어 있다. 이것들이 자극을 받으면 백혈구가 들어 있는 혈액이 차서 부어오른다. 백혈구 세포 내에는 조골(造骨)세포가 있어 뼈 돌출을 만들고 칼슘을 축적해 석회화한다. 몸은 그 부위의 스트레스를 줄이려는 노력으로 스트레스 방향으로 뼈를 만든다. 불행히도 이러한 이상 물질들은 통증을 유발하고 주위의 부드러운 조직을 더 자극한다.

장기간에 걸친 뒤축의 만성 통증은 발바닥 아치의 넓은 근육을 통해 옮겨 다니는 발바닥 신경의 신경 집중 때문이거나 또는 발뒤축 돌출 때문이기도 하다. 이 신경들의 외과 수술로 통증을 줄일 수 있다. 하지만 수술에 동의하는 데 굉장한 주의가 요망된다. 수술은 최후의 치료 수단이 되어야 하고, 최소한 두 명의 의사가 권장하도록 해야 한다.

■ 발뒤축 문제들의 유형

발바닥 근육통
- 증상 : 뒤꿈치 통증, 보통 뒤축의 안쪽 앞부분. 아침에 제일 심하고 낮이 되어 더워지면 조금 나아진다.
- 치료
  • 통증이 시작되면 붓기 전에 4~5일 쉰다.
  • 10분간 얼음찜질해서 그 부위를 아주 차게 한다. 20분간 얼음을 떼어 따뜻하게 한 다음 다시 얼음찜질을 한다.
  • 신발 안에 아치 지지대를 넣는다. 몸무게의 압력을 발바닥이 아니라 발바닥 아치를 통해 분산시키도록 노력한다. '코브라 패드'와 같은 것을 써서 아치를 받쳐 주고 아픈 부위가 압력을 받지 않도록 해 준다. 집에서 만든 발받침이 말을 잘 안 들으면 발 전문의에게서 주문 제작된 것을 사용한다.

뒤꿈치 돌출(Heel Spur)
- 증상 : 뒤꿈치의 앞 안쪽이나 가운데에 통증이 있으며 불행히도 오래 간다. 주물러 보면 통증 부위를 찾아낼 수 있고, 때론 작은 것이 잡힌다. 점액낭염(Bursitis)은 또 다른 흔한 뒤꿈치 부상으로, 종종 계속 반복되는 충격에 의해 오는데, 치료는 뒤꿈치 돌출과 같다.
- 치료
  • 얼음찜질과 위에서 언급한 아치 지지대를 사용한다. 뒤꿈치 돌출이 만져지면 두꺼운 천을 잘라서 구멍내고, 그 구멍을 돌출 부위에 맞춘다. 이렇게 하면 주위를 받쳐 줘서, 돌출 부위에의 압력이 줄어든다.
  • 하루에 5~10분 뒤꿈치 돌출부를 마사지한다. 처음에 엄지로 부드럽게 시작해서 점차 압력을 증가하고 주먹이나 다른 단단한 물체로 돌출부를 직접 세게 친다. 아프긴 해도 도움이 될 것이다.

발바닥 근육 파열(드문 경우)
- 증상 : 갑작스런 통증으로 보통 뛸 수 없고, 며칠이 지나도 차도가 없다. 발바닥 앞쪽에 출혈과 염증으로 인해 멍드는 게 보통이다.

- 치료
  - 얼음찜질과 위에서 언급한 아치 지지대를 사용한다.
  - 의사를 찾는다. 의사의 지시에 따라 4~5주 쉰다.

스트레스 골절
- 증상 : 뒤축이 하루종일 아프다. 걷거나 달리면 통증은 보통 커진다. 다른 뒤축 문제보다 통증이 심하다. 종종 붓고, 뒤축을 이리저리 누르면 통증이 있다.
- 치료
  - 얼음찜질과 위에서 언급한 아치 지지대를 사용한다.
  - 처음에는 걷고, 통증이 가시면 가볍게 뛴다.

신경 집중(드문 경우)
- 증상 : 일 년 이상 계속되는 만성 통증은 신경 내의 통증으로 인한 경우가 있는데, 발바닥 아치의 넓은 근육을 통해 옮겨 다니기 때문이기도 하고, 뒤꿈치 돌출 때문이기도 하다. 통증은 전기에 감전되는 것같이 날카롭고 찌르르하다.
- 치료
  - 얼음찜질, 아치 지지대, 마사지를 한다.
  - 그래서 안 되면 의사는 짧은 기간 작용하는 스테로이드 주사나 비타민 B-12, 또는 신경 감소 수술을 권할 것이다. 이런 경우 다른 의사의 이야기도 들어보라.
  - 주사에는 스테로이드에 의해 인대가 녹는다든지 주사를 잘못 놓아 동맥이 파열되는 등 많은 위험이 따른다. 수술도 통증 제거를 위해 사용되어 왔다. 신경 일부나 스트레스 받은 힘줄 연결부의 일부분을 압력이나 통증을 줄일 목적으로 제거한다. 양쪽 경우 모두 다른 의견들을 청취하고, 이런 종류의 부상을 다뤄 봤던 의사를 찾도록 한다.

정강이 문제

정강이 문제에는 두 가지 종류가 있다. 아랫다리 앞쪽 뼈에 문제가 있으면 정강이라고 부르는 넓은 뼈의 문제이다. 이 부분 바로 바깥쪽에는 앞쪽 정강이 근육이 있다. 이 근육은 뛰는 동안 계속해서 사용된다. 많은 충격을 받는 곳이므로, 때로는 이 근육을 뼈에 붙여 주는 막의 일부가 정강이뼈에서 떨어질 수 있고, 이 부위

· 부상

에는 치통과 같은 통증이 온다. 이 문제는 대부분 너무 많이, 너무 빨리 뛰었거나, 변화에 적응할 충분한 시간이 없이 신발이나 뛰는 노면이나, 훈련계획이 바뀐 경우(예로 파틀렉이나 구간 훈련 등)일 수 있다. 경험 많은 러너들에게는 내리막을 뛰고 나서 이 문제가 오는 경우도 종종 있다.

최근에는 뒤쪽 정강이 근육 부상을 설명하는 데 정강이 부목(Shin Splint)이라는 용어를 쓴다. 이 근육은 납작한 정강이뼈 안쪽에 붙어 있다.

뛸 때 몸무게를 지탱하고 땅을 차고 나가는 동안 발을 안정하게 하는 데 사용하는 깊숙이 있는 근육이다. 이 근육은 종아리와 아킬레스 스트레칭(171쪽 참조)에서 설명한 대로 다른 종아리 근육들과 연계해서 강화되고 늘어난다. 이 근육이 아무는 데는 주위가 요망된다. 거리를 줄이는 게 반드시 필요하다.

구르는 발, 즉 너무 돌아가는 발은 안쪽으로 굴러서 정강이 근육에 압력을 준다. 뻣뻣한 발의 러너는 종아리 안쪽에 문제가 생기는 경향이 있다.

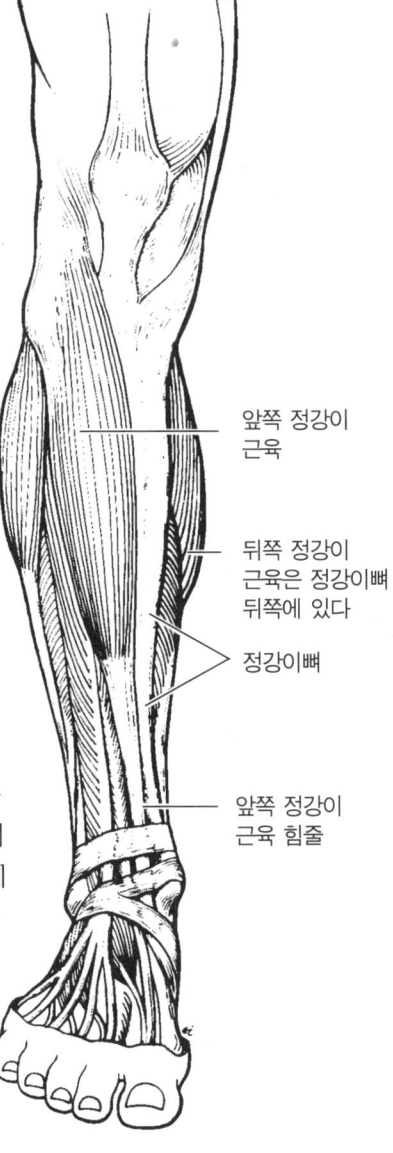

앞쪽 정강이 근육

뒤쪽 정강이 근육은 정강이뼈 뒤쪽에 있다

정강이뼈

앞쪽 정강이 근육 힘줄

애틀랜타의 발 전문의 어빙 밀러(Irving Miller)는 나이든 러너들에게서 구르는 경향이 증가하는 것을 보는데, 자기 생각엔 근육이—특히 종아리 근육과 다리 바깥쪽 근육—단단해지기 때문인 것 같다고 얘기했다. 이것은 다리를 바깥쪽으로 트는 요인이 되고, 걷거나 뛸 때 발을 굴러서 종아리 문제를 일으키게 된다. 부드러운 스트레칭 프로그램이 도움이 된다.

19. 부상 분석과 치료

■ 다섯 가지 정강이 문제

정강이뼈는 페리오스티움(Periosteum)이라고 불리는 얇은 막으로 싸여 있다. 이것은 신경과 혈관이 들어 있는 부드러운 조직의 단단한 띠이다. 정강이 근육 무리들은 이 막과 무릎 바로 밑과 복숭아뼈 가까이에서 힘줄이라는 수단으로 연결되어 있다. 정강이 부위가 스트레스를 받으면 문제가 생길 수 있는 곳이 다섯 곳인데, 그들은 근육, 힘줄, 막, 뼈 자체와 근육 '칸막이' 이다.

정강이에 문제가 있으면 다른 가능성을 체크하기 전에 스트레스 파열이나 칸막이 증후군 등의 두 가지 문제와 연관이 있는지 확인해 보라.

뼈 문제 = 스트레스 파열

- **증상** : 뒤꿈치 연결 부위의 강한 당김. 반복되는 충격 혹은 발의 구름으로 인한 꼬이는 힘 등으로 정강이뼈 자체의 표면이나 피질에 금이 가거나 부러지는 수가 있다. 이것은 천천히 일어나고 통증은 수반하지 않지만 때론 율동적인 통증이 있기도 하다. 염증이 있을 수 있다. 스트레스 파열을 진단하는 가장 좋은 방법은 뒤꿈치를 이리저리 눌러 봐서 통증이 없나 확인한다. 스트레스 파열은 뛰면 뛸수록 더 아프다. 뛰고 나서도 통증이 계속 있거나 발 위쪽이 마비되거나 쑤시면, 심각한 의학적 문제가 있는 것이다.

- **치료** : 스트레스 파열은 발생 후 4~6주에 엑스레이에 나타나기 시작해서 약 6주가량 계속된다. 의사(보통 정형외과 의사)를 찾으면 다리에 캐스팅을 해서 그 부분이 스트레스를 받지 않도록 할 것이다. 왜 골절이 생겼는지 생각해 보고, 공기 안창과 같은 쿠션이 많은 신발이나, 발 지지대 같은 것을 신중히 고려해 본다.

근육 압착 증후군 = 칸막이 증후군

- **증상** : 아랫다리의 네 근육 뼈 칸막이 중에 가장 문제가 많은 게 앞쪽 그룹이다. 근육은 단단한 띠 또는 덮개라고 불리는 근육 주위를 둘러싼 조직의 끈을 가지고 있다. 보통 이 띠는 근육이 늘어남에 따라 같이 늘어난다. 하지만 갑작스레 붙는다든지, 근육이 뼈나 다른 근육에 두 군데 이상 붙어 있는 경우는 띠가 못 늘어날 수도 있다. 그래서 늘어난 압력이 빠져 나갈 곳이 없어, 신경이나 근육의 동·정맥에 해를 끼칠 수 있다. 근육에, 때로는 정강이를 통해 발까지 내려가는 통증이나 쑤심이 있게 된다. 일반적으로 통증이 있고, 뛰면 극적으로 통증이 증가한다. 갑자기 너무 사용하거나 언덕이나 스피드 훈련, 또는 발끝으로 너무 많이 뛰면 올 수 있다.

- 치료 : 이 문제는 아주 심각하며 오래 방치할 경우 영구한 문제가 될 수 있다. 발등이 무감각하거나 통증이 있으면 뛰지 말고, 아스피린을 포함한 약을 써서 진통한다. 이틀이 지나도 진통이 가시지 않으면 의사를 찾는다.

근육 스트레스 = Myostis
- 증상 : 근육 쑤심. 염증이 있을 수도 있다. 대부분의 경우 통증은 대퇴부 안쪽에서 오고, 뛰어서 더워지면 조금 나아진다.
- 치료
  • 3~5일 쉬면(달리기는 금지!) 낫기 시작하고, 그러면 걷는다. 그래서 통증이 없으면 가벼운 달리기를 한다. 부상이 더 나은 것 같아질 때까지 이틀에 한 번씩 뛰도록 해 본다. 의사와 상의하고 매번 뛸 때 통증이 오기 전에 멈춘다.
  • 붓기가 있으면 얼음찜질을 한다. 10분간 1일 1회 이상.
  • 의사와 위장이 괜찮다면 매식사 때 아스피린 2알을 복용한다.
  • 아킬레스건과 종아리 근육 스트레칭을 부드럽게 정기적으로 한다(171쪽 참조).
  • 운동을 통해서 정강이 근육을 강화한다(174쪽 참조).
  • 발 전문의에게 보다 안정된 신발이나 발 지지대에 대해 문의한다.

힘줄 스트레스 = Tendonitis
- 증상 : 연결 부위에서 힘줄이 뼈에서 떨어져 나온 부상. 보통 이 문제는 다리의 아래나 위의 연결 부위로 국한되고 붓는다. 낮은 부위에는 문제가 구부렸을 때 확실히 볼 수 있는 다리 안쪽 가운데, 정강이 바로 옆, 복숭아뼈 바로 위에 있는 힘줄이다. 그 부위가 건드려서 쑤시면, 이 힘줄 바로 밑에 있는 발가락 근육 힘줄에도 염증이 있을 수 있다. 여기 그 근육 무리들을 가려내서 깊숙이 있는 뒷정강이 힘줄에 염증이 있는지 알아낼 수 있는 방법이 있다. 앉아서 발을 잡고 안쪽으로 발을 든다. 아프면 뒷정강이 힘줄이다. 발을 똑바로 들고 발가락을 구부릴 때 아프면 발가락 힘줄에 염증이 있는 것이다.
- 치료 : 위의 근육 스트레스의 경우와 똑같다.

뼈 보호막의 스트레스 = Periostitis
- 증상 : 보호막은 얇은 막(부드러운 조직의)으로써 뼈를 감싸고 있다. 힘줄은 뼈 자체보다는 이 보호막에 연결되어 있다. 과중한 스트레스를 받으면, 아래위 연결 부위에 자극이 간다. 통증은 보통 스트레스 파열과 비슷한 부위지만 어떤 특정한 곳에 통증이 있다는 증거는 없다. 뛰는 동안에 통증이 없어지지 않고, 오

19. 부상 분석과 치료

히려 증가한다. 아무는 데 3~4달 걸린다.
- **치료**
  - 아물기 시작할 때까지 2~4주 완전히 쉰다. 언제 다시 뛸 수 있을지 의사와 확인한다(210~212쪽의 이 기간 동안의 대체 운동 참조. 수영장에서의 달리기가 가장 좋다).
  - 다른 치료는 앞의 근육 스트레스의 경우와 똑같다.

· 부상

다른 운동과 근육의 균형 발달

한 가지 운동만 하고, 다른 운동은 안 한다면 근육이 골고루 발달하지 못해서 때때로 특정 운동 부상으로 이어진다. 요즘 들어서는 코치와 선수들이 더 나은 근육의 균형 발달을 위해 여러 다른 운동에의 가치를 높게 평가한다. 달리기는 종아리와 허벅지 근육이 주로 일을 하는 반면, 자전거 타기는 넓적다리 사두근을, 수영은 상체를, 그리고 크로스컨트리 스키는 달리기와 같은 부상 없이 온몸 전체를 훌륭히 발달시킨다. 여기 달리기 프로그램에 다른 운동을 첨가함으로써 얻는 이득을 보자.

- **심장혈관계 훈련**: 다른 운동들을 첨가함으로써 주간 심장혈관계 훈련을 강화할 수 있다. 전체 같은 시간을 달리기에만 보낸다면 부상에 직면할 가능성이 크다.

- **다양성**: 뜨거운 여름날엔 수영이 선선한 날 자전거 타기와 마찬가지로 매력적인 대체 운동이 될 것이다. 겨울철에는 실내 자전거, 노젓기 머신과 실내 수영장도 같은 효과를 낼 수 있다. 달리기 프로그램에 다른 운동을 첨가하면 뛰기 싫을 때를 극복하는 데 도움이 되고, 더 자극적이고 새롭게 되어 달리기로 돌아오게 된다.

- **지방 연소**: 몸무게를 줄이기 위해 달리는 사람들은 거리가 늘어나고 지방이 줄어듦에 따라 고무될 것이다. 불행히도 더 거리를 늘리면 종종 부상으로 연결된다. 다시 말하지만 다른 스포츠를 첨가함으로써 지방을 계속 태울 수 있고, 몸무게도 컨트롤할 수 있다.

- **3종경기**: 하와이 철인경기는 특출한 선수들 또는 하루에 6시간 이상 훈련할 수 있는 사람들이 대상인 반면, 규모를 축소한 철인경기가—특히나 마라톤을 3~4시간이나 그 이하에 끝낼 수 있는 사람들 사이에서—유행이 증가하는 추세이다. 한동안 달리기를 해 온 사람이라면 벌써 3종경기의 1/3은 준비된 셈이다. 3종경기 훈련시작 스케줄을 여기 제시한다.

  · 월요일 : 장거리 자전거 타기   · 금요일 : 스피드 수영/천천히 자전거 타기
  · 화요일 : 스피드 달리기   · 토요일 : 휴식
  · 수요일 : 장거리 수영   · 일요일 : 장거리 달리기
  · 목요일 : 스피드 자전거/천천히 달리기

  각 종목마다 장거리 날, 스피드 날, 천천히 날이 모두 들어 있다.

음식
FOOD

· 음식

20. 영양

세계적인 선수들의 식습관에 관한 루머가 러너들 사이에서 많이 돌아다닌다. 빌 로저스는 피자에 마요네즈를 쳐 먹기 아마! 나는 개인적으로 이것을 확인해 보지는 않았지만, 빌이 이상한 조합의 음식을 먹는 것을 보았고, 이것이 다른 사람들에게 영향을 주었다.

몇 년 전 나는 먹을 게 잔뜩 쌓여 있는 샐러드 바에서 각자 먹고 싶은 대로 갖다 먹는 러너들의 저녁 식탁을 둘러본 적이 있었다. 한 접시에는 아무 것도 없고, 다만 검은 올리브 씨만 산더미처럼 쌓여 있었다. 그 훌륭한 세계적인 마라토너 벤지 더든(Benji Durden)이 자기 앞에 놓인 접시를 가리키며 간략하게 얘기했다. "빌이 이렇게 먹어요."

그럼으로써 '우리의 불을 당길 수 있는' 그런 특별한 연료를 찾기 바라며 우리

20. 영양

는 우리의 달리기 영웅들의 식습관을 흉내내려는 유혹에 빠진다. 하지만 많은 경우 러너들은 그들의 음식에도 '불구하고' 잘 뛴다. 경우에 따라 훌륭한 러너들이 패스트 푸드(fast food), 아이스크림이나 소다수를 먹어도 괜찮다고 해서 여러분이 따라해야 하는 것은 아니다. 한 가지, 장기적인 건강을 고려해야 한다. 잘 먹는 사람과 못 먹는 사람들의 차이는 아마 10~15년이 지나야 나타날 것이다.

 속에서는 서서히 망가지고 있는데도 불구하고 기분 좋다고 생각할지도 모른다. 미국 심장협회에서는 심장마비 희생자들―지난 30년 이상을 치명적인 동물성 지방을 너무 많이 먹었으면서도, 그때까지 아무 나쁜 징후가 없던 사람이 어느 날 갑자기 꽝!―에 대해 얘기해 줄 수 있을 것이다. 전형적인 미국인들의 식사는 분명히 위험할 수 있다.

· 음식

■ 채식주의자의 역사

우리는 옛 조상들이 먹은 것을 생각함으로써 좋은 식사의 몇몇 단서들을 얻을 수 있다. 과학자들은 그들이 주로 채식가들이었다고 한다. 그 증거로 인간의 길고 구불구불한 장을 지적한다. 야채와 알곡들은 그 영양분을 쉽게 내놓지 않아서 길고 복잡한 장에서 그것들을 짜낸다. 이런 종류의 '처리 공장'은 초식동물들에게 필요한 것이다. 반면 호랑이나 개 같은 육식동물의 장은 곧고 짧다. 우리의 선조들은 멀리 여기저기 호두, 과일, 뿌리 등을 찾아 다녔다. 그 과정에서 그들은 엄청난 심장혈관계의 지구력과 날쌘 솜씨를 개발했다. 그제서야 그들은 효과적인 사냥꾼이 될 수 있었다.

그들은 사냥에서 대부분의 네 발 짐승들의 속도를 따라잡을 수가 없었으므로 보다 나은 지구력을 키움으로써, 때로는 며칠 동안 장거리에 걸쳐 동물들을 쫓아야 했다. 그러므로 초기 사냥꾼들은 인류 최초의 초 장거리 러너들이었다.

오늘날 많은 경험 있는 러너들은 주로 채식주의자들이지만 그들은 식사에 적은 양의 고기(대부분 닭이나 생선)를 더해 영양을 보충한다. 이러한 식사는 나 역시 몇 년 동안 하고 있는 것이고 효과도 좋다. 내가 이러한 식생활 습관에 도달하게 된 데에는 과거 조상들의 것뿐 아니라, 최근의 영양학적 발견들과 서로 다른 음식들과 식사가 내 느낌과 내 달리기에 어떻게 영향을 미치는지를 관찰한 결과이다.

이 장에서는 건강식의 6가지 요소, 즉 단백질, 지방, 탄수화물, 수분, 비타민과 미네랄에 대해 알아보기로 한다. 이것은 주제에 대한 과학적 연구 발표가 아니라 우리 누구나에게 필요한 이 기본 요소들을 가볍게 훑어보는 것이다. 특히, 격렬한 신체 운동을 하는 사람들에게 제일 잘 맞는 조합이라고 내가 믿는 것에 대해 특별히 강조함으로써.

■ 단백질

운동선수들에게는 많은 양의 단백질이 필요하다는 절대적인 믿음이 있어 왔다. 사실 누구에게나 단백질은 필요하며, 오늘날 많은 영양학자들은 러너들이 다른 사람들보다 단백질을 더 필요로 하지도 않고, 평균 미국인들은 필요량보다 훨씬 더 많은 단백질을 이미 소모하고 있다고 믿는다.

단백질은 운동의 연료로써 직접 사용되지는 않고, 우리 몸의 세포, 근육, 조직의 구성물질로 사용된다. 자라나는 어린이는 어른보다 같은 몸무게 당 3배의 단백질을 필요로 한다.

물론 우리는 고기로부터 단백질을 얻을 수 있으나, 고기말고도 낙농제품과 계란

20. 영양

에서도 얻을 수 있다. 비육류에서 얻는 이득이 많다. 특히나 오늘날과 같이 가두어 놓고 곡식 알갱이를 먹이는 목축에 따라 여러 가지 호르몬, 약품과 살충제 등을 흡수하기 쉽다는 생각을 하면 더욱 그렇다.

또한 유목하던 우리 조상들이 먹었던 고기는 야생동물의 그것이었으나, 오늘날의 붉은 색 고기들은 우리 몸 속의 동맥에 침착되어 혈관을 막아 버릴 수 있는 많은 양의 포화지방을 가지고 있다. 구성이 복잡하고 소화하기 힘들어서 소화기관을 타고 천천히 움직이므로 대장에 심각한 문제를 야기시킬 수도 있다.

채식가의 식단을 선택하려면 영양에 대한 기본 원칙 몇 가지를 이해할 필요가 있다. 이제까지 아마 동물성 단백질은 '완전'하고, 식물성 단백질은 불완전하다고 들어왔을 것이다. 여기서의 요점은 동물성 단백 식품에는 모든 아미노산(단백질의 기본 구성요소)이 들어 있어서 고기를 먹으면 필요한 모든 종류의 단백질의 기본 요소를 얻는다. 이 아미노산은 우리 몸에 의해 다른 방법으로 사용된다. 어떤 것은 분해되고 특별한 필요를 충족하기 위해 다른 형태로 재결합되기도 한다. 필요량보다 많은 아미노산은 당분으로 분해되어 지방으로 축적된다.

곡식, 씨앗, 낙농제품이나 채소 등 비육류 제품에서 얻는 단백질은 어느 것도 모든 종류의 아미노산을 가지고 있지 않다는 데에 문제가 있다. 실제로 우리 몸에서 사용되는 22종의 아미노산 중 우리가 먹는 여러 가지 음식에서 13가지를 우리 몸이 만들어낼 수 있다. 나머지 9가지는 직접 섭취해야 한다. 이것들은 보통 '필수 아미노산'이라고 알려져 있다. 이 9가지는 고기, 우유제품과 콩에 모두 들어 있다. 어떤 경우든 채식가들은 그들의 음식에서 이들 아미노산들을 공급받도록 신경 써야 한다. 이것은 생각보다는 그리 어렵지 않다. 하지만 우리는 몇 가지 기본 원칙들을 이해할 필요가 있다.

과학적 근거에 뒷받침되어 있지 않은 유행성 식단을 조심해야 한다. 한번은 내가 채식 식단을 시험해 본 적이 있는데, 내 자신이 '기름이 떨어지는' 것을 발견했다. 50km 정도 달리기에도 익숙해 있던 나였는데, 이 식사를 시작한 지 한 3주 후에는 15km를 끝내는 데에도 문제가 있었다. 정신 집중에도 문제가 있었다. 어떤 사람이 내게 개암과 당근 주스에 적당한 아미노산이 들어 있다고 해서 그것들을 매일 먹었던 적이 있다. 나중에 내가 필요로 하는 아미노산의 양을 이것들의 함유량으로 계산해 보았더니, 일 주일에 25kg씩을 사러 가게를 부지런히 드나들어야 한다는 계산이 나왔다.

■ 지방

현재 평균 미국인은 일일 섭취 칼로리의 42%를 지방에서 얻는다. 이것이 이 나라 심장병의 주된 원인 중의 하나로 판명되었다. 의심할 바 없이 전문가들은 우리가 지방 섭취를 줄여야 한다고 말한다. 얼마나 줄여야 하는가에 대한 견해는 서로 다를지라도. 상원의 '영양과 사람들의 필요량' 분과위원회는 30%가 적정선이라고 하는 반면 네이단 프리티킨(Nathan Pritikin)은 10% 이하를 권한다.

충분한 양의 지방을 식사에서 섭취하는 데는 문제가 없어 보인다. 지금까지 알려지기로는 하루 한 찻숟갈 분량의 복합 불포화 식물성 지방이면 영양학적인 면에서 충분하다고 한다. 이러한 최소량을 안 먹기란 매우 힘들다. 이 최소량으로부터 얼마나 더 먹느냐는 무슨 음식을 먹느냐에 달려 있다. 고기, 치즈, 호두, 곡식과 야채는 모두 다른 양의 '지방산'—우리가 지방 또는 기름이라고 하는 화학성분—을 함유하고 있다.

지방산의 종류와 질은 음식에 따라 다르다. 고기, 계란, 치즈, 버터 등에서 발견되는 동물성 지방은 심장질환과 가장 관계가 있는 물질인 콜레스테롤과 포화지방을 높은 비율로 포함하고 있다. 쇠고기, 양, 돼지고기 등 붉은 고기는 닭이나 생선에 비해 훨씬 많은 지방을 가지고 있다. 낙농제품의 지방 함유량은 무지방 우유, 저지방 카테지 치즈(역주 : 신 우유로 만든 치즈)나 버터, 우유 등 낮은 것에서부터 일반 우유, 체더 치즈(역주 : 카테지 치즈보다 더 신 우유로 만든 치즈)나 신 크림 등 높은 것까지 서로 다르다.

일반적으로 말하면, 지방이 많은 음식의 섭취를 줄이는 것이 장기적으로 볼 때 건강에 바람직하다.

■ 탄수화물

많은 단백질이 필요 없고, 너무 많은 지방을 이미 섭취하고 있다면 무엇을 먹어야 하나? 답은 탄수화물이다. 녹말과 자연당이 많은 음식, 즉 밥, 빵, 곡식, 국수, 콩, 감자와 몇몇 야채와 같은 것이다. 이 녹말들은 '복합탄수화물'이라고 하는데, 당 분자 또는 '단탄수화물'이 여러 개 합쳐져 만들어졌기 때문이다. 이 복합탄수화물은 섭취된 후 단탄수화물로 분해되어 혈관을 통해 간으로 옮겨진 다음 거기서 글루코오스로 바뀐다. 이 글루코오스 중 일부는 글리코겐으로 바뀌어 근육과 간에 저장된다. 탄수화물은 탈 때 지방이나 단백질같이 독성 물질을 생성하지 않는 '청정' 연료이다.

고탄수화물 식사의 또 다른 장점은 거기에는 우리가 필요로 하는 에너지, 비타

20. 영양

민, 미네랄뿐 아니라 섬유소도 들어 있다. 야채에 들어 있는 섬유소는 소화를 도와주고, 더 적은 칼로리로 우리 배를 채우고, 대장에서 음식물의 이동에 중요한 역할을 하여 변비를 방지한다. 이것은 러너들과 몸무게를 가볍게 유지하기를 원하는 사람들에게 좋은 소식이다.

하지만 우리가 너무 많은 탄수화물을 섭취하여 우리가 태울 수 있는 것보다 더 많은 칼로리를 얻으면 잉여분은 지방으로 변한다. 지방과 단백질의 경우도 마찬가지다. 우리 몸은 당분을 태워 에너지를 얻으며, 연료를 지방의 형태로 저장한다.

경쟁적 러너들은 알다시피 성적을 향상시키기 위해 무엇이든 하는데, 육체운동의 연료로써 탄수화물의 중요성을 찾아냈다(244~245쪽 탄수화물 비축에 자세히 설명했다).

■ 수분과 염분

문제는 수분을 완전히 무시하는 데에 있는 게 아니라, 충분한 양을 정기적으로 마시지 않는 데에 있다. 우리 몸은 60~70%의 수분으로 되어 있다. 여자들이 남자보다 조금 낮고, 운동선수들은 일반인들보다 조금 높다. 하지만 그 차이는 미미하다. 기본적인 사실은 우리 모두는 운동을 안 하고, 기온이 적당할 때에도 매일 놀랄 만큼 많은 양(약 2.5ℓ)의 수분을 필요로 한다. 따뜻한 날 알맞은 운동을 하면 이 숫자는 쉽게 두 배가 된다.

수분은 우리 몸의 생리활동의 대부분을 유지하는 데의 기본요소이다. 혈액은 대부분 수분이다. 수분은 더운 날 땀과 피부에 있는 모세혈관을 확장시켜 몸을 식혀 준다.

우리 몸은 하루 종일 조금씩 수분을 잃는다. 그러므로 조금씩 보충해 주는 것이 제일이다. 120~180mℓ(한 컵 정도)의 적은 양이 많은 양보다 더 효과적이다. 매시간 수분을 잃으니까, 매시간 보충해 주도록 한다. 충분한 양의 수분을 섭취하면 소변이 저칼로리 맥주같이 밝은 색깔이 된다. 소변 색이 짙으면 물을 더 마셔야 한다.

운동선수들은 갈증이 수분 감소의 올바른 척도가 아니라는 것을 염두에 두어야 한다. 경주에서는 시작 전 물을 더 마셔두어야 한다. 경험 있는 러너들이 다 알다시피, 목이 마르지 않더라도 경주 초기의 급수대에서 물을 마셔두어야 한다.

운동 중 며칠 동안의 탈수는 심각한 결과를 가져올 수 있다. 운동 후 너무 많이 몸무게가 준다면 그것은 탈수현상의 신호이지 지방이 줄어든 것이 아니다. 지방은 아주 천천히 준다. 이것은 더 많은 물을 마셔야 한다는 표시이다(훈련과 경주에서의 수분 섭취의 권장은 101쪽과 104쪽 참조).

　운동하며 땀을 많이 흘릴 때 염분을 더 섭취해야 하나? 대부분의 운동 과학자들은 식사에서 섭취하는 염분으로 충분하고, 별도로 먹을 필요는 없다고 한다. 사람들은 자기의 염분 수준이 너무 낮으면 음식에 소금을 치거나 짠 음식을 주문한다.

■ 비타민과 미네랄

　비타민은 중요한 신체작용을 일으키게 하는 촉매제이다. 그전에는 많은 사람들이 비타민과 미네랄 보충이 좋은 영양을 위해 필요하다고 생각했으나, 최근의 많은 영양학자나 스포츠 생리학자들은 일반적으로 균형잡힌 식사에 의해 우리 몸이 필요로 하는 것을 공급받을 수 있다는 결론에 도달했다. 이것은 육체적으로 왕성한 사람들에게는 특히 맞는 말이다. 그들은 운동을 위한 연료로써 더 많은 음식을 먹으니까, 더 많은 비타민과 미네랄을 섭취하게 된다.

　우리 몸이 필요로 하는 여러 가지 미네랄 중에서 몇 가지만이 정말 고려 대상이다. 나트륨과 같은 것은 음식에 너무 많이 들어 있어서 피할 수 없지만, 셀레늄과 같은 것은 우리 몸이 아주 적은 양만을 필요로 하기 때문에 또한 충분히 섭취 안 하는 것이 어렵다. 칼슘, 철분과 아연이 우리가 주의해야 하는 세 가지이다. 대부분의 여성들은 폐경 때까지 철분 필요량이 남성에 비해 더 많다는 것을 이미 알고 있을 것이다. 그러나 최근에야 칼슘의 중요성이 발견되었다. 연구원들은 골다공증을 칼슘 결핍과 연관 짓기 시작했고 권장량을 늘렸다(194쪽 참조). 이 또한 남성보다는 여성에게 더 문제가 되는 것 같다. 아연 또한 조직을 보수하는 역할로 인해 관심을 두기 시작했다. 많은 영양학자들은 이것들뿐 아니라 다른 미네랄들 때문에도 우리는 알곡, 녹황색 채소와 고기를 먹어야 한다고 권한다(야채 중의 훌륭한 철분 공급원은 강낭콩, 완두콩, 건포도 등이다). 그들은 또 간은 최고의 농축된 미네랄 공급원이라고 한다. 그것은 지방도 많지만, 적은 양(90g 정도)으로도 많은 양의 철분, 비타민 A, B와 미네랄을 공급한다.

　다시 말하지만 제대로 균형잡힌 식사가 비타민의 최고 공급원이다. 비타민제를 복용하면 지용성(지방 용해성) 비타민인 비타민 A, D의 과복용 가능성에 주의를 기울이는 것이 중요하다. 이것들은 몸 속에 축적되므로 너무 많이 먹으면 유독성분이 쌓일 수 있다. 비타민 A와 D가 특히 많은 식품에는 계란, 강화된 우유(D), 황색 야채(A) 등이 있다. 비타민 D는 피부가 햇빛에 노출될 때 우리 몸에서도 만들어진다. 비타민 E의 좋은 공급원은 곡식, 시리얼, 빵, 콩, 간, 그리고 녹색 채소

20. 영양

들이다. 비타민 E와 K는 지용성이라 유독할 수 있으나 극히 드문 경우이다.

수용성 비타민들—B 무리와 C—은 몸에 축적되지 않으므로 매일 먹어야 한다. 이것들은 여러 가지 역할을 하는데, 고열처리된 음식에서는 못 얻을 수도 있다. C는 시트러스(오렌지, 귤 등), 토마토, 짙은 녹색 채소와 감자(튀김이 아닌 구운)에서 발견된다. B 무리는 곡식과 간에 들어 있다. 콩과 우유에도 일부 들어 있다. 엄격한 채식가(우유, 치즈, 계란을 포함한 동물성을 전혀 안 먹는 사람)에게 특별히 중요한 것은 비타민 B-12인데, 이것은 동물성 식품에서만 발견된다. 그러므로 채식가들은 B-12 비타민제를 따로 복용해야 한다.

결론적으로, 신선한 음식, 곡식, 과일, 야채, 유제품과 일부 고기 등 다양한 종류의 식사만으로 필요한 비타민과 미네랄을 모두 얻을 수 있다. 그렇게 먹지 않는다면 연구해 봐야 할 것이다. 여기 씌어진 내용은 그 주제에 대한 기본 소개에 불과하다.

·음식

21. 연료

성적 향상을 위한 식사와 음료

여러분의 목표를 넘어서 추진해 나갈 수 있는 독점적인 기적의 음료를 소개하고자 한다. 그런 실험적 접근에 대한 루머들이 있다. 1978년 딕 그레고리(Dick Gregory)는 보스턴의 훌륭한 마라토너 중의 하나인 비니 플레밍(Vinny Fleming)을 위해 특별한 음료를 준비했다. 수주간 그 비법을 따른 후에 그는 그 해 유명한 그의 고향마을 마라톤에 참가했고, 36km 지점에서 비법의 음료를 마셨다. 시간을 몇 분이나 단축했을 뿐 아니라, 그것을 마셨을 때 들어 올려지는 느낌을 받았다고 했다.

딕은 이 비법을 공개하려 하지 않고, 나도 이런 류의 이야기를 듣기 좋아하지 않는다. 그들은 근본 진리, 즉 기록경신을 하는 데는 식음보다 훈련이 훨씬 더 중요하다는 사실을 가린다. 플레밍이 기록을 경신할 수 있었던 것은 그의 컨디션이지 식음료가 아니다. 주어진 컨디션에서 어떤 식음료가 약간 도움이 될 수도 있고, 또 다른 것은 그 반대일 수도 있다. 식음료는 단거리보다는 장거리 달리기에서 더 문제가 된다.

■ 탄수화물 비축(Carbo loading)

1960년대 후반의 연구를 보면, 쥐는 어떤 특정한 식사/운동 패턴을 따를 때 더 많은 양의 글리코겐을 비축한다고 되어 있다. 러너들도 시합 전에 같은 탄수화물 소모/비축 프로그램을 따른다면 더 나은 성적을 기대할 수 있는 걸로 결론지어졌다. 그 프로그램은 이렇다. 경기 7일 전 장거리를 강하게 뛴다. 그렇게 함으로써 근육과 간 속에 비축되어 있는 글리코겐을 소모한다. 그 다음 3일간은 정상적으로 훈련하고, 지방과 단백질이 주인 식사를 한다. 그래서 글리코겐이 낮은 상태를 유지한다. 그리고 경기 전 3일 동안 가볍게 운동하며 탄수화물을 주로 섭취한다. 이렇게 하면 우리 몸을 청정연료로 채우게 되는 것이다.

나는 탄수화물 비축 옹호론자는 아니다. 1973년 보스턴 마라톤에서 이것을 사용해 봤는데—아마도 이때가 내 생애 최고의 컨디션이었을 것이다—절반이 지나서 기름이 떨어졌다. 내가 바꾼 것은 단 하나 식사뿐이었다. 다시 1974년 찰스턴 장거리 경주에서도 시키는 대로 하였는데, 심하게 쥐가 났었다. 이런 일은 그 전에도, 그 후에도 한 번도 내게 일어나지 않았다.

자연히 이 경험 후 탄수화물 비축에 대해 많이 생각하게 되었고, 내가 소모/비축 프로그램을 권하지 않는 데는 두 가지 좋은 이유가 있다. 첫째, 이 같은 급격한 식생활 변화는 여러 면에서 우리 몸에 혼란을 가져온다. 병에 대한 저항력 감소, 감정, 신체 화학작용, 리듬의 동요 등. 경주 전에 이런 혼란은 결코 필요치 않다. 둘째로, 태우고 싶은 연료는 글리코겐이 아니라 지방이다. 훈련 과정을 통해 근육에게 경주 동안 지방을 사용하고, 글리코겐의 필요성을 줄이라고 가르친다. 적당한 속도 유지는 우리 몸에게 제한된 글리코겐 저장분을 사용하여 최대의 이득을 얻도록 가르친다.

이런 문제를 피하는 다른 방법은 균형식을 하고 단순히 마지막 3일 동안 약간 더 탄수화물 섭취를 늘리는 것이다(상식적으로 먹되 너무 많이 먹지 마라). 이렇게 하면 즐거운 식사를 할 수 있고, 탄수화물 비축 프로그램의 즐겁지 못한 부분을 피할 수 있다. 나는 그렇게 해서 좋은 결과를 얻었다.

■ 수분

전혀 무시해서 문제가 아니라 규칙적으로 충분히 마시지 않아서 문제가 되는 것이다. 우리 몸의 대부분은 물이다. 그것은 여기저기 감추어져 있다. 예로, 글리코겐은 물 없이는 저장될 수 없다. 물은 더운 날 땀과 피부 표면의 모세혈관 확장으로 우리 몸을 식혀 준다.

하루 내내, 추운 날일지라도 조금씩 줄어드는 수분을 대체하기 위해 깨어 있는 시간 동안 오렌지 주스, 그레이프 푸르트, 토마토 주스와 같은 희석된 전해질 음료나 칼륨과 마그네슘이 들어 있는 상업용 음료를 매시간 120~180mℓ(한 컵 정도)씩 마셔야 한다.

- **경기 시간이 가까워 오면** : 수분은 더 희석된 것이라야 한다. 마지막 2시간 동안 나는 물만 마신다. 그러면 위경련의 가능성을 줄여 준다. 경주 동안에는 땀으로 흘리는 양만큼 충분히 마실 수 없다. 그래서 낙타같이 처음 출발할 때 위 속에 약간의 물을 저장한다. 하지만 계속 적은 양을 마신다. 한번에 많이 마시지 마라.

- **경주 동안** : 짧은 경주에서는 상대적으로 덜하지만 마라톤에서는 탈수가 만

・음식

만찮은 문제점이다. 더운 날에 마라토너는 땀으로 한 시간에 1~2ℓ의 수분을 잃는다. 신경전달과 다른 생리기능에 도움을 주는 전해질(마그네슘, 칼륨, 나트륨, 칼슘 등)도 잃는다. 나를 포함한 내가 아는 대부분의 러너들은 장거리를 뛰는 동안 영양보충제 드링크를 마시면 위에서 탈이 났다. 경주 후반에 스포츠 음료를 조금 마시는 것은 좋아하지만. 하지만 다른 많은 사람들은 약간의 전해질이 도움이 된다고 믿는다.

사람마다 다르고, 경주 중 소비한 영양분에 대한 각 러너의 내부 반응도 서로 다르다. 전해질 음료를 사용해 보고 싶으면 경기에 앞서 장거리 훈련 때 한번 시험해 보는 것이 좋다(역주 : 목표로 하는 경주에서 실제 사용하는 음료수를 연습시 사용해 본다. 주최측에 물어 보면 무슨 음료를 사용하는지 가르쳐 줄 것이다).

■ **경기 전 24시간 그리고 카운트다운**

나는 하루 전에 단단한 음식을 줄임으로써 식사 카운트다운에 들어간다. 점심이 마지막 단단한 음식 식사이다. 약간의 단백질을 먹으며, 배부르지 않고 만족할 만큼 먹는다. 그날 오후와 저녁은 물과 주스만 정기적으로 마신다. 배고프면 빵과 같이 쉽게 소화할 수 있는 음식만 먹는다. 튀김이나 기름기 많은 음식, 땅콩버터나 유제품 같이 소화하기 힘든 음식은 확실히 피한다. 샐러드나 밀기울 같은 거친 음식(역주 : 섬유질이 많은 음식)도 피한다.

경기 전 탄수화물 비축용 저녁 식사는 사교적이고 즐거운 것이다.(역주 : 미국의 경의 모든 경주들에서는 시합 전날 저녁 스파게티 뷔페를 연다. 이때 유명 달리기 선수나 코치들과 함께 얘기할 기회를 갖기도 한다. 조금 먹는 것은 좋지만, 특히 나 잘 뛰고 싶다면 너무 먹지 말아라. 너무 많은 음식은 몸에 부담이 되고 불편함을 야기하기도 한다.

나는 시합 2시간 전에 일어난다. 첫 시간 동안 비타민 C 500mg과 20분마다 물 한 컵씩을 마신다. 가능한 한 마지막 시간까지 반복한다. 경기 시작 때 약간의 물을 가지고 있는다. 약간은 마시고, 날이 더우면 주로 머리 위에 붓는다. 이상하게 보일지 모르겠지만 내 경우에는 효과가 있다(여러분도 그렇게 해 보고 싶으면 장거리 훈련 때 미리 시험해 보라).

- **카페인** : 경주 한 시간 전의 커피 한 잔은 성적을 향상시킨다는 확실한 증거가 있다. 카페인은 자유지방산과 트리글리세리드를 움직여서 혈액 속에서 에너지 원료로 사용된다. 또한 깨어 있게 하고, 여러분의 하수처리 시스템을 깨끗이 해 주어 화장실에서 마지막 순간 줄서야 하는 것을 방지해 준다. 하지만 너무 많은 카페인은 탈수의 원인이 되고, 심장 리듬에 부정적 영향을 미칠 수 있다. 조심하고 실제 경기에서 사용하기 전에 연습에서 몇 번 적용해 본다.

경주 전 식사 카운트다운

- **24시간 그 이전** : 평상시의 균형잡힌 식사. 하루 종일 충분한 수분, 특히 전해질 음료 섭취. 마라톤 전에는 탄수화물을 더 섭취해도 좋다.
- **18시간 전** : 단단한 음식을 줄이기 시작한다. 수분은 계속 섭취. 점심 후 붉은 고기, 튀긴 음식, 유제품, 지방, 견과류와 거친 음식을 피한다.
- **12시간 전** : 과식하지 마라. 수프, 크랙커나 적은 양의 토스트 등 가볍고 소화가 잘 되는 음식만 먹는다. 물과 전해질 음료를 계속 마신다.
- **4시간 전이나 그 이하** : 적은 양의 물만 규칙적으로 마신다. 찬물이 더 잘 흡수된다. 매 20분에 180mℓ, 더운 날에는 240mℓ를 권한다. 비타민 C를 원하면 경주 2시간 전 또는 그 전에 먹는다.
- **경기 중** : 매 급수대에서 물을 마신다. 특히 마라톤 초기 단계에서는 더욱.

달리기 · 음식

22. 지방 태우기

이제 누구나 다이어트가 제대로 되지 않는다는 것을 알 것이다(적어도 장기간에 걸쳐서는). 주위에 다이어트를 시작해서 한동안 살이 빠지다가 결국은 옛날로 돌아가 다시 살찌고, 또는 그전보다 더 찐 친구들이 있을 것이다.

실제로 잘 듣는, 점점 더 잘 알려지는 사실은 운동이다. 운동 중에도 몸무게를 줄이는 데, 그리고 줄어든 몸무게를 유지하는 데 가장 좋은 것은 모두 알다시피 달리기이다.

■ 기준점(set point)

연구에 의하면 어떤 주어진 시간에 우리 몸은 현재의 지방 수준(또는 지방 비율)을 유지하려는 구조를 몸 속에 가지고 있는데, 이것을 기준점이라고 한다. 뇌 속의 복잡한 컴퓨터가 운동, 기초 신진대사, 음식물 섭취와 현재의 지방 축적도를 비교한다. 우리가 지방을 너무 많이 태웠거나, 덜 먹었다면 입맛을 자극한다. 반대로 너무 먹었거나, 운동을 너무 조금했다면 입맛이 없어진다.

달리기는 내게 식욕을 돋우고, 운동과 음식 섭취의 균형을 유지하게 해 왔다. 내가 13세 때 처음 뛰기 시작할 때, 내 몸의 지방은 아마 11~13% 정도였을 것이다. 2년을 뛰고 난 후 9~10%로 줄었다. 1970년 올림픽을 대비해 강도 높은 훈련을 시작했을 때 5~7%로 줄어서 그 범위를 지금까지 유지하고 있다.

달리기는 내 몸과 마음이 서로 닿게 해 주는 것 같다. 나는 이제는 과식이나 잘못된 음식에 광장히 민감하다. 내 식욕은 연습량을 줄이고 늘임에 따라 빠르게 변한다(늘 그런 것은 아니지만). 내가 달리기를 시작하고 첫 8~10년 동안에는(부상으로 인하여) 달리기를 줄이면 식습관 때문에 한동안 몸무게가 늘곤하였다. 그러나 정기적으로 달리기 시작한 지 25년이 넘어선 지금은 내 몸이 매우 민감하고 빠르게 반응한다. 적게 뛰면 적게 먹는다.

우리 뇌는 생존을 위해 프로그램되어 있어서 의심스러우면 지방을 좀더 비축하려 든다. 사람들은 보통 나이가 먹어감에 따라 이 기준점이 몇 번쯤 올라간다. 매 기준점마다 우리 몸은 알맞은 비율이라고 여겨지는 지방을 가지고 있다. 이 지방 비율을 낮추거나, 현재의 기준점을 유지하는 데 필요한 칼로리를 자신에게서 빼앗는다면, 결국에 가서는 보충을 하게 된다. 이것이 다이어트에 실패하는 원인이다.

많은 러너들, 특히 10년 이상 된 베테랑들은 운동을 통해서 기준점을 낮출 수 있다. 이것은 보통 여러 단계에 걸쳐 이루어지고, 운동량의 증가에 직접적인 관련이 있다.

■ 지방 감소(꼭 몸무게가 아닐 수도 있다)

지구력 운동은 아마도 지방을 줄이는 가장 좋은 방법일 것이다. 뛰면서 지방을 태울 뿐 아니라, 뛰는 근육을 발달시켜서 원치 않는 물질을 굉장히 높은 비율로 소비하는 지방 연소기로 사용한다. 근육은 지방을 먹고 산다. 그러므로 근육의 비율이 높으면 하루 내내 더 많은 지방을 태운다.

무엇을 줄이고 싶은가? 매일 저울 앞에 서는 우리들 대부분은 '몸무게' 라고 말할 것이다. 우리는 보통 또는 엉망이기까지 한 식사를 하고, 탈수되면 몸무게를 (건강까지도) 잃을 수 있다. 하지만 지방은 그냥 남는다. 알코올 중독자들은 운동을 안 하고, 근육이 시들어 없어지게 함으로써 몸무게가 줄기도 한다.

줄이기를 원하는 분명한 것은 지방이다.
- 과외의 지방 주머니가 매걸음마다 짓누른다.
- 원치 않는 절연체가 몸을 덥게 만든다.
- 혈액과 산소의 불필요한 분산(운동근육으로부터 빼앗아 간다).
- 보기 흉한 배불뚝이.

어떤 사람들은 자신에게 숨어 있는 지방이 있다는 사실을 모른다. 《건강이냐, 지방이냐(Fit or Fat)?》의 저자 코버트 베일리(Covert Bailey)는 수천 명을 자신의 수중 탱크에서 측정해 보았다. 많은 사람들이 뚱뚱했는데도 자신들이 잘 모르는 이유는 지방이 근육세포 사이사이에 숨어 있기 때문이다. 근육조직 속의 대부분의 지방 저장 공간을 다 채우고 나서야 피부 지방이 형성되는 것이 보이기 시작할 뿐이다. 그러므로 지구력 운동이 이 원치 않는 짐을 내려놓고 계속 유지하기 위한 최선의 방법이다.

저울이 대신 달려 주거나 당신의 인생을 망가뜨리는 것은 아니다. 근육이 지방보다 무게가 더 나간다. 운동을 처음 시작할 때 몸무게가 느는 것은 좋은 징조이다. 근육 무게가 늘어나면서 지방 무게가 줄어들 것이다. 몸무게는 1kg도 안 줄

22. 지방 태우기

어들면서도 허리띠 몇 센티미터를 줄일 수 있다.

하지만 저울을 내다 버리지는 마라. 탈수를 관찰하는 데는 도움이 되니까. 아침마다 재면 수분을 관찰할 수 있다. 갑자기 1kg이나 그 이상 줄어들면 틀림없이 수분이 문제이다. 곧바로 보충하기 시작해야 한다. 지방 1kg을 줄이기 위해서는 80km가량 뛰어야 한다. 그러므로 갑자기 체중이 줄어드는 것은 지방이 줄었다고 얘기하기 어렵다.

■ 지방을 잰다

재는 데는 두 가지 방법이 있다. 캘리퍼로 피부 두께를 잰다. 이것은 편리하고 빠르다. 다른 방법은 물 속에서 체중을 잰다. 이 방법이 더 정확하다. 물 밖에서 재고, 탱크 속에 들어가 물 속에서 잰다. 물 속에 있는 동안 최대한 숨을 뱉고 전문가가 수치를 읽는다. 두 수치의 차이가 지방 비율이다. 지방은 뜨고 근육과 뼈는 가라앉는다는 원리이다.

> **역주** 요즘에는 저울과 같은 형태의 지방 재는 기계가 있다. 맨발로 저울 위에 올라서면 양쪽 발을 통해 몸의 전기저항을 재서 지방의 양을 계산한다. 몸무게도 동시에 재므로 우리 몸의 지방 비율을 계산하여 나타낸다.

■ 지구력 근육은 운동 중일 때 뿐 아니라 그 후에도 지방을 태운다

달리기는 지방을 연소하는 근육을 개발한다. 이 근육들이 활동하기 시작하면 그것들은 운동하는 동안 뿐 아니라, 그 후 몇 시간 동안 계속해서 지방을 먹어 치운다(앉아 있거나 잠잘 때조차도).

몸의 지방 비축을 효과적으로 낮추기 위해서는 먼저 그것들(지방)을 움직이게 해서 지방산과 트리글리세리드를 혈액 속에 풀어놓도록 해야 한다. 그렇게 해서 그것들이 운동 근육세포로 가서 연료로 태워지게 된다.

■ 40분 목표

뛰기 시작하면 처음에는 주로 탄수화물이 연소되고, 지방은 아주 조금 연소된다. 5~10분 후면 지방의 타는 비율이 증가하고, 탄수화물은 감소한다. 한 30분쯤 지나면 지방이 주연료가 된다(45쪽 그림 참조). 그때쯤이면 충분한 양의 지방산이 혈액 속에 녹아 있다. 그래서 운동 시간을 40분이나 그 이상으로 늘려 잡는 것이 가치가 있는 것이다. 40분간 계속 뛰는 것이 피곤하면, 규칙적으로 자주 걷는다. 지방이 움직이게 하려면 40~60분씩 3일 뛰는 것이, 일 주일에 6번, 20~30분씩 뛰는 것보다 낫다.

■ 칼로리를 태우는 것은 거리이지 속도가 아니다

초보자들은 40분간 계속해서 뛸 수 있을 만큼 강하지 않으므로 탄수화물을 주로 태우게 된다. 근육이 강해짐에 따라 각 근육세포들은 운동할 때뿐 아니라 그 후에도 능력이 향상된다. 달리기는 킬로당 60kcal 정도를 태운다. 얼마나 빨리 달리느냐에는 그렇게 큰 차이가 없다. 근육이 강해지면 점차 더 멀리 뛸 수 있고, 그래서 더 많은 칼로리를 태운다. 그러므로 천천히 멀리 뛰어서 태워 버려라!

■ 뛴 후의 지방 연소

운동이 끝났다고 몸도 같이 정지하는 것은 아니다. 어떤 면에서 그것은 계속해서 '뛰며' 칼로리를 태운다. 운동할 때는 몸의 발동기의 회전수가 늘어난다. 운동을 멈추면 몇 시간에 걸쳐 천천히 원래로 되돌아온다(이 요소는 킬로미터당 칼로리 소모표에는 포함되어 있지 않다).

■ 잠자는 동안 지방 연소

운동을 안 하는 사람보다 운동을 할 때나, 하고 난 후에 더 많은 칼로리를 연소할 뿐 아니라, 앉아 있거나 잠잘 때도 마찬가지이다. 잘 개발된 지구력 근육으로 휴식 때 더 높은 신진대사율(음식을 에너지로 바꾸는 비율)을 얻고 몸이 더 따뜻해진다. 신체가 단련된 사람들은 몸이 더 따뜻한데, 그 이유는 그들의 근육 난로가 돌아가서 낮이나 밤이나 더 많은 칼로리를 태우기 때문이다.

■ 당분 연소기를 지방 연소기로

지구력 달리기는 우리 몸의 당분 연소 세포가 지방 연소 세포로 바뀌도록 훈련시킨다. 이것은 지방 연소 능력을 증가시키고, 허리띠 길이를 감소시킨다. 태어날 때 우리들의 다리는 일정량의 빠른 반응 근육과 느린 반응 근육으로 구성되어 있다(48쪽에 자세한 설명). 빠른 반응 근육은 불이 빨리 붙지만 계속 타지는 않고 당분을 연소한다. 반면 느린 반응 근육은 지방을 태우고 계속해서 일을 하지만 빨리빨리 타지는 않는다.

생리학자 데이브 코스틸(Dave Costill)이 나의 근육을 측정했는데, 97%의 느린 반응 근육이었다. 느리게 움직이는 세포를 더 빨리 움직이게 할 수는 없어도, 빠른 반응 세포는 느린 반응 세포로 활동하게 훈련시킬 수는 있다. 그러므로 전(前) 단거리 선수들은 적응하는 데 몇 달씩 걸릴지는 모르지만, 지구력 달리기 선수가 될 자질이 있다.

■ 커피

뛰기 전에 커피를 마시면 지방을 줄이는 데 도움이 된다는 몇몇 증거가 있다. 쥐에 대한 실험에서 지구력 훈련 한 시간쯤 전에 카페인을 주사한 쥐는 그렇지 않은 쥐에 비해 지방이 더 줄어들었음을 보여 준다.

■ 들고 뛰기

손에 아령 같은 것을 들고 뛰는 러너들은 같은 거리를 아무 것도 안 들고 뛰는 사람보다 지방이 더 빨리 줄어드는 경험을 한다. 과외의 무게는 전체 한 일의 양을 증가시켜서 몸의 비축분에서 조금 더 빼앗아 온다. 그러나 조인트, 힘줄, 인대 등에 과외의 압박을 가한다. 다리에 무거운 것을 다는 것은 발에 스트레스를 줘서 권하지 않는다. 더 먼 거리를 걷는 것이 과외의 지방을 연소하는 보다 나은 길이다.

카페인과 아령은 우리의 지방 연소 능력에 작은 보탬이 될 뿐이다. 몇 년에 걸쳐 1~2kg 정도 빠지는 데 도움이 되겠지만, 대부분의 지방 감소는 다리에 강력한 지방 연소 근육을 개발함으로써 이루어진다. 이것은 정기적으로 달리고, 거리를 점진적으로 증가시킴으로써 이룰 수 있다.

■ 다이어트는 운동과 함께 할 때만 효과가 있다

다이어트시 대부분의 체중 감량은 수분이다. 실제로 최근의 증거들을 보면 운동 없는 다이어트는 장기적으로 볼 때 오히려 체중 증가의 원인이 된다.

■ 지방 없는 달리기

굶주린 다이어트는 필요 없다. 대부분의 러너들은 운동을 함으로써 우리가 원하는 것을 먹을 수 있게 된다는 것을 안다. 그 원칙은 과식이 아닌 알맞게 먹는 것이다. 칼로리를 줄이는 것은 맛에 관한 것이다. 우리가 좋아하는 기름진 음식에서 조금씩 그와 비슷한 맛에 지방이 덜한 음식으로 옮겨가는 것이다.

· 음식

대신에	먹는다
튀긴 음식	양념하고 삶은 음식
붉은 고기	생선이나 가금류(닭고기)
땅콩 버터	빵이나 크랙커에 그냥 맛만 보기
치즈	저지방 카테지 치즈
우유	무지방 우유
샐러드 소스	적은 양의 기름과 사과주스 가미(식초도 약간)
감자 칩 등	자른 야채(당근, 샐러리 등)

알곡이나 야채 같은 복합탄수화물은 배고픔을 이기게 하고, 많은 칼로리가 들어 있지도 않다. 실제로 어떤 생리학자들은 지방은 '탄수화물의 불꽃으로 탄다.'고 말한다. 지방산(몸에 비축된 연료의 주요 원천)을 분해해 에너지로 만드는 데에는 충분한 탄수화물이 필요하다. 하지만 첨가물에 신경을 써라. 샐러드는 훌륭한 저칼로리 음식이지만, 그 소스에 찻숟가락 하나의 기름이면 사태가 역전된다. 감자는 좋은 저칼로리의 배를 채우는 음식이지만 신 크림을 조심하라!

언제 먹느냐는 아주 중요하다. 하루 종일 적은 양의 스낵들을 먹음으로써 식사 때 먹어 과식하는 것을 피한다. 식사와 식사 사이에 오랫동안 기다리면 지방 비축 효소를 자극하게 된다. 이 작은 것들이 과식으로 가게 하고 우리가 제일 원치 않는 방법으로 그것을 비축하게 한다. 오래 기다릴수록 더 많은 효소가 만들어진다. 적은 양을 먹으면 들어오자마자 태워 버리게 된다. 또한 그것은 하루 종일 에너지를 공급한다. 설탕이나 지방이 너무 많지 않은 스낵을 선택한다.

우리 일상생활에 점차적으로 적용하면, 약간의 분별 있는 칼로리 감소는 같은 양의 운동으로 더 많은 칼로리를 태우게 해 준다. 이 새로운 건강에의 분별 있는 접근을 영구히 변화하게 만들 수 있다. 지구력 운동, 건강식, 그리고 날씬한 당신!

■ **연습량을 늘릴 때는 다이어트를 하지 마라**

다이어트를 하면서 동시에 거리를 늘리는 것은 좋지 않다. 둘 다 몸에 많은 스트레스를 주므로, 한번에 하나씩 한다. 일단 긴 거리에 우리 몸이 익숙해지고 나면 다이어트를 생각할 수 있다. 그러나 운동량을 늘려서 몸무게를 줄이는 것이 여전히 최선이다.

· 신발

23. 신발의 비밀
SHOE SECRETS

신발 디자인의 실상

성배(聖杯)(역주 : 예수가 최후의 만찬에 서 사용했다는 접시. 아서 왕 전설 중 원탁의 기사는 이것을 찾으려 하였음)를 찾는 여행에서처럼 러너들은 완전한 신발을 찾는다. 우리는 어디엔가 완전한 신발이 있어서 발의 문제들을 치료하고, 우리가 더 빨리 달릴 수 있게 하며, 석양 속으로 힘 하나 안 들이고 뛰어가게 해 준다고 믿는다. 우리는 광고를 보고, 잡지의 설문조사에도 영향을 받고, 우리의 친구들이 신고 있는 것을 보고 유혹을 느끼기도 한다.

너무 희망을 높게 잡지 마라. 신발이 먼 길을 오긴 했지만 완전한 신을 발견했다는 러너는 아직 보지 못했다. 30년 전의 표준은 한 농구공 회사에서 만든 캔버스 천으로 된 것이었다. 이것은 이론적으로는 실내 달리기, 탁구, 배구, 또는 세일즈맨이 이야기할 수 있는 모든 운동을 위해 만들어졌다. 까만 천은 땀과 소금기를 흡수하여 발 사이에서 서로 문대져서 벗겨지곤 하였다. 단단한 고무창을 캔버스에 직접 접착제로 붙였다. 그게 다였다. 안정감, 쿠션, 발구름 컨트롤, 그 외 우리가 이제는 당연시하는 것들이 공상과학 소설의 영역이었다.

■ 달리기 신발의 약간의 역사

1960년 내가 고등학교 때 내 육상코치는 자기가 독일의 미군 공군기지에 있을 때 발견한 기막힌 신발 메이커에 대해 얘기한 적이 있었다. 아디다스였다. 내 육상 친구들과 나는 그 흑백 팜플렛을 넘기며 음모를 꾸몄다. 4~5가지 종류의

23. 신발의 비밀

달리기 신발이 있었다. 우리 부모들에게 4달러 하는 보통 신발 대신 8달러나 하는 달리기 신발이 필요하다는 것을 확신시키는 것이 쉽지는 않았지만, 결국 우리가 이겼다. 그 새 신이 주는 편안함이란 놀라운 것이었다. 나는 너무 좋아서 그것을 벗으려 하지 않았다. 뛸 때나, 교실에서나, 교회에서, 우리 엄마와 학교 친구들이 코를 막고 다니는 등 놀림감이 되면서도 신고 다녔다.

그 시절 후 러닝 신발의 급작스런 개발과 기술혁신은 이 사업에 러너들이 개입하면서부터이다. 1960년대 초 필립 나이트(Philip Knight)는 달리기 신발 수입회사를 만들고 일본으로부터 원시적인 '타이거' 상표의 신발 몇 가지를 자기 코치 빌 바워맨에게 가져왔다. 빌은 시장에 있는 모든 종류의 신발에 불평을 하고 있었는데, 이 외국산 신발이 그의 개척자 정신과 발명의 재주를 자극했다. 그는 그 신발들을 찢어 버리고, 즉석에서 개량해서는 케니 무어와 지오프 홀리스터 같은 자기 러너들의 발에 시험해 보았다.

■ 바워맨 집에서의 아침 식사

어느 일요일 아침 바바라 바워맨이 교회갈 때, 그녀는 자기 남편 빌이 아침 겸 점심 메뉴에 포함되어 있지도 않은 그녀의 와플 굽는 틀로 무슨 계획을 하는지 전혀 몰랐다. 몇 년 동안 신발을 만들며, 그는 완전한 신발 밑창 소재를 찾으려고 애쓰고 있었다. 좋은 트랙션(역주 : 바닥에 마찰하며 미끄러지지 않게 하는 성질), 쿠션, 그리고 질긴 그런 물질을. 아이디어를 찾아서 부엌을 둘러보다 그는 와플구이 틀을 발견했고, 러닝 신발은 그때부터 달라졌다. 바워맨의 집 근처에서는 어느 것도 더 이상 와플 맛이 나지 않았다.

그 집 와플구이 틀에서 나온 고무와플은 그때부터 새 시대 오레곤 장거리 러너들의 밑창이 되었고, 그것들은 크로스컨트리의 여러 다른 노면에서 아주 좋은 트랙션을 보여 주었다. 기대하지도 않았던 그 밑창이 단단한 노면에서도 개선된 트랙션과 쿠션이 있음을 발견했다. 체중이 제일 강하게 누르는 지점에서 트랙션이 최고였고, 와플 끝이 자유롭게 힘을 분산시켜 신발 바닥 어느 부분에도 트랙션을 줬다.

그 과정에서 바워맨은 정형외과 전문의 스탠 제임스를 영입하여 디자인으로 부상을 피하려고 하였다. 그 결과가 나이키 신발이다. 오레곤에 있는 어떤 얼빠진 러너가 마침내 뭔가 해냈다는 소문이 발빠르게 러너들 사이에서 퍼져나

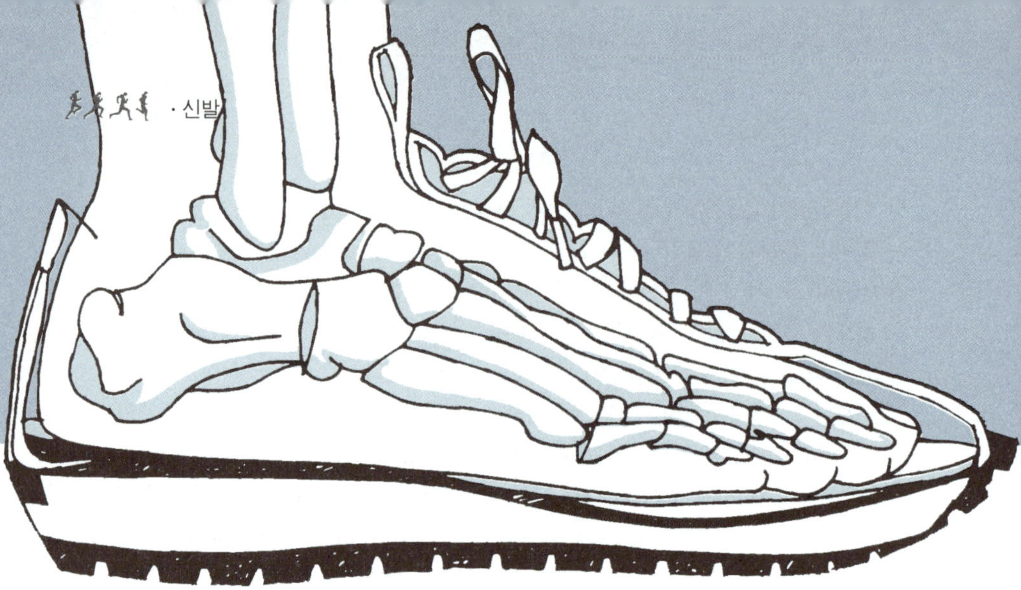

똑똑똑똑 · 신발

갔다. 1980년까지 나이키는 미국에서 다른 어떤 회사보다 더 많은 러닝 신발을 팔았다.

오늘날에는 어떤 모양의 발에도 맞는, 많은 종류의 러닝 스트레스를 피하거나 최소화하는 데 도움주는 물질로 만든 수많은 러닝 신발을 찾을 수 있다. 매연구마다 새로운 세대의 신발을 만들어내고, 그전의 것들을 밀어낸다. 이 모든 선택이 가능한 지금, 가장 중요한 것은 신발이 자기의 특별한 발 구조와 뛰는 스타일에 맞는지이다. 그렇지 않으면 신발이 문제를 일으킨다. 예를 들어, 잘못된 신발은 발을 잘못된 방향으로 틀게 만들고, 부상을 일으키거나, 필요도 없는 비싼 정형외과적 기구에 돈을 허비하게 한다.

피디피데스 신발가게(역자 : 저자가 운영하는 신발가게)에서 알맞은 신발을 고르는 우리의 경험으로 보면 역시 러너인 세일즈맨이 제일 좋은 충고를 해 주고, 새 모델의 미로 속으로 여러분을 인도하는 데 도움을 준다. 하지만 여러 곳에서의 문제는 달리기를 알고, 모든 종류의 신발에 능통하고, 발에 맞추는 기술을 교육받았고, 여러분의 문제를 듣고는 여러분이 조용히 결정할 수 있도록 도와주는 그런 사람을 찾는 것이다.

아마도 그런 신발 전문가를 찾는 일은 보통 어려운 일이 아닐 것이다. 대부분의

23. 신발의 비밀

가게에서, 전문점조차도 기본급으로 세일즈맨을 고용하고 교육도 안 시킨다. 달리기 잡지가 그 틈을 메우려 하나 너무 기술적이고, 실험실에서 하는 그들의 달리기 모의실험이 실제에서는 잘 들어맞지도 않는다. 더구나 그 많은 요소들이 독자들을 질리게 만든다. 잡지는 때로 점수제를 실시하고, 신발의 등급을 매겨서 좀더 분명하게 밝히려 하지만, 이것도 각 러너들에게 충분한 정보를 주지 못한다. 각자는 자신에 맞는 유일한 특징이 있다. 등급은 '평균'적인 러너에게 최선의 신발을 나열하는 것이 보통이다.

이 장에서 나는 신발 고르는 데 고려해야 할 중요한 사안들을 나열하고자 한다. 그러면 여러분은 그것을 사용하여 각자의 러닝 스타일, 몸무게, 경향, 목표 등에 따라 자신에게 제일 알맞은 조합을 찾기 바란다.

■ 보드(board) 또는 슬립(slip)을 마지막에

신발 제조의 두 가지 기본 형태를 알아두면 도움이 된다.

- **보드(또는 접착제)를 마지막에** 한 신발은 섬유로 된 판지가 발과 중간창 사이에 놓이는 것이다. 이것은 발에 더 많은 지지를 해 주지만, 보통 유연성은 떨어진다.

- **슬립을 마지막에** 한 신발은 밑창과 중간창이 안창 보드 없이 위(발등 부분)의 천과 직접 접착된다. 이렇게 만들어진 신발은 안정성은 떨어지지만 보다 유연하다.

■ 발 움직임의 정의

발의 종류를 얘기하기 전에 발 운동의 기본 형태부터 정의한다.

- **구름(Pronation)** : 일반적인 충격 흡수 장치이다. 대부분 러너는 뒤축이 먼저 땅에 닿고, 몸무게는 발 앞쪽 가운데에 둔 채로 발을 앞으로, 안쪽으로 구른다. 이것이 쿠션을 준다.

- **너무 구름(Over-pronation)** : 러너가 특히 발 앞쪽을 안쪽으로 너무 과도하게 구를 때이다. 무릎과 정강이 안쪽에 스트레스를 받는다. 이럴 경우 신발의 뒤축 안쪽이 닳는다(뒤축 바깥이 닳을 경우라도). 특히 앞발 안쪽이 많이 닳는다.

- **과도한 발 뒤집기(Excessive Supination)** : 너무 발 바깥쪽으로 굴러서 그쪽의 힘줄, 인대, 뼈 등이 쑤시거나 접지르는 경우이다. 이것은 바닥 바깥쪽이

· 신발

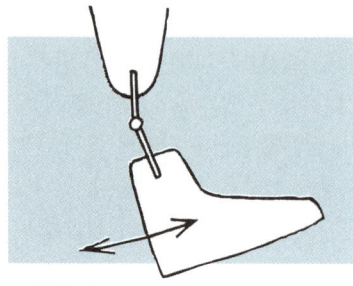

뻣뻣한 발

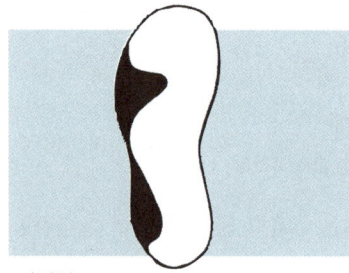

뻣뻣한
발의 신발 닳는 모양

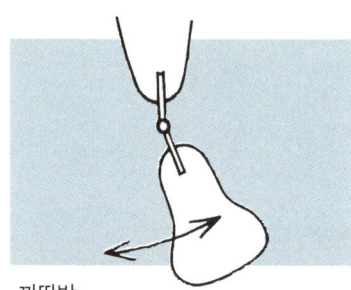

까딱발

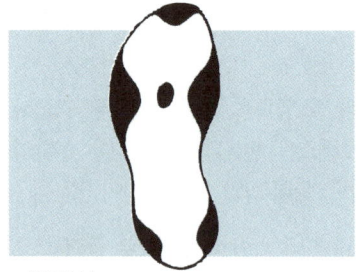

까딱발의
신발 닳는 모양

많이 닳고, 다른 곳은 거의 닳지 않는 경우에 해당한다.

■ **당신은 어떤 타입?**

알맞은 신발을 선택하는 데 가장 중요한 요소는 발의 형태이다. 뻣뻣한 발인가, 까딱발인가. 인간의 발은 뻣뻣한 지렛대와 까딱거리는 바닥 둘 다로 만들어져 있다. 이것은 우리가 앞으로 차고 나가면서도 동시에 여러 가지 노면에 적응할 수 있게 해 준다. 뼈 구조와 근육이 붙어 있는 데에 따라 많은 발들이 하나나 또 다른 하나가 월등한 구조로 되어 있다. 즉, 앞뒤로 뻣뻣한 또는 좌우로 까딱거리는, 또 어떤 발은 두 가지 다 어느 정도 가지고 있기도 하다.

■ **뻣뻣한 발**

· **특징** : 뻣뻣한 발은 강하게 차고 나가며 주로 앞뒤로 움직인다. 말발굽같이 속도를 내는 데는 효과적인 지렛대이다. 발뒤축이 땅에 닿고, 앞쪽으로 재빨리 굴러서 발끝으로 강하게 밀어찬다. 뻣뻣한 발에서는 과도한 발 뒤집기가 종종 보이는데, 발이 바깥쪽으로 너무 쏠려 나타난다. 이것은 발 바깥쪽의 뼈, 인대, 힘줄에 너무 많은 스트레스를 준다.

· **신발 닳기** : 뻣뻣한 발의 신발은 바깥쪽을 따라 닳는다. 특히 발 앞의 바깥쪽과 가운데가 닳는다.

· **필요한 신발** : 뻣뻣한 발은 좋은 유

23. 신발의 비밀

연성과 앞쪽, 뒤쪽 쿠션이 필요하다. 까딱발과 같이 안정성을 많이 요구하지는 않는다.

■ 까딱발

- **특징** : 까딱발은 좌우로 경첩이 달린 것같이 움직인다. 처음 땅에 닿는 데는 보통 뒤축 바깥(가끔 안쪽인 경우도 있지만)이지만, 발 앞 안쪽으로 구른다. 이런 형태에서 안쪽으로 구르면 너무 구르게 되어 무릎이나 종아리에 문제를 일으킨다.

- **신발 닳기** : 까딱발의 신발 닳는 곳은 발이 차고 나가는 여러 지점이다. 그 사이의 빈 공간들은 아주 조금 닳거나, 아예 안 닳는다. 특별히 중요한 것은 뒤축 안쪽이나 발 앞 안쪽이 닳는 것인데, 그것은 너무 구른다는 얘기다. 발, 무릎, 히프가 일직선이 되지 않아서, 무릎과 정강이 부근이 보통 많은 스트레스를 받는다.

- **필요한 신발** : 까딱발은 지지대가 필요하다. 발뒤축과 특히 발끝 바닥이 안정되어야 한다. 보드를 마지막에 댄 신발이 더 안정적인 경향이 있다. 어떤 러너는 보드를 마지막에 한 신발과 강한 아크 지지만 필요하고, 다른 사람들은 과도한 움직임을 막기 위한 특별 맞춤 지지대가 필요하다. 문제가 있으면 발 전문의와 상의하라. 쿠션이 너무 좋으면 잘 만들어진 신발이라도 안정성을 대가로 치른다. 구름을 조절하기 위해 고안된 정형외과적 보조기구도 있다. 안정성을 위해 쿠션을 희생하는 게 낫다. 보통 두 개는 서로 배타적이다. 즉, 둘 다 가질 수는 없다.

- **구름(Pronation)에 대해** : 구름이 문제라고 생각해서는 안 된다. 문제가 있으면 신발 속에 보조기구를 넣어서 교정할 수도 있다. 당신이 구르는 발이라면, 그리고 무릎과 정강이에 통증이 있다면 교정할 수 있으나, 좋은 충고를 받는 게 우선이다. 나는 심하게 구르는 사람이 아무런 문제도 없는 것을 보았는데, 그들의 다리나 발 어느 곳에 보완장치가 있음이 분명하다.

■ 신발 모양

신발 모양엔 기본적으로 똑바른 것과 커브진 것 두 가지가 있다. 두 가지 다 신어서 어느 것이 잘 맞는지 시험해 보라. 똑바른 신발은 바닥의 모양이 양쪽 다 비

· 신발

숫하다. 하지만 커브진 신발은 양짝이 서로 다르다. 발이 커브졌으면, 똑바른 신발은 엄지와 발가락 부위에 압력을 주게 된다. 발이 똑바르면 커브진 신발은 바깥쪽으로 압력을 주게 되고, 발 앞 안쪽에 여유 공간이 있을 것이다. '변형된 똑바른 신발'이 둘의 상호 보완이다. 일반적으로 신발의 모양은 발의 모양과 같아야 한다. 어느 곳에도 압력이나 통증이 느껴지지 않아야 하고, 발을 구부릴 때 접히는 느낌이 없어야 한다.

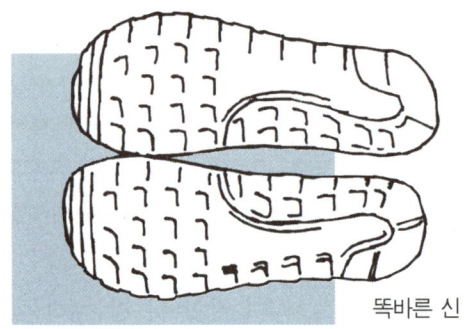

똑바른 신

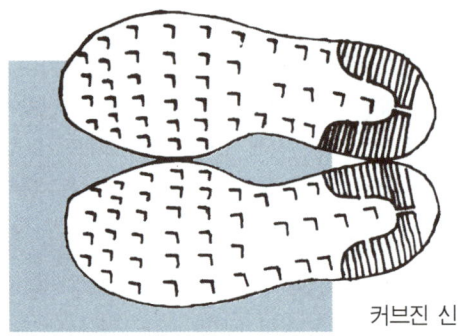

커브진 신

■ **신발 맞추기**

- **확장/신축성** : 발은 뛰면서 붓는다. 특히 여름철에는 더욱 그렇다. 신을 살 때는 이것을 염두에 둔다. 낮에 발이 부으니, 신발은 오후에 신어 보는 것이 좋다. 신발 속에서 발이 놀아도 안 되지만, 너무 조여도 안 된다.

- **발가락 끝의 여유** : 뛸 때 발은 시계추와 같다. 매번 흔들 때마다 더 많은

23. 신발의 비밀

혈액이 발로 펌프질된다(특히나 발가락 부분에). 그래서 발가락이 붙게 된다. 발가락 끝에 여유 공간이 없으면 발가락에 물집이 생기거나 발톱에 멍이 든다. 일반적으로 발가락 여유 공간이 1cm 정도면 문제를 피하기에 충분하다. 보통은 한 발이 다른 발보다 크므로, 큰 쪽에 맞춘다. 발가락에 문제가 있으면 발끝이 뾰족한 것보다는 둥그스름한 것을 찾는다.

발 가운데에 걸쳐 신발이 편안하게 맞으면 발가락 공간이 2cm 이상 되더라도 걱정할 것 없다. 발가락은 누구나처럼 자유를 원할 테니까!

- **뒤꿈치 맞추기** : 뒤축은 편안하게 맞아야 하며 눌려지면 안 된다. 이상적으로는 약간 여유가 있되 걱정할 정도로 많아서는 안 된다. 신발은 발의 연장선으로 여겨져야지 분리되어서는 안 된다. 신발 속에서 뒤축이 이리저리 움직여서도 안 된다.
- **양말** : 신발 살 때 신었던 것과 같은 두께의 양말을 신는다.

■ 신고 시험하기

신을 신고 가급적이면 많이 돌아다녀 본다. 이렇게 하면 발이 움직이는 데 따라 어떻게 반응하는지 알 수 있다. 어떤 가게는 신발을 신고 뛰게 하지 않는데, 그렇게 해 봐야 한다. 그것만이 신발이 제대로 맞는지 알 수 있는 유일한 길이다. 그렇게 하도록 허락하는 신발 가게를 찾아라.

■ 쿠션

우리가 늘 골프장에서만 뛴다면, 신에 쿠션이 별로 필요 없다. 그러나 우리들 대부분은 매걸음마다 아스팔트의 충격과 싸워야 한다(적어도 많은 연습이나, 경주 코스에서). 신발이 충격을 흡수하지 않는다면, 그 충격은 발, 다리, 히프, 그리고 중요한 근육과 힘줄에게로 전달된다. 두 가지 종류의 발과 그 서로 다른 요구사항들을 기억하라.

- 뻣뻣한 발은 쿠션과 유연성이 특히 발 앞쪽에 필요하다.
- 까딱발은 안정성과 노면의 충격을 상쇄할 약간의 쿠션만 있으면 된다. 너무 많은 쿠션은 너무 구름을 야기할 수 있다.

■ 너무 구르는 사람(Over-pronators)

쿠션이 좋은 신발을 주의하라. 쿠션이 너무 좋으면 발이 구를 때 너무 돌아가게

뒤축 벗겨짐 방지

끈의 압력 줄이기

부분 압력 줄이기

된다. 이 문제는 신발 속의 중간창 물질의 두께에 비례해 증가한다. 발이 편편하고 안정된 저항에 도달할 때까지 알맞은 충격 흡수가 필요하다. 그러면 발은 신에서 약간 차고 나가는 힘을 얻거나, 최소한 차고 나갈 자체의 힘을 가지게 된다.

너무 많은 쿠션은 안정성을 대가로 지불한다. 구름의 문제를 증폭시킬 뿐 아니라, 매걸음마다 에너지를 낭비하는 요인이 된다. 신발을 사기 전에 신고 뛰어 볼 수 있으면 실제 상황에서의 쿠션을 느낄 수 있다.

■ 창조적인 신발 끈 매기

- **뒤축 벗겨짐 방지** : 신발 윗구멍들에 끈을 맴으로써 뒤꿈치를 더욱 단단히 조일 수가 있다. 발등이 눌리는 것을 방지하기 위해 그림의 끈 매기 방법을 사용한다. 이것은 압력을 두 구멍이 아니라 네 구멍으로 분산시켜 준다.

- **끈의 압력 줄이기** : 아서 리디아드에 의해 유행된 것으로 신발 끈으로부터 오는 발등의 압력을 줄여 준다. 배우는 데 시간이 좀 걸리지만, 안전하고 편안한 방법이다.

- **부분 압력 줄이기** : 발등의 어느 부분에 압력을 느끼면, 그 부분은 건너뛴다. 이 방법은 그 부분의 압력은 줄이지만 나머지 부분은 단단히 맬 수 있게 한다.

23. 신발의 비밀

발가락 끝에
더 많은 공간을

각 구멍의 분리

- **발가락 끝에 더 많은 공간을** : 해리 라박 박사에 의해 고안된 것으로 발가락 끝 부분에 더 여유를 준다. 짧은 (직선) 끈을 단단히 당겨 맴으로써 발가락 끝에 더 공간이 늘어나고, 발가락에의 압력이 줄어든다.

- **각 구멍의 분리** : 발의 한 부위는 느슨하게 하고 나머지 부위는 단단하게 하려면, 그 해당 구멍을 한번 더 돌린다.

  역주 요즘 새로 나오는 신발들은 구멍이 다르기도 하고, 그래서 응용이 다를 수는 있으나, 기본은 위에서 크게 벗어나지 않는다.

촥촥폭촥 · 신발

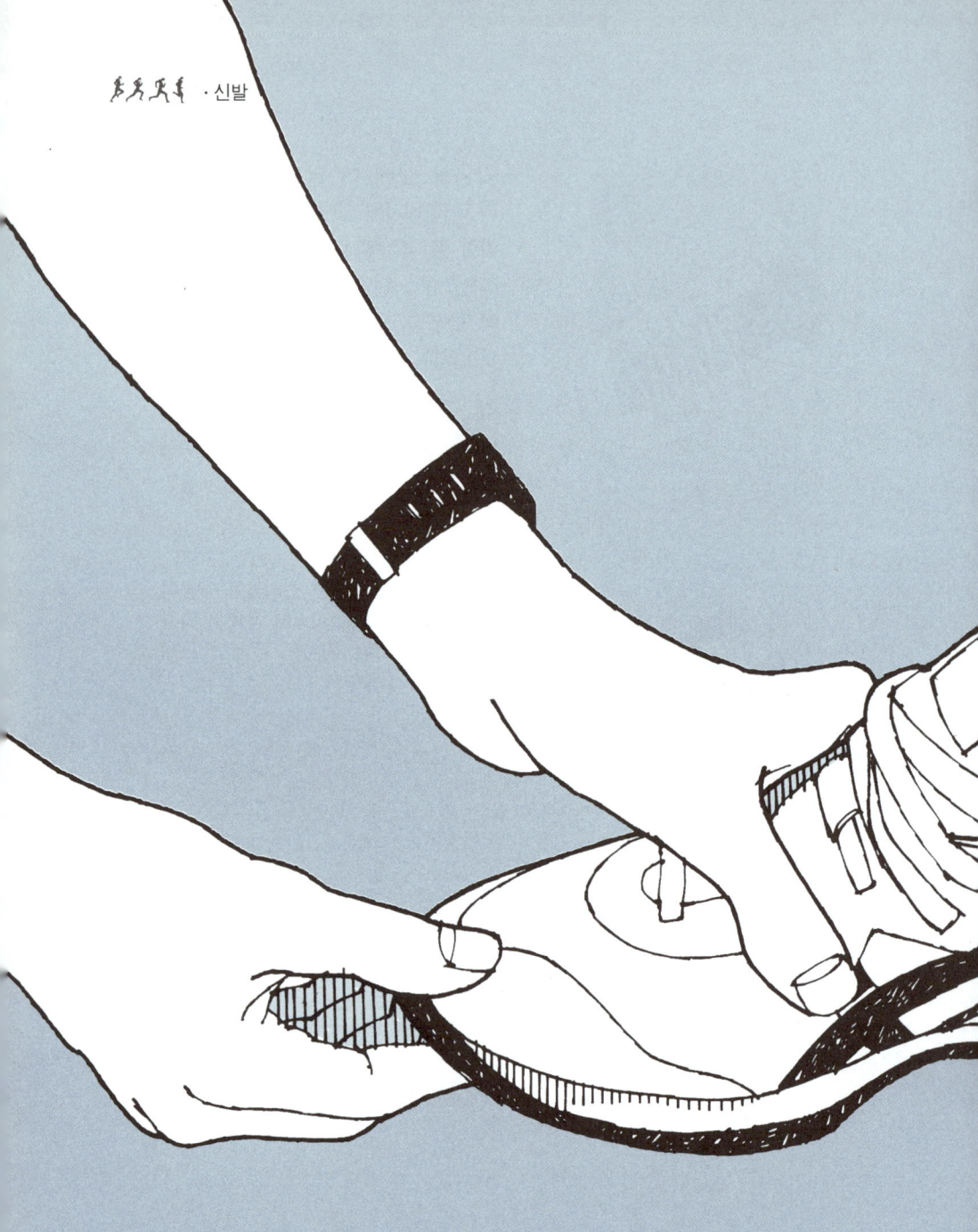

24. 신발 고르기

24. 신발 고르기

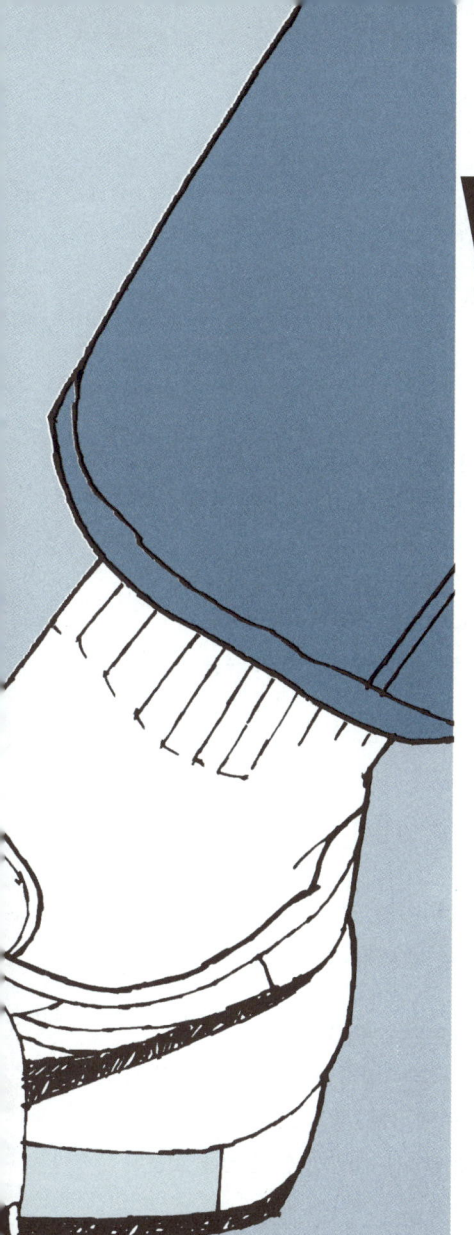

어떤 신발 회사들은 개발비로 일 년에 수백만 달러씩 쓰는가 하면, 또 다른 회사들은 많은 광고비를 지출한다. 그러므로 옥석을 가리기가 무척 힘들다. 어떻게 새 디자인의 우수성과 특성들을 신발 가게의 그 수많은 신발들 중에서 가려 낼 수가 있을까?

신발에 대한 교육을 받은 러너가 있는 가게를 고르는 것이 도움이 된다. 그 이상적인 조언자는 우리의 이야기를 듣고, 우리에게 필요한 점과 문제에 꼭 맞는 신발을 찾으려고 노력할 것이다. 하지만 우리 자신이 마지막 결정을 해야 한다. 최고의 세일즈맨도 우리와 함께 신발 속에 들어가 잘 맞는지 어떤지를 볼 수는 없기 때문이다. 또한 불행하게도 많은 가게에 좋은 조언자가 없거나, 아니면 맞거나 말거나 우리에게 아무 신발이나 권해서 팔려고 할 것이다.

신발 고르기 체크리스트

여기 바른 신발을 고르는 데 고려해야 할 몇 가지 중요한 질문들이 있다. 복사해서 신발 가게에 가져가라.

■ **일 주일에 얼마나 뛰나?**

- [ ] **32km 이하** : 아무 것이고 유명 브랜드면 된다. 아디다스, 프로스펙스, 액티브, 나이키, 아식스 등등. 이 신발들은 오래 망가지지 않는다. 발에 무슨 특별한 문제가 없는 한 비싼 신발을 살 필요가 없다.
- [ ] **32~80km** : 대부분의 러닝 신발은 이 범주의 러너들을 위해 만들어졌다. 거리가 증가함에 따라 더 좋은 품질을 찾아야 한다.
- [ ] **80km 이상** : 여러분의 뛰는 방법과 발 형태에 따라 디자인된 튼튼한 신발이 필요하다.

■ **어떤 노면에서 뛰나?**

- [ ] **잔디나 흙** : 많은 쿠션이 필요 없고 트랙션, 안정성, 돌로부터의 보호 등이 필요하다.
- [ ] **포장도로** : 알맞은 쿠션. 쿠션을 얻으면 안정성을 잃는다는 것을 명심하라. 과도하게 구르는 발이면 균형을 유지하고, 안정성 쪽으로 선택해야 한다.

■ **까딱발(구르는 발)이냐 뻣뻣한 발이냐?** (260~261쪽 참조)

- [ ] **까딱발** : 안정된 바닥, 적은 쿠션, 때로는 구름 방지 기구(신발 속에 들어 있기도 함). 보드를 마지막에 한 신발을 찾는다(261쪽 참조).
- [ ] **뻣뻣한 발** : 유연하고 쿠션 있는 신발. 슬립을 마지막에 한 신발을 찾는다 (260쪽 참조).

■ **발이 똑바른가, 휘었는가?** (261~262쪽 참조)

- [ ] **똑바른 발** : 커브진 신발이 바깥쪽에 압력을 가하고, 안쪽에 여유 공간이 있으면 똑바른 발이다.
- [ ] **커브진 발** : 똑바른 신발이 발가락과 관절에 압력을 주면 커브진 발이다.

24. 신발 고르기

신발 선택에 영향을 주는 부상

신발과 관련된 부상이 있다면, 의사의 충고를 듣는 것이 최선이다. 신발 시장은 너무 빨리 변해서, 발 전문의나 정형외과 의사들은 새 신발들을 모두 테스트할 수 없을 뿐만 아니라, 헌 신발이 어떻게 망가지는지를 조사할 시간도 없다. 그러므로 자신이 찾는 것에 대한 몇 가지 기본 원칙을 알아두는 것이 좋다.

여러 해에 걸쳐 나는 어떤 문제들에 어떤 신발을 신음으로써 도움이 되는지 관찰해 왔다. 신발 가게에서 우리는 수천 명의 러너들이 신발을 고르는 것을 도와주었다. 아래 사항들은 의사의 충고가 아니라 러너들 사이에서 권해지는 것들이다.

■ 무릎이나 종아리 문제
- **뻣뻣한 발** : 더 많은 쿠션과 유연성. 발목이 자주 돌아가거나 접질려지면 안정되고, 바깥쪽이 강화된 신발을 찾아라.
- **까딱발** : 강한 바닥과 쿠션이 거의 없거나 조금 있는 보드를 마지막에 댄 신발을 찾는다. 뒤축이 강화된 신발이 좋다.

■ 아킬레스 문제
더 높은 뒤축이 좋으나 신발이 구부러질 때 힘줄을 잡아당기지 않는 신발. 이 때문에 유연성 또한 필요하다. 신발은 훌륭한 뒤축 안정성이 필요하다.

■ 발바닥 근육통(뒤꿈치 통증)
보드를 마지막에 한 보다 안정된 신발을 찾는다. 중간창에 발이 잘 밀착되어, 뒤축이 움직일 공간이 없어야 한다.

■ 정강이 통증(shin splint)
보드를 마지막에 한 중간 쿠션의 안정된 신발.

그 외의 신발 이야기

■ 발 길들이기
새 신을 사서 첫날 15~20km를 뛰고는 발에 물집이 잡혔다고 불평하는 수많은 사람들을 보면 그저 놀랍다. 처음 하루나 이틀은 신고 걸어다닌다. 할 수 있으면 하루 종일 일상에도 신고 다녀서 신발이 발에 맞게 한다. 처음에는 1~3km만

· 신발

뛰고 그 다음 차츰 늘린다. 한 7일쯤 후에는 신발이 길들여졌을 것이다.

■ 신발 망가지기

신발의 여러 군데가 동시에 망가진다. 매걸음마다 안창의 공기방울이 눌려서 결국 납작하게 된다. 매번 짓누를 때마다 쿠션과 받쳐 주는 힘을 잃는다. 이것은 아주 천천히 일어나므로 새 신과 비교하기 전에는 알지 못한다.

신발 등 부분은 힘을 받는 곳이 늘어나고 약해진다. 그러면 발은 그 받쳐 주는 힘을 잃게 된다. 이것은 특히 구르는 발을 가진 러너에게 문제가 된다. 받쳐 주는 힘이 적어지면 그만큼 부상당할 위험이 커진다. 신발 만든 물질이 낡으면 발이 안에서 점점 더 놀게 된다. 새 신을 신어서 이 천천히 망가지는 것을 관찰하고, 쿠션과 받치는 힘을 주기적으로 비교한다.

■ 번갈아 신기

신발은 달리기 사이사이에 휴식을 주고, 말리면 더 오래 간다. 그러므로 두 켤레를 사는 것이 좋다. 한 켤레가 수명을 반쯤 하면 새 신을 사서 번갈아 신는다. 하지만 새 신과 낡은 신을 번갈아 신으면 부상의 원인이 되므로 좋지 않다.

생리학자이자 나이키의 연구 책임자인 네드 프레데릭은 잘 맞는 신발을 찾았으면 두 켤레를 사라고 권한다. 그렇게 하면 같은 모델의 한 켤레가 더 있게 된다(그것들이 더 새롭고 다른 디자인으로 바뀌기 전에). 이것은 또한 기준점을 제공한다. 한 켤레는 벽장에 넣어두고 몇 주에 한 번씩만 신는다. 매일 신는 다른 신발과 직접 비교할 수 있고, 쿠션과 받치는 힘이 얼마나 줄었는지도 비교할 수 있다.

■ 거 무슨 냄새지?

세 친구가 그리스 여행을 했다. 호텔에 체크인 한 다음 나가서 뛰었다. 그날 밤 늦은 저녁 후에 방문을 열었더니 아주 고약한 냄새에 다시 문을 닫고 매니저를 불렀다. 그 책임자는 사과를 하고 소독하는 사람을 불렀다. 모두들 아마 무슨 동물이 들어왔다 죽은 모양이라고 생각했다. 몇 분간 방안을 소독하던 사람이 이 미국인들의 러닝 신발 한 켤레를 들고 나왔다.

신발은 땀에 서로 다르게 작용하는 천과 접착제가 들어 있다. 비누와 물과 뻣뻣한 솔로 세탁한다. 소다수에 가볍게 담그면 그 속의 악취 제거에 도움이 되지만, 보드를 마지막에 한 신발을 소다수에 담그면 구겨질 수도 있다. 세탁한 다음 가볍게 짜서 물기를 제거하고 따뜻한 곳에서 종이를 안에 넣고 말린다. 말안장용 비누를 사용하면 가죽 부분을 부드럽게 유지할 수 있다.

시작부터 끝까지
START TO FINISH

25. 아이들도 뛰어야 하나?

■ 이점

어려서부터 뛰기 시작하면, 커서 심장혈관계의 기능이 더 좋아진다. 그와 같은 개발은 장기적인 건강 관점에서, 또 그 뒤에 있을 경쟁의 측면에서 보면 이득이다. 각 단계에서 심장, 폐, 순환기 계통이 튼튼해지고, 그 효과는 크면서 몇 곱으로 나타난다. 그러나 가장 중요한 점은 달리기에 재미를 느끼고 계속해서 하는 것이다. 아이가 뛰는 것을 좋아하면, 그 아이는 계속할 가능성이 높다.

■ 위험도

나는 지구력 달리기가 성장 과정에 있는 관절, 뼈, 또는 신체의 생명기관에 무슨 손상을 줄지를 얘기할 자격을 갖추지 못했다. 나는 상식적인 훈련을 통해서 그런 어떤 문제도 아이들에게 일어난다는 증거를 보지 못했다. 그러나 의심스러우면 발 전문의나 가정 주치의와 상의하라.

어린 러너들에게 정말로 위험한 것들 중의 하나는 심리적 탈진이다. 대부분의 어릴 적 달리기 스타들이나 고등학교 시절 최고의 선수들은 자신들의 잠재력을 최대로 이용하지 못한다. 왜냐하면 '너무 멀리, 너무 빨리, 너무 일찍' 증후군 때문이다. 이유야 충분히 알지만 욕심이 너무 과한 부모나 코치들로서는 자연히 아이들을 너무 힘들게 훈련시키고, 너무 자주 시합하게 하는 데 영향을 미치게 된다. 페이스와 성숙함이 가져다 주는 속박에 대한 이해가 없는 아이들은 지루해하고, 흥미와 용기를 잃을 때까지 몰아세운다.

■ 진정한 목표

나이 13세에 나는 달리기에 중독되었다. 아마도 내 목표가 '긴장을 풀고 운동에서 오는 상쾌한 느낌을 즐기는 것이었기 때문일 것이다. 아이들이 이 내적인 보

25. 아이들도 뛰어야 하나?

상을 즐길 수 있다면, 그들은 아마도 평생을 길 위에서 뛰게 될 것이다. 또한 부담 없는 시합, 여행, 친구 사귀기 등에서 많은 재미를 느끼게 될 것이다. 달리기의 주 목표가 정신적인, 육체적인 건강이고, 승리, 기록, 트로피 등은 그 자체로 끝나지 않는다는 것을 인식하는 것이 중요하다.

'못하게 하면' 더 하려 할 것이다. 아이들은 약간 자제시키면 내부에서 욕구가 자란다. 여러분 아이들의 프로그램을 주의 깊게 관찰하고, 정기적으로 조금씩 자제시켜라. 아이들의 욕심대로 하게 내버려두지 마라.

■ 경기

비공식 경기는 좋으나, 강한 스피드 훈련이나 조직적인 경기를 하는 어린이 육상팀은 어린시절에는 맞지 않는다고 생각한다. 가끔 도로경기, 재미로 뛰기, 또는 학교 운동장에서의 달리기들은 심한 스트레스 없이 비공식 시합의 기회를 제공한다. 마라톤 대비 훈련과 마라톤 경주는 또 너무 힘들고 해서 일찍 탈진해 버리는 원인이 되기도 한다. 마라톤은 일생에 걸쳐 달릴 수 있으므로, 어릴 때 너무 강요할 필요가 없다.

■ 권하는 프로그램

- **5세 미만** : 달리기를 포함한 모든 종류의 활발한 운동을 하게 하라. 아이들을 때로는 경기하는 데에도 데려가서 "이 다음에 커서 이런 경기에 나가도 괜찮지 않겠니?" 따위의 말을 한다. 건강상 이점에 대해서도 얘기한다.

- **5~10세** : 아이가 달리기에 관심을 보이면 격려해 준다. 아이와 같이 뛰면서 건강상 이점에 대해서 얘기한다. 강요하거나 너무 멀리 뛰게 하지 않는다. 동시에 아이가 너무 멀리 강하게 뛰는 것을 내버려두지 않는다. 그 욕구를 다음 번을 위해 비축해 놓는다. 규칙적인 운동에 대한 보상으로 거리 달리기나 재미로 달리기 등을 사용한다.

- **11~12세** : 달리기 프로그램이 있고, 아이가 원한다면 관찰하라. 일 주일에 2~3번 연습에, 한 시즌에 3~4번 정도 시합이 알맞다. 강한 구간 훈련이나 장거리는 피하라. 지역 시합에 나가는 것은 일 주일에 세 번 연습을 기준으로 한다.

- **13~18세** : 달리기뿐 아니라 다른 활동들, 즉 공부, 음악, 데이트, 학교 신문사에서의 일 등도 권장한다. 제대로 컨트롤할 수 있는 범위 내에서 강한 훈련을 시작할 수 있다. 장거리(일 주일에 60~80km 이상), 강한 스피드 훈련, 매주말 시합 등은 피한다. 15세이면 신체적으로 성숙하고, 재능있는 러너는 전국대회에 참가할 수 있다. 단, 준비가 된 경우에(15세 미만 아이들의 전국대회 참가는 반대한다. 그 또래 다른 아이들과 비교해서 어떤지는 미스터리로 남겨두라. 그 나이 또래의 지역 시합 몇 군데 나가는 걸로 충분하다).

- **18세 이상** : 이제 여러분은 어드바이저다. 마라톤에 나갈지, 얼마나 강한 훈련을 할지, 전국대회에 나갈지 말지 등을 자신들이 결정할 수 있다. 분별 있는 훈련, 적당한 휴식, 계획 등등 이 책 앞부분에서 소개한 것들을 이제는 적용할 나이가 되었다.

26. 40 이후의 달리기

가는 세월을 막을 수는 없다. 마치 우주 공간에서 별들이 움직이듯, 우리는 신비한 블랙홀 같은 인생의 끝을 향해 달려가는 것은 확실한데, 다만 언제, 어디서 그곳으로 들어가는지만 모를 뿐이다. 달리기는 우리의 인생항로를 보다 재미있고 보다 자극적이게 해 줄 수 있는 중요한 기분전환제 중의 하나이다.

우리가 얼마나 살지 정확히 예측할 수는 없지만, 노화 과정에 영향을 줄 수는 있다는 증거들이 속속 발견된다. 건강한 생활 습관을 통해, 우리는 더 오래 살 수 있는 기회가 늘어날 뿐 아니라, 사는 동안 삶의 질을 현저히 개선시킬 수 있다.

러너들은 노화 과정을 감지한다. 아침에 시작이 늦어진다든지, 여기저기 아픈 데가 늘어난다든지, 부상에서의 회복이 더디다든지 등등. 내 나이 지금 39세로 40의 '벽'을 눈앞에 두고 있다. 어떤 사람들은 내게 다른 사람들에게서 흔히 나타나는 조짐 없이 이 벽을 지나갈 수 있을 것이라고 격려해 준다. 그 사람들은 40이 넘어서도 충분히 긴 인생이 있고, 나이가 들어도 잘만 돌보면 신체는 더 잘 달릴 수 있다는 것을 내게 보여 주었다.

■ 더딘 회복 시간

미국 로드러너클럽 회장인 해롤드 틴슬리(Harold Tinsley) 씨는 대부분의 사람들처럼 고등학교나 대학교 졸업 후의 오랫동안의 '쉬는' 기간 없이 장년(40세 이상) 부문에 도달한 소그룹 러너들 중의 한 사람이다. 그는 1960~70년대의 외로운 개척자 러너일 뿐 아니라, 알라바마 헌츠빌의 고향 사람들을 달리게 하기 위하여 경주를 개최했다. 그는 또한 초기에 컴퓨터 엔지니어링 분야에 뛰어들었고, 지금은 우주 하이텍 프로세싱 시스템을 디자인한다(달리기에서도 마찬가지다. 그의 지하실에서 해롤드는 내가 본 것 중 가장 우수한 달리기 시합 결과 처리 시스템을 개발했다).

점차 나이가 들어가면서, 그는 심한 훈련을 하고 난 다음의 회복이 그전같이 빠르지 않는다는 것을 알았다. 45세 이후의 그의 스피드 훈련 때 기록은 10대 때에 비해 과히 늦지 않았으나, 그뒤 며칠간은 늦었다.

해롤드는 나이가 들어서의 한 가지 이점은 집중력이 느는 것이라고 말한다. 우리는 삶의 모든 부분에서 자신을 더 강하게 밀어붙일 수 있다. 목표를 정해 놓으면 우리 몸을 몰아붙여 더 피로하게 만든다. 우리 몸에서 더 많은 것을 끄집어내는 방법을 배웠고, 그 반면 더 효과적으로 부상으로 몰고 갈 수 있다. 우리는 탈진할 때 더 피로해지고 회복에 더 오랜 시간이 걸린다. 또한 일반적으로 생활 속에서 일, 가족 등으로 인해 스트레스를 더 많이 받고, 그래서 달리기와 회복 시간에 더 많은 어려움이 따른다.

해롤드는 해가 거듭되면서 힘든 훈련 뒤에 더 많은 가벼운 날들을 계획하기를 권한다. 그는 또 과식이나 기름진 음식을 많이 먹으면 능률이 떨어진다고 믿는다. 나이가 들면서는 휴식을 늘리고 식사를 가볍게 하는 것이 더욱 중요하다.

■ 중년의 회춘

탐 콘클린(Tom Conklin)은 고등학교 시절 풋볼, 야구, 육상팀의 보통 선수였다. 시카고에서 변호사로 성공하면서, 그는 성공적인 세상의 달콤한 유혹에 점차 빠져들었다. 하루 세 갑의 담배, 카페인과 설탕은 그의 두 번 이혼을 포함한 힘든 인생살이에 보탬이 되었다. 1980년의 신체검사에서 그는 심장마비의

26. 40 이후의 달리기

위험이 매우 높고, 실제로 절박한 심장마비의 강력한 조짐이 나타났다. 'A' 형의 성격(열심히 일하고 성취욕이 강한)을 가진 탐은 물론 그 진단에 매우 실망했다. 몇 주 동안 고심한 끝에 탐은 자기가 죽어가고 있는 것을 알았다. 곧 그는 살아 보기로 결심했다.

친구를 통해서 전문 건강 상담가를 만났고, 그는 미용체조, 몸풀기, 라켓볼, 조깅 등의 기본 프로그램을 시작하게 되었다. 처음에 20m를 뛰고 나서 발이 땅에 접착제로 붙여놓은 것 같은 느낌이 들었다. 그래서 그는 100m를 걸었다. 2개월 후 400m를 뛸 수 있었지만 무릎 관절이 너무 아파서 달리기를 그만두어야 되는 것 아닌가 하는 생각을 했다. 염증을 가라앉히느라 하루에 아스피린을 12알씩 먹어야 했다.

그 후에 재미로 뛰기에서 그의 A형 아드레날린이 움직이기 시작했다. 그의 회사의 다른 변호사들이 10K를 뛰기 시작했다. 그는 장거리 시합을 목표로 삼으면 매일의 운동이 목적을 가질 수 있어서 좋다는 것을 알았고, 정말로 좋아지기 시작했다. 점차로 무릎 통증이 없어졌고, 가을에는 3km를 뛸 수 있었다. 그래서 대담하고 무책임하게도 "일 년 내에 마라톤을 뛰겠다."고 호언하고 다녔다.

그는 알렉산더 테크닉(신체를 균형과 조화롭게 움직이는 방법)의 학습과 아서 리디아드의 훈련계획에 따라 목표에 매진하였다. 그의 몸무게는 107kg에서 77kg으로 줄었고, 지금까지 7번의 마라톤을 완주했다. 내가 타호 트레일 러닝 캠프에서 탐을 처음 만났을 때, 2년 반의 달리기가 그를 푹 빠지게 만들었고, 그 다음 마라톤을 위한 훈련을 하고 있었다.

탐은 "성숙한 것으로 여겨질 40 이후의 고집에 주의하여야 한다. 그것이 우리를 지배해서는 안 된다."고 말했다. 운동을 함으로써 능률이 저절로 나게 해야지, 강제로 능률을 올리려 해서는 안 된다. 또 자기 경우는 먹는 것이 큰 작용을 했다고 한다. 그는 자기가 설탕과 붉은 고기 먹기를 포기하고, 많은 알곡과 야채를 먹고 나서 훨씬 좋아졌다고 한다.

■ 하루 건너 한번 뛰기

몇 년 전 조지 쉬한 박사(Dr. George Sheehan)는 그의 달리기를 일 주일에 7일에서 3일로 바꾸었다. 많은 사람들은 그 훌륭한 의사가 달리기에 흥미를 잃었구나 하고 생각했다. 62세에 조지가 자기 생애에서 가장 빨리 뛰는 것을 보았을 때까지. 이제 조지는 이틀에 한번씩 16km씩 뛴다. 이렇게 뛰는 것이 매일 8~10km 뛰는 것보다 더 나은 컨디션을 유지한다고 말한다. 마라톤을 뛰고 싶을 때는 장거리 달리기를 넣는다.

잭 포스터(Jack Foster)는 33세에 뛰기 시작해서 41세에 마라톤을 2시간 11분에 끊었는데, 1982년 50세 생일에는 2시간 20분을 막 넘어서 들어왔다. 이 자체로도 놀라운데, 그 또한 달리기를 일 주일에 3일로 바꿨다는 것을 생각하면 더욱 놀랍다.

자기의 경기 컨디션을 유지하기 위해 잭은 일 주일에 한 번은 가속 훈련을 한다. 그는 집 가까운 공원에서 1km를 3분 10초 속도로 뛰고 나서 숨을 고르기 위해 600m를 조깅한다. 보통 이것을 두 번 반복한다. 그러나 중요한 시합이 가까워지면 횟수를 늘린다. 그는 일 주일에 3번 뛴다. 24km 두 번, 32km 한 번(전에는 매일 16km씩 뛰었다). 토요일에 잭은 뉴질랜드 근교 도로에서 자전거를 탄다. 전 사이클 선수였던 그는 관절에 심한 충격을 주지 않으면서 힘든 3~4시간 심장혈관계 훈련을 한다.

당신은 포스터만큼 빨리 달리지 못한다(그는 그의 나이대의 세계 챔피언이다). 하지만 나이 든 모든 러너에게 똑같은 원칙을 적용할 수는 있다. 과학자들은 장거리 달리기가 몸에 더 좋다는 것을 이미 여러 해 전부터 알고 있었다. 일 주일에 3일 장거리 뛰고, 사이사이 나머지 날들은 휴식을 취하는 것을 생각해 봄 직하다. 그렇게 하면 또 다른 일을 할 시간도 가질 수 있다.

■ 60 이후의 달리기

마비스 링그렌(Mavis Lindgren)은 캐나다의 전원적인 시골에서 자랐는데, 어린시절 여러 가지 병에 시달렸다. 그녀의 부모는 이 소녀의 생명을 구하는 데 필요할지도 모르는 병원들 가까운 데로 가기 위해 브리티시 콜롬비아가 있는 서부로 이사를 했다. 10대에 그녀는 결핵에 걸렸고, 투쟁 끝에 병을 이겼다. 그러나 성인이 된 이후 인생의 대부분은 병약하였다. 50대에는 여러 가지 감염을 일으켰는데, 그로 인하여 3년 동안 폐렴을 앓았다. 의사는 그때─20년 전의 얘기다─이것이 그녀의 마지막 병일 것이라고 말했다. 어쩌면 그렇게 딱 들어맞았는지!

죽는 대신에 마비스는 몇 년 더 생명을 붙잡고 있었고, 그녀의 남편 칼이 걷기를 시작하자 겨우 남편을 쫓아다닐 수 있었다. 의사가 일생에 운동은 생각도 말라고 했지만, 그녀는 칼을 따라 조깅을 시작했다. 처음에는 2~3m밖에 못 갔으나 계속했다. 놀랍게도 일 년 후엔 1.5km를 조깅할 수 있었다.

75세를 넘어선 지금 마비스는 마라톤을 완주할 뿐만 아니라 그녀 나이 그룹의 기록을 세웠다. 그녀는 생동감과 에너지가 넘친다. 50년 넘게 여러 가지 감염으

26. 40 이후의 달리기

로 시달리던 그녀가 지난 10여 년간 감기 한번 안 걸리게 되었다. 그녀하고 이야기해 보면 무척 고무적이 된다. 어린시절 그녀는 남들 앞에 서는 것을 두려워하였으나, "이제는 달리기와 달리기가 내게 가져다 준 좋은 건강에 대해 남들에게 강의하는 것을 막을 것은 아무 것도 없다."라고 말한다.

■ **가족 모두**

나는 별로 재능이 없는 아이가 국내 최고의 장거리 주자 가운데 하나가 되는 것을 지켜 보아 왔다. 가정주부가 세계 정상급 마라토너가 되는 것을 보았고, 내 친구 프랭크 쇼터가 올림픽 우승자가 되는 것도 보았다. 그러나 나를 가장 고무시킨 사람은 올림픽 선수나, 세계기록 보유자나, 국내 대회 우승자도 아니다. 그는 나이 52세에 달리기를 시작했다.

그 나이에 엘리어트는 고등학교 시절 자기 풋볼팀 선수들의 절반 이상이 퇴행성 질환으로 사망한 사실을 알았다. 몸무게 90kg에 기름진 음식을 많이 먹고, 운동은 안 하는 그에게 의사는 살고 싶으면 운동을 하라고 얘기했다. 이 고등학교 시절 올스타 풋볼 선수는 30년 동안 운동을 안 했어도 자기 사무실 밖에 있는, 공원에서 늘 보는 느릿느릿 뛰는 사람들 사이에서 자기도 뛸 수 있으리라 생각했다. 그러나 현실은 그렇게 쉽지 않았다. 처음 운동을 시작했을 때에는 처음 나오는 전봇대까지도 뛰지 못했다.

매일 그는 그 다음 전봇대까지를 목표로 삼았다. 4~5개월 후에는 1.5km 정도까지 뛸 수 있었다. 달리기는 몸무게를 줄게 해 주었고, 몸이 가벼우니 달리기가 더 쉬웠고 덜 고통스러웠다. 처음에는 걷는다는 것에 자존심이 허락하지 않았으나, 뛰면서 걷기도 하는 것이 지구력을 늘려 주고 스트레스를 줄여 준다는 것을 알았다. 그는 기록경신을 위한 경쟁적인 것 말고도 달리기에서 재미를 찾을 수 있다는 것을 알았다.

엘리어트는 계속 전봇대 코스를 뛰었고, 곧 5km를, 그리고 나서는 10km를 뛸 수 있었다. 처음에는 자세에 관심이 없었으나, 자세가 나아짐에 따라 더 멀리 뛸 수 있다는 것을 알았다. 효과적으로 뛰는 법을 배우고 나자, 그는 킬로미터당 5분 속도가 대학 육상부 시절 킬로미터당 3분 10초와 비슷하게 느껴진다는 것을 알았다. 그는 자신의 몸에 귀를 기울이기 시작했다.

천천히 그의 몸이 옛날에 뛰던 방법을 기억해 냈다. 1978년에 그는 보스턴 마라톤 참가자격을 얻어냈다. 시작할 때보다 20kg이나 줄어든 몸무게로. 59세 생일을 며칠 앞두고 엘리어트는 조지아의 캘러웨이 가든(Callaway Garden)

마라톤을 2시간 59분에 주파했다.

이것은 내게 무척 고무적인 이야기이다. 왜냐하면 엘리어트 갤러웨이(Elliott Galloway)는 바로 내 아버지이기 때문이다. 나를 가장 고무시킨 것은 매일의 운동과 긍정적 건강 스타일로 내 아버지가 20년 전보다 더 젊어졌다는 것이다. 우리 누구도 결국은 놓아 버리고 마는 가느다란 인생의 끈을 조절할 수 없다. 내 아버지는 다음 세기에도 계속 뛰면서 나를 계속 고무시킬 것이다. 그 과정에서 내 아들은 그를 알게 될 것이고, 그럼으로써 자신을 더 잘 알 수 있을 것이다.

우리 인생의 시계가 매초마다 째깍째깍 움직이는 것을 보면서 우리는 태만으로부터 오는 퇴화를 받아들이느냐, 아니면 우리의 건강과 인생을 컨트롤하느냐를 선택할 수 있다. 내 아버지와 같은 용기가 필요한 이야기는 수천 건도 더 있다. 그것을 이룬 사람들은 이제 지나간 세월의 전장에서 심리적인 확신을 얻었다. 거기 가만히 앉아서 나이 먹어감에 따라 모든 것이 점점 더 나빠지는 것을 바라만 볼 것인가? 선택은 여러분의 것이다.

부록
APPENDIX

경주 기록 예상

이 장은 지나간 다른 거리의 경주를 근거로 해서 앞으로의 경주 성적을 예상하는 데 도움이 될 것이다. 수치들은 제임스 가드너(James B. Gardner)와 제리 퍼디(J. Gerry Purdy)의 《컴퓨터화한 달리기 훈련 프로그램》에서 옮겨 온 것으로, 작가들이 보통 성적 곡선이라고 부르는 "…… 한 거리 경기의 성적을 근거로 해서 다른 거리의 경주 성적을 예상할 수 있는 …… 거기에는 매성적에 영향을 미치는 많은 전술적, 심리적, 주변 환경적 요소들 때문에 정확한 예상은 할 수 없다."

이와 같은 도표를 볼 때 발생하는 질문 중 하나는 "각 러너는 어떤 특정한 거리에서 더 잘 뛰지 않나?" 하는 것이다. 여러분의 전문 거리가 10K라고 한다면, 여러분의 마라톤 기록은 도표에 나와 있는 시간과 맞지 않을 것 아니냐? 혹은 여러분의 전문 거리가 마라톤이라면 등등, 가드너와 퍼디는 계속한다. "한 러너의 전문 거리가 아닌 거리에서의 성적은 자기 전문 거리에서 뛰었을 때에 비해 떨어지는 것이 당연하다. 하지만 이 보통 성적 곡선은 여전히 적용된다." 그들은 또한, 러너들은 다른 경기에서도 그와 비슷한 성적을 내기 위해 훈련해야 한다고 주장한다.

■ **짧은 거리에서 긴 거리로**

짧은 경주나 거리에서 마라톤 시간을 예상한다면, 스피드는 있으나 장거리 경주를 위한 지구력은 없을 것이다. 이것을 고치기 위해서는 여러분의 프로그램을 더 멀리 달리기로 그리고 스피드 훈련의 소구간 수를 13개로 늘리도록 바꾸어야 할 것이다.

■ **긴 거리에서 짧은 거리로**

10K 시간이 마라톤이나 하프 마라톤에 근거를 둔 예상치보다 못하다면, 여러분은 지구력은 있으나 스피드가 없는 것이다. '8. 스피드'와 '12. 수준급 선수'를 보라.

노트 프로그램을 바꾸는 일은 주의 깊게 점진적으로 한다. 10K나 마라톤 도표에서 벗어나면 당신의 몸이 어떻게 느껴지는지에 대해 민감해야 한다.

경주 성적 예상표

5km	8km	10km	15km	20km	25km	30km	마라톤	50km
12:58	21:23	27:09	41:50	56:50	1:12:05	1:27:32	2:06:18	2:31:43
13:02	21:30	27:17	42:05	57:09	1:12:29	1:28:02	2:07:02	2:32:35
13:06	21:38	27:27	42:20	57:29	1:12:54	1:28:32	2:07:45	2:33:28
13:11	21:45	27:36	42:30	57:49	1:13:19	1:29:30	2:08:30	2:34:21
13:15	21:52	27:45	42:45	58:08	1:13:44	1:29:54	2:09:14	2:35:15
13:20	22:00	27:55	43:00	58:29	1:14:10	1:30:05	2:10:00	2:36:10
13:24	22:08	28:04	43:20	58:49	1:14:36	1:30:36	2:10:46	2:37:05
13:29	22:15	28:14	43:30	59:09	1:15:02	1:31:08	2:11:32	2:38:01
13:33	22:22	28:24	43:45	59:30	1:15:28	1:31:41	2:12:19	2:38:58
13:38	22:30	28:34	44:00	59:51	1:15:55	1:32:13	2:13:06	2:39:55
13:43	22:38	28:44	44:20	1:00:13	1:16:22	1:32:46	2:13:54	2:40:53
13:48	22:45	28:54	44:35	1:00:34	1:16:50	1:33:20	2:14:43	2:41:51
13:52	22:52	29:04	44:50	1:00:56	1:17:18	1:33:54	2:15:32	2:42:51
13:57	23:02	29:15	45:05	1:01:18	1:17:46	1:34:28	2:16:22	2:43:51
14:02	23:10	29:25	45:20	1:01:41	1:18:14	1:35:03	2:17:12	2:44:52
14:07	23:20	29:36	45:40	1:02:03	1:18:43	1:35:38	2:18:04	2:45:53
14:12	23:28	29:47	45:56	1:02:26	1:19:12	1:36:14	2:18:55	2:46:56
14:17	23:35	29:57	46:13	1:02:49	1:19:42	1:36:50	2:19:48	2:47:59
14:23	23:45	30:08	46:30	1:03:13	1:20:12	1:37:26	2:20:41	2:49:03
14:28	23:53	30:20	46:47	1:03:37	1:20:42	1:38:03	2:21:34	2:50:08
14:33	24:00	30:31	47:05	1:04:01	1:21:13	1:38:40	2:22:29	2:51:13
14:39	24:10	30:42	47:23	1:04:25	1:21:44	1:39:28	2:23:24	2:52:20
14:44	24:20	30:54	47:41	1:04:50	1:22:15	1:39:57	2:24:20	2:53:27
14:50	24:30	31:06	47:59	1:05:15	1:22:47	1:40:36	2:25:10	2:54:35
14:55	24:40	31:18	48:18	1:05:40	1:23:20	1:41:15	2:26:13	2:55:44
15:01	24:48	31:30	48:36	1:06:06	1:23:52	1:41:55	2:27:11	2:56:54
15:07	24:58	31:43	48:55	1:06:32	1:24:25	1:42:35	2:28:10	2:58:05
15:12	25:08	31:55	49:15	1:06:58	1:24:59	1:43:16	2:29:10	2:59:17
15:18	25:17	32:07	49:34	1:07:25	1:25:33	1:43:58	2:30:10	3:00:30
15:24	25:27	32:20	49:54	1:07:52	1:26:08	1:44:40	2:31:11	3:01:44
15:30	25:37	32:33	50:14	1:08:19	1:26:42	1:45:22	2:32:13	3:02:59
15:36	25:48	32:46	50:34	1:08:47	1:27:18	1:46:06	2:33:16	3:04:15
15:43	25:58	32:59	50:55	1:09:15	1:27:54	1:46:50	2:34:20	3:05:32
15:49	26:09	33:12	51:16	1:09:44	1:28:30	1:47:34	2:35:25	3:06:50
15:55	26:19	33:26	51:37	1:10:13	1:29:07	1:48:19	2:36:30	3:08:09
16:02	26:30	33:40	51:58	1:10:42	1:29:45	1:49:05	2:37:37	3:09:29
16:08	26:41	33:54	52:20	1:11:12	1:30:23	1:49:51	2:38:44	3:10:51
16:15	26:52	34:08	52:42	1:11:42	1:31:01	1:50:38	2:39:53	3:12:13
16:22	27:03	34:23	53:05	1:12:13	1:31:40	1:51:26	2:41:02	3:13:37
16:28	27:15	34:37	53:27	1:12:44	1:32:20	1:52:14	2:42:13	3:15:02
16:35	27:26	34:52	53:50	1:13:15	1:33:00	1:53:03	2:43:24	3:16:28
16:42	27:38	35:07	54:14	1:13:47	1:33:41	1:53:53	2:44:37	3:17:56
16:49	27:50	35:22	54:37	1:14:20	1:34:22	1:54:43	2:45:50	3:19:25
16:57	28:02	35:37	55:01	1:14:53	1:35:04	1:55:35	2:47:05	3:20:55
17:04	28:14	35:53	55:26	1:15:26	1:35:47	1:56:27	2:48:21	3:22:27
17:11	28:27	36:01	55:51	1:16:00	1:36:30	1:57:19	2:49:38	3:24:00
17:19	28:39	36:25	56:16	1:16:35	1:37:14	1:58:13	2:50:56	3:25:34
17:27	28:52	36:41	56:41	1:17:10	1:37:59	1:59:08	2:52:15	3:27:10
17:34	29:05	36:58	57:07	1:17:45	1:38:44	2:00:03	2:53:36	3:28:48
17:42	29:18	37:14	57:33	1:18:21	1:39:30	2:00:59	2:54:58	3:30:27

경주 성적 예상표

5km	8km	10km	15km	20km	25km	30km	마라톤	50km
17:50	29:32	37:31	58:00	1:18:58	1:40:17	2:01:56	2:56:21	3:32:01
17:58	29:45	37:49	58:27	1:19:35	1:41:04	2:02:54	2:57:45	3:33:49
18:07	29:59	38:06	58:55	1:20:13	1:41:52	2:03:53	2:59:11	3:35:33
18:15	30:13	38:24	59:21	1:20:51	1:42:41	2:04:53	3:00:39	3:37:19
18:23	30:27	38:43	59:51	1:21:30	1:43:31	2:05:53	3:02:07	3:39:06
18:32	30:42	39:01	1:00:20	1:22:10	1:44:22	2:06:55	3:03:37	3:40:55
18:41	30:56	39:20	1:00:49	1:22:50	1:45:13	2:07:58	3:05:09	3:42:46
18:50	31:11	39:39	1:01:19	1:23:31	1:46:05	2:09:02	3:06:42	3:44:38
18:59	31:26	39:58	1:01:50	1:24:12	1:46:58	2:10:07	3:08:17	3:46:33
19:08	31:42	40:18	1:02:20	1:24:55	1:47:52	2:11:13	3:09:53	3:48:30
19:17	31:57	40:38	1:02:52	1:25:38	1:48:47	2:12:20	3:11:32	3:50:28
19:27	32:13	40:58	1:03:24	1:26:21	1:49:43	2:13:38	3:13:11	3:52:29
19:36	32:30	41:19	1:03:56	1:27:06	1:50:40	2:14:38	3:14:53	3:54:32
19:46	32:46	41:40	1:04:29	1:27:51	1:51:38	2:15:48	3:16:36	3:56:37
19:56	33:03	42:02	1:05:03	1:28:37	1:52:37	2:17:00	3:18:21	3:58:44
20:06	33:20	42:23	1:05:37	1:29:24	1:53:37	2:18:14	3:20:08	4:00:53
20:17	33:37	42:46	1:06:11	1:30:12	1:54:38	2:19:28	3:21:57	4:03:05
20:27	33:55	43:08	1:06:47	1:31:00	1:55:40	2:20:44	3:23:48	4:05:19
20:38	34:13	43:31	1:07:23	1:31:50	1:56:43	2:22:01	3:25:41	4:07:36
20:49	34:31	43:55	1:07:59	1:32:40	1:57:47	2:23:20	3:27:36	4:09:56
21:00	34:50	44:18	1:08:37	1:33:31	1:58:53	2:24:40	3:29:34	4:12:18
21:11	35:08	44:43	1:09:15	1:34:24	2:00:00	2:26:02	3:31:33	4:14:42
21:22	35:28	45:07	1:09:53	1:35:17	2:01:08	2:27:25	3:33:35	4:17:10
21:34	35:47	45:32	1:10:33	1:36:11	2:02:17	2:28:50	3:35:39	4:19:40
21:46	36:07	45:58	1:11:13	1:37:06	2:03:28	2:30:16	3:37:46	4:22:14
21:58	36:28	46:24	1:11:54	1:38:02	2:04:40	2:31:44	3:39:55	4:24:50
22:10	36:48	46:51	1:12:36	1:39:00	2:05:53	2:33:14	3:42:06	4:27:30
22:23	37:10	47:18	1:13:18	1:39:58	2:07:08	2:34:46	3:44:21	4:30:12
22:36	37:31	47:46	1:14:02	1:40:58	2:08:25	2:36:20	3:46:38	4:32:59
22:49	37:53	48:14	1:14:46	1:41:59	2:09:43	2:37:55	3:48:58	4:35:48
23:02	38:16	48:42	1:15:31	1:43:01	2:11:02	2:39:32	3:51:21	4:38:41
23:15	38:38	49:12	1:16:17	1:44:05	2:12:23	2:41:12	3:53:46	4:41:38
23:29	39:02	49:42	1:17:04	1:45:09	2:13:46	2:42:53	3:56:15	4:44:39
23:43	39:26	50:12	1:17:52	1:46:15	2:15:11	2:44:37	3:58:47	4:47:43
23:58	39:50	50:43	1:18:41	1:47:23	2:16:37	2:46:23	4:01:23	4:50:51
24:12	40:15	51:15	1:19:31	1:48:32	2:18:06	2:48:11	4:04:02	4:54:04
24:27	40:40	51:48	1:20:22	1:49:42	2:19:36	2:50:02	4:06:44	4:57:21
24:43	41:06	52:21	1:21:15	1:50:54	2:21:08	2:51:55	4:09:30	5:00:42
24:58	41:32	52:55	1:22:08	1:52:08	2:22:42	2:53:50	4:12:20	5:04:08
25:14	41:59	53:29	1:23:02	1:53:23	2:24:19	2:55:48	4:15:13	5:07:39
25:30	42:27	54:05	1:23:58	1:54:40	2:25:58	2:57:49	4:18:11	5:11:15
25:47	42:55	56:41	1:24:55	1:55:59	2:27:38	2:59:53	4:21:13	5:14:56
26:04	43:24	55:18	1:25:54	1:57:19	2:29:22	3:02:00	4:24:19	5:18:42
26:21	43:53	55:56	1:26:53	1:58:41	2:31:07	3:04:09	4:27:29	5:22:33
26:39	44:23	56:35	1:27:54	2:00:06	2:32:55	3:06:22	4:30:45	5:26:30
26:57	44:54	57:14	1:28:57	2:01:32	2:34:46	3:08:38	4:34:05	5:30:33
27:16	45:26	57:55	1:30:01	2:03:00	2:36:40	3:10:57	4:37:30	5:34:43
27:35	45:58	58:36	1:31:06	2:04:31	2:38:36	3:13:20	4:41:00	5:38:58
27:54	46:31	59:19	1:32:14	2:06:04	2:40:35	3:15:46	4:44:36	5:43:20
28:14	47:05	1:00:02	1:33:23	2:07:39	2:42:38	3:18:16	4:48:17	5:47:49

경주 페이스 표

경주 페이스 표

이 표는 여러분이 경주계획을 세우는 데 중요한 체크 포인트를 알려줌으로써 도움이 될 것이다. 경기 중에는 매지점마다 제 페이스로 뛰고 있는지 머릿속으로 계산하는 것이 무척 힘들다. 이 체크포인트 시간을 손이나 팔에 지워지지 않는 잉크로 적어놓으면 페이스를 유지하는 데 도움이 될 것이다. 이 표는 경주 후에도 당신의 정확한 페이스를 아는 데 도움이 될 것이다.

다음 거리에 걸리는 시간

분/km	5km	10km	15km	20km	하프 마라톤	25km	30km	마라톤	50km
4:50	15:01	30:02	45:03	1:00:04	1:03:52	1:15:05	1:30:06	2:07:44	2:30:10
5:00	15:32	31:04	46:36	1:02:08	1:05:33	1:17:40	1:33:12	2:11:06	2:35:20
5:10	16:03	32:06	48:09	1:04:12	1:07:58	1:20:15	1:36:18	2:15:28	2:40:30
5:20	16:34	33:08	49:42	1:06:16	1:08:55	1:22:50	1:39:24	2:19:50	2:45:30
5:30	17:05	34:10	51:15	1:08:20	1:12:06	1:25:25	1:42:30	2:24:12	2:50:50
5:40	17:36	35:12	52:48	1:10:24	1:14:17	1:28:00	1:45:36	2:28:34	2:56:00
5:50	18:07	36:14	54:21	1:12:28	1:16:28	1:30:35	1:48:42	2:32:56	3:00:17
6:00	18:39	37:17	55:56	1:14:33	1:18:39	1:33:10	1:51:48	2:37:19	3:06:20
6:10	19:10	38:19	57:29	1:16:38	1:20:50	1:35:45	1:54:54	2:41:41	3:11:30
6:20	19:41	39:22	59:03	1:18:43	1:23:01	1:38:20	1:58:00	2:46:03	3:16:40
6:30	20:12	40:24	1:00:36	1:20:47	1:25:13	1:40:55	2:01:06	2:50:25	3:21:50
6:40	20:43	41:26	1:02:09	1:22:52	1:27:23	1:43:30	2:04:12	2:54:47	3:17:00
6:50	21:14	42:28	1:03:42	1:24:56	1:29:34	1:46:05	2:07:24	2:59:09	3:22:10
7:00	21:45	43:30	1:05:15	1:27:00	1:31:32	1:48:40	2:10:30	3:03:03	3:37:20
7:10	21:16	44:32	1:06:48	1:29:04	1:33:57	1:51:15	2:13:36	3:07:55	3:42:30
7:20	22:47	45:34	1:08:21	1:31:08	1:36:08	1:53:50	2:16:42	3:12:17	3:47:40
7:30	23:18	46:36	1:09:54	1:33:12	1:38:20	1:56:25	2:19:48	3:16:39	3:52:50
7:40	23:49	47:38	1:11:27	1:35:16	1:40:30	1:59:00	2:22:54	3:21:01	3:58:00
7:50	24:20	48:40	1:13:00	1:37:20	1:42:42	2:01:35	2:26:00	3:25:23	4:03:10
8:00	24:51	49:42	1:14:33	1:39:24	1:44:52	2:04:10	2:29:06	3:29:45	4:08:20
8:10	25:22	50:44	1:16:06	1:41:28	1:47:02	2:06:45	2:32:12	3:34:07	4:13:30
8:20	25:53	51:46	1:17:39	1:43:32	1:49:15	2:09:20	2:35:18	3:38:29	4:18:40
8:30	26:24	52:48	1:19:12	1:45:36	1:51:25	2:11:55	2:38:24	3:42:51	4:23:50
8:40	26:55	53:50	1:20:45	1:47:40	1:53:07	2:14:30	2:41:30	3:47:13	4:29:00
8:50	27:26	54:52	1:22:18	1:49:44	1:55:18	2:17:05	2:44:36	3:51:35	4:34:10
9:00	27:57	55:54	1:23:51	1:51:48	1:58:00	2:19:40	2:47:42	3:56:00	4:39:20
9:10	28:28	56:56	1:25:24	1:53:52	2:00:11	2:22:15	2:50:48	4:00:19	4:44:30
9:20	28:59	57:58	1:26:57	1:55:56	2:02:22	2:24:50	2:53:54	4:04:41	4:49:00
9:30	29:30	59:00	1:28:30	1:58:00	2:04:33	2:27:25	2:57:00	4:09:03	4:54:50
9:40	30:01	1:00:02	1:30:03	2:00:04	2:06:44	2:30:00	3:00:06	4:13:25	5:00:00
9:50	30:32	1:01:04	1:31:36	2:02:08	2:08:55	2:32:35	3:03:12	4:17:50	5:05:10
10:00	31:04	1:02:06	1:33:12	2:04:16	2:11:07	2:35:20	3:06:24	4:22:12	5:10:40

글쓴이에 대하여

제프 갤러웨이는 1958년부터 달리기를 시작했다. 노스 캐롤라이나의 랠리(Raleigh) 태생인 제프는 고등학교 시절 달리기를 시작해서 2마일(약 3.2km) 경주의 주(州) 챔피언이 되었다. 웨슬리안 대학(Wesleyan University) 시절 그는 크로스 컨트리와 트랙 부문 올 어메리칸(All American)으로 뽑히기도 했다. 미 해군에서 3년 복무한 뒤 플로리다 대학(Florida State University) 대학원에서 공부하여 사회학 석사학위를 받았다.

제프는 플로리다에서 프랭크 쇼터, 잭 배출러와 함께 훈련을 시작했다. 1972년 올림픽 준비로 세 러너는 콜로라도 주 베일(Vail)에 있는 산 속에서 두 달 동안 함께 훈련했고, 셋 모두 그 해 올림픽팀에 뽑혔다. 러너이자 작가인 조 헨더슨에 따르면, "제프는 올림픽 마라톤에 참가했어야 했는데, 10,000m 팀에 들어갔고, 친구 잭 배출러를 대신 마라톤에 들어가게 했다."

1973년 제프는 10마일 경주(약 16km) 미국 신기록을 세웠고, 미국 육상팀(Track and Field Team)의 일원으로 유럽, 러시아, 아프리카에서 미국을 대표했다. 1970년대 중반 그는 더 많은 휴식과 더 짧은 주간 거리를 강조하며 격주에 한번씩 장거리를 뛰는 훈련 프로그램에 의거 훈련을 시작했고, 35세의 나이에 휴스턴-테네코 마라톤을 2시간 16분에 뛰었다.

- ■ **제프 갤러웨이의 경주 경력**
- **고등학교 시절** : 1마일(약 1.6km) - 4분 28초 / 2마일(약 3.2km) - 9분 48초
- **대학 시절** : 1마일 - 4분 12초 / 2마일 - 9분 6초 / 3마일(약 4.8km) - 14분 10초

글쓴이에 대하여

▲ 오레곤 주 유진에서 있었던 1972년 미국 올림픽팀 10,000m 대표 선발대회에서 둘 다 통과되고 난 후 갤러웨이를 반기는 프랭크 쇼터

◀ 1973년 플로리다 주 게인스빌의 플로리다 릴레이 6마일 경주에서 달리고 있는 쇼터와 갤러웨이

▲ 1976년 조지아 주 애틀랜타의 피치트리 로드 경주에서 단 카동(771), 에드 레디(878), 갤러웨이(513)의 모습

- 그외 시간 기록 : 6마일(약 9.6km) - 17분 21초 / 10K - 18분 29초 / 10마일 - 47분 49초(1973년 미국 신기록) / 마라톤 - 2시간 16분 35초

그는 1970년 애틀랜타의 피치트리 로드 경주(Peachtree Road Race)에서 우승했고, 그 후 그 경기의 주요 조직위원이 되었다. 그는 1977년에 빌 로저스, 프랭크 쇼터, 단 카동, 라스 비렌 등 세계적인 선수들을 모았고, 이 경주의 국제적인 인지도를 높여, 3년 내에 참가자 수를 1,200명에서 12,000명으로 늘렸다. 1978년 에이본 국제 여자 마라톤 대회 (Avon International Women's Marathon)의 공동 설립자로서 여자 올

림픽 마라톤을 창설하는 계기를 마련했다. 그는 코퍼레이트 챌린지 대회(Manufacturers Hanover Corporate Challenge)의 공동 위원장이기도 하다.

1973년 갤러웨이는 피디피데스(Phidippides)를 설립, 지금은 35개의 달리기 전문 가게의 전국 체인망을 가지고 있다. 1975년 처음으로 휴가철 건강 캠프를 시작하여, 매해 여름마다 캘리포니아, 콜로라도, 브리티시 콜롬비아(캐나다) 등 세 곳에서 운영되고 있다. 캠프의 코치와 강사들을 보면 밥 앤더슨, 코버트 베일리, 데이비드 코스틸, 조 헨더슨, 해리 라박 박사, 아서 리디아드, 존 패글리아노 박사, 조앤 율리어트 박사 등이 포함되어 있다.

제프는 그의 아내 바바라를 플로리다의 트랙에서 만났다. 바바라는 플로리다 주 여자 트랙팀에 속해 있었다. 1976년 그들은 결혼했다. 바바라는 거의 매일 달리며 30회가 넘는 마라톤을 완주했다. 그녀의 10K 최고 기록은 42분 50초이고 마라톤은 3시간 18분이다.

제프는 이제 일 년에 60개가 넘는 클리닉을 운영하고, 달리기 가게, YMCA, 헬스클럽 등에 80~100회 참가한다. 여러 해 동안 일상의 러너들의 문제들을 경청했고, 그들의—특히, 제한된 훈련시간만을 가지고 있는 사람들의—여러 가지 문제들의 독창적인 해결책을 위해 노력했다.

제프와 바바라는 그들의 두 아들 브렌난, 웨스틴과 함께 조지아 주 애틀랜타에서 살고 있다.

역주 그는 지금도 미국을 비롯한 세계 각 곳에서 달리기 클리닉 및 집필을 비롯한 왕성한 달리기에 관련된 활동들을 하고 있으며, 미국 최고 발행 부수의 달리기 잡지「러너스 월드(Runner's World)」에 'Galloway on training'이라는 고정 칼럼을 매달 싣고 있다.